全国专业技术人员新职业培训教程

数字化管理师 初级

人力资源社会保障部专业技术人员管理司 组织编写

中国人事出版社

图书在版编目（CIP）数据

数字化管理师：初级 / 人力资源社会保障部专业技术人员管理司组织编写. -- 北京：中国人事出版社，2023

全国专业技术人员新职业培训教程

ISBN 978-7-5129-1791-0

Ⅰ.①数… Ⅱ.①人… Ⅲ.①数字技术 - 应用 - 企业管理 - 技术培训 - 教材 Ⅳ.①F272.7

中国版本图书馆 CIP 数据核字（2022）第 216007 号

中国人事出版社出版发行

（北京市惠新东街 1 号　邮政编码：100029）

*

保定市中画美凯印刷有限公司印刷装订　　新华书店经销

787 毫米 ×1092 毫米　16 开本　18.5 印张　280 千字

2023 年 1 月第 1 版　　2024 年 12 月第 5 次印刷

定价：45.00 元

营销中心电话：400-606-6496

出版社网址：http://www.class.com.cn

版权专有　　侵权必究

如有印装差错，请与本社联系调换：（010）81211666

我社将与版权执法机关配合，大力打击盗印、销售和使用盗版图书活动，敬请广大读者协助举报，经查实将给予举报者奖励。

举报电话：（010）64954652

本书编委会

指导委员会

主　　任：安筱鹏

副 主 任：郭　斌

委　　员：王　丛　赵兴峰　谢婷敏　史　楠

编审委员会

总 编 审：叶　军

副总编审：杨　猛　施国辉

主　　编：吴　蕾

编写人员：许胤龙　花永剑　侯　杰　刘志勇　田向东　王艳武　曾　记
　　　　　冯杰楠　夏靖婷

主审人员：耿小军　龙　军　张建伟　浦　军　李　健　穆　羽　麻幸林
　　　　　吴　睿　黄亚一

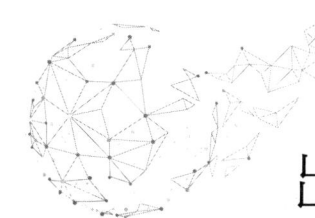

出版说明

当今世界正经历百年未有之大变局，我国正处于实现中华民族伟大复兴关键时期。在全球经济低迷，我国加快形成以国内大循环为主体、国内国际双循环相互促进的新发展格局背景下，数字经济发挥着提振经济的重要作用。党的十九届五中全会提出，要发展战略性新兴产业，推动互联网、大数据、人工智能等同各产业深度融合，推动先进制造业集群发展，构建一批各具特色、优势互补、结构合理的战略性新兴产业增长引擎。"十四五"期间，数字经济将继续快速发展、全面发力，成为我国推动高质量发展的核心动力。

近年来，人工智能、物联网、大数据、云计算、数字化管理、智能制造、工业互联网、虚拟现实、区块链、集成电路等数字技术领域新职业不断涌现，这些新职业从业人员通过不断学习与探索，将推动科技创新、释放巨大能量，推动人们生产生活方式智能化、智慧化、数字化，推动传统产业转型升级，为经济高质量发展注入强劲活力。我国在技术、消费与应用领域具备数字经济创新领先优势，但还存在数字技术人才供给缺口较大、关键核心技术领域自主创新能力不足、数字经济与实体经济融合的深度和广度不够等问题。发展数字经济，推进数字产业化和产业数字化，推动数字经济和实体经济深度融合，急需培育壮大数字技术工程师队伍。

人力资源社会保障部会同有关行业主管部门将陆续制定颁布数字技术领域国家职业标准，坚持以职业活动为导向、以专业能力为核心，遵循人才成长规律，对从业人员的理论知识和专业能力提出综合性引导性培养标准，为加快培育数字技术人才提供基本依据。根据《人力资源社会保障部办公厅关于加强新职业培训工作的通知》（人社厅发〔2021〕28号）要求，为提高新职业培训的针对性、有效性，进一步发挥新职业培训促进更好就业的作用，人力资源社会保障部专业技术人员管理司组织相关领域的专家学者编写了全国专业技术人员新职业培训教程，供相关领域开展新职业培训使用。

本系列教程依据相应国家职业标准和培训大纲编写，划分初级、中级、高级三个等级，有的职业划分若干职业方向。教程紧贴数字技术人员职业活动特点，定位于全国平均水平，且是相关数字技术人员经过继续教育或岗位实践能够达到的水平，突出该职业领域的核心理论知识、主流技术及未来发展要求，为教学活动和培训考核提供规范和引导，将帮助广大有意或正在从事数字技术职业人员改善知识结构、掌握数字技术、提升创新能力。

希望本系列教程的出版，能够在加强数字技术人才队伍建设、推动数字经济快速发展中发挥支持作用。

目 录

第一章　数字化组织管理 …………………………………… 001
　第一节　数字化组织概述 ……………………………………… 003
　第二节　数字化组织的架构 …………………………………… 009
　第三节　数字化组织的管理 …………………………………… 032
　第四节　综合实训 1 …………………………………………… 051
　第五节　综合实训 2 …………………………………………… 056

第二章　数字化沟通管理 …………………………………… 063
　第一节　数字化沟通概述 ……………………………………… 065
　第二节　数字化沟通平台 ……………………………………… 082
　第三节　数字化沟通的智能方式 ……………………………… 095
　第四节　数字化沟通安全 ……………………………………… 107
　第五节　综合实训 ……………………………………………… 113

第三章　数字化协同管理 …………………………………… 123
　第一节　数字化协同概述 ……………………………………… 125
　第二节　文档的数字化协同 …………………………………… 130
　第三节　会议的数字化协同 …………………………………… 136
　第四节　流程的数字化协同 …………………………………… 141

第五节 项目和任务的数字化协同 …………… 147

第六节 综合实训 …………………………… 155

第四章 数字化应用开发管理 …………… 165

第一节 应用的基础知识 …………………… 167

第二节 数字化管理平台 …………………… 176

第三节 低代码应用开发概述 ……………… 198

第四节 低代码应用开发的方法 …………… 203

第五节 应用管理的方法 …………………… 213

第六节 软件的运营推广 …………………… 225

第七节 综合实训 1 ………………………… 232

第八节 综合实训 2 ………………………… 240

第五章 数据管理 ………………………… 249

第一节 数据管理概述 ……………………… 251

第二节 数据管理的方法 …………………… 260

第三节 综合实训 …………………………… 277

参考文献 …………………………………… 285

后记 ………………………………………… 287

第一章
数字化组织管理

在数字时代下,如何构建有效的组织模式与运行机制一直是组织①管理领域重点关注的课题,特别是数字化技术与工具对组织架构设计、组织文化、人力资源管理等维度的影响。可喜的是,在组织数字化转型之路上,越来越多的中国企业,无论是传统工业企业,还是互联网基因下的创新企业,甚至是医院、政府和学校,都在尝试、探索、迎接组织的蜕变与进化,为数字时代的市场竞争赢得先机。

- **职业功能:** 基于数字化移动办公平台搭建符合组织自身发展需求的组织架构,实现组织结构数字化,为企业组织数字化转型打下重要基础。
- **工作内容:** 在了解组织架构、日常管理、业务逻辑的基础上,充分考虑数字化对于组织的多方面影响,基于数字化移动办公平台搭建适合组织的组织架构,并根据组织内部管理需要实时调整架构,为组织数字化转型提供平台支撑。
- **专业能力要求:** 管理能力、业务底层逻辑理解能力、数字化移动办公平台选择能力、数字化管理学习实践能力。
- **相关知识要求:** 组织管理的基础知识、组织架构的基础知识。

---

① 本书中的"组织"是指社会实体组织,如企业、政府、学校、医院等。

第一节　数字化组织概述

组织是管理范畴中最重要的概念，组织模式进化出科层型组织、矩阵型组织和生态型组织等形态，这些形态的演进也反映出社会系统发展和人类协作行为的变迁。其实，并没有所谓的最优组织形态，各行各业基于其行业特性、文化理念和技术水平选择适当的组织形态，每种组织形态都有其独特的优势，也有其相应的局限性。在数字化时代，组织所共同面临的挑战是持续的不确定性和万物互联所带来的影响；组织呈现扁平化、网络化、无边界化等新特质；组织变革正在发生。

一、数字化组织的概念

（一）数字化组织

数字化组织是传统组织在网络世界的映射，以数字化技术为支撑的人机一体化组织。其特征是以移动互联网、云存储技术、数字化管理软件为依托，与传统组织共同作用达成组织目标。

数字化组织主要存在两种模式状态。

第一种是完全映射真实组织的人员、架构、流程关系的线上孪生组织，与传统组织是互相补充、继承的关系，显性化呈现数据流转、流程关系、权责利关系、知识沉淀等要素。

第二种是跨部门、跨公司、跨组织有协作关系，但无具体地理空间的虚拟组织，这种数字化组织在未来的产业互联网中会广泛存在。其组织形态是不同群体以解决问题为导向,以任务协作为目标,借助数字化管理平台完成工作交互,却不以管理为目的存在。

(二)组织与数字化组织

经典管理学中"组织"的定义:组织是若干个人或群体为实现共同目标而具有一定边界的社会实体,如企业、工会、军队等。对照这个概念,会发现数字化组织有一些特性延展。

首先,数字化组织并非完全是"实体",线上化的组织形态是数字化组织天然的一部分,数字化组织是实体与虚拟相结合的混合组织。

其次,数字化组织边界越来越不显著,跨组织、产业链上下游协作型组织也开始广泛出现。

最后,数字化组织成员也不只是传统意义的"人""群体",数字员工、机器人已经在很多组织中具备显著的成员特征,并拥有具体的工号、职能、流程。另外,实际管理范畴的成员也不只是组织的内部成员,还包括外部成员、协作成员、产业链成员,如图1-1所示。

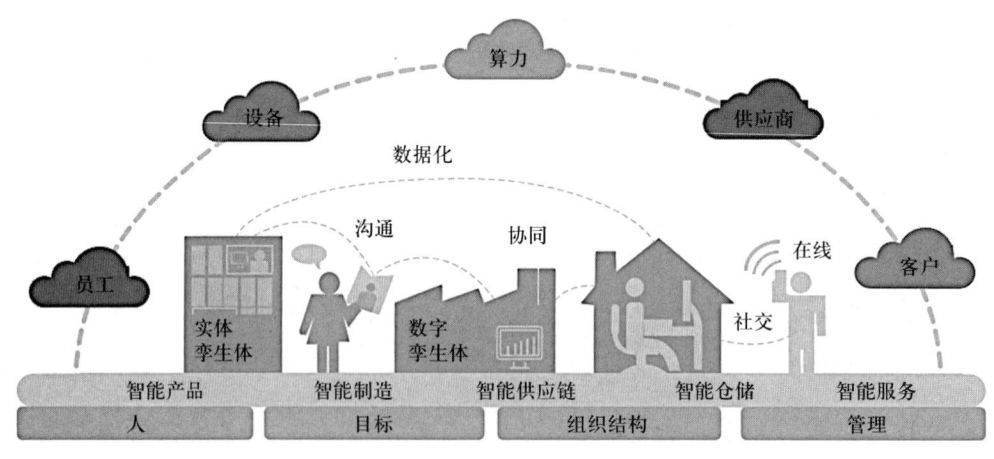

图1-1 数字孪生体

但不变的是,二者都是为达成共同目标而组成的共同体。归纳起来,以下这些构成要素不变:

(1)基本要素:人。组织由两个或以上的成员组成。

(2)前提要素:共同目标。组织拥有一个或更多的目标。

(3)载体要素：结构。组织拥有组织结构，用来维持成员间的沟通和协作。

(4)维持要素：管理。为了实现目标，拥有一套计划、组织、控制、协调的管理方式，以保障目标实现。

二、数字化组织的特征

(一)扁平化

组织是从管理职能出发，以一些核心成员为起点，逐步演变成部门、权责的分化，在功能上仍是为了促成管理职能的发挥，典型的模式是科层制组织。而数字化组织即便是在科层制组织模式下，依托数字化技术平台的优势，仍可以表现出扁平化的特征，人员之间彼此网状连接，信息上下高效贯通。

组织扁平化能对市场环境变化做出快速反应，将极大地改变组织内部信息的沟通方式和中间管理层的作用，可以削减中间层次，使决策层贴近执行层，使组织结构成为"橄榄型"或"哑铃型"，各部门以任务为导向充分发挥个人能动性和团队协作能力，使组织的所有目标都能以更高效率来完成。

(二)知识化

当今企业往往处于复杂多变的市场环境中，经营者必须不断根据环境的变化而做出适应性的调整。数字化组织会建立一种适应动态变化的学习能力，并鼓励打破常规的探索性试验。它的形成是一种允许出现错误、过程复杂的组织学习过程，依靠在线组织独有的敏捷反馈机制，可以快速实验、快速调整迭代。

在数字化组织中，成员试图在各自的专业领域内建立知识库，这些团队可能是真实的同部门成员，也可能是跨部门的项目小组。成员拥有特定技术领域的知识并互相合作，共同编辑、维护知识库。事实上这也是在梳理和沉淀团队的核心工作，方便让内部成员对工作全貌达成共识，也方便与外部其他团队的成员快速沟通协作。

(三)动态化

一方面，数字化组织以网络技术为依托，能够跨越空间界限，随着市场和产品的变化而进行调整，一般情况下数字化组织内的小团队在项目完成后便可以解散，因此，数字化组织更为灵活。另一方面，数字化组织不仅向顾客提供产品和服务，更重视向顾客提供产品和服务背后针对实际问题的"个性化解决方案"。传统的组织常常为大量顾客提供同一产品，而忽视了同一产品对于不同顾客在价值上的差异。数字化组织则能从这种差异入手，综合所有参与者给顾客提供一个完整的解决方案。因此数字化组织能够根据产品新观念和灵敏性的要求，有针对性地选择和利用经济上可承受的、已有或已开发的技术与方法，同时十分重视高技术的研究与开发，保证了技术的领先性。

（四）无界化

数字化组织的成员可以遍布世界各地，借助数字化平台的沟通、会议、文档共享等能力，实现无时差的沟通协作，突破了时间与空间限制。

数字化组织的边界也不断被扩大，在建立起组织要素与外部环境要素互动关系的基础上，向顾客提供优质的产品或服务。另外，数字化组织能随时适配组织战略调整和产品方向转移、组织内部和外部团队的重新构成，并以战略为中心建立网状组织，通盘考虑顾客满意和自身竞争力的需要，不断进行动态演化，以对环境变化做出快速响应。

三、数字化组织的价值

（一）提升管理效率

管理的核心目的之一是提升效率。百年管理通过分工、分权、分利，带来了劳动效率、组织效率、个人效率的提升。通常，传统组织会制定大量管理规则来提升个体的工作效率，然而，在万物互联的数字化时代，组织与外界会随时发生高频交互，而且其过程中产生的大量信息还需要组织快速做出反应，但是传统的管理规则根本来不及适配，而这种反应的反馈速度却是数字化时代管理效率的重要衡量因素。所以，当今的管理效率不仅是分工带来的效率，更是系统的整体及时反馈效率。

数字化组织是在线的人、事、物，海量的在线化文件、数据、表单、系统让人少走动，让数据多跑动，与传统组织形态相比，其效率提升程度显而易见。另外，网络的耦合特性还能产生更多的数据联动，实现"牵一发而动全身""以点见面"的效果，提升了协同和反馈效率。

例如，某餐饮企业的门店日常管理，需要手写工作日志、巡检报告、每天的突发事件等，随着数字化的介入，企业可以用系统进行督促完成，如指定完成时间、输入考核标准、每天到点提醒填写人员等，同时根据标准的等级不同，产生不同的协调标准和不同事件需要协同的等级，从而可以高效地完成任务，流程时间可以从原来的几天缩短到 1 小时以内。

（二）降低管理成本

数字化组织在提升管理效率的同时，也节省了管理的时间成本、纸质成本、人工成本等。

随着数字化管理平台的普及，原有的一些线下工作很多都可以在平台中完成，这便改变了原有的口头或者纸质的工作方式，自然降低了沟通协作成本。相对于科层制组织结构，数字化组织因为信息传达精准，削减了为了传达信息而存在的管理层级，减少了不必要的岗位设置，从而降低了低效重复的岗位人工成本。另外，数字化的组织管理用系统算法来进行自动判断，在平台中的流程流转过程做到数据有留痕，遇到紧急事件可以做到实时跟催、协同，这些能力也削减了潜在的管理风险。

例如，某零售商场要向辖区门店传达一次促销活动政策，需要总部下达给大区负责人，大区再开会通知辖区的门店经理，门店再组织通知各个班组长，班组长再开会通知给销售员。一次政策传达至少需要 7 天，且过程中信息衰减，传递结果无法知晓。而在数字化组织的形态下，重要促销策略可以由总经理直接以直播的形式告知全员，并通过连麦、留言等方式获得及时反馈。因此，在高效率信息传达的运作方式下，很多不必要的层级被优化，人才可以去做对企业更有价值的岗位工作。

（三）精准数据决策

决策作为组织管理的重要活动，贯穿在组织日常沟通、产品生产、业务运营、文化建设等各个方面、各个场景，与组织发展深深绑定在一起，成为影响组织发展走向的决定性力量。然而，传统的决策模式与工具已逐渐跟不上组织的发展，暴露出了众多问题，如决策周期漫长、决策引用的数据滞后、决策数据精准度差等。另外，组织中各系统、各业务、各部门之间相互独立，基于主观因素导致的决策主观性强，以及决策数据安全无法保障等问题也更加突出，已逐渐成为限制组织发展升级的主要矛盾。

建设组织的统一大数据平台，实现内外部海量数据的标准化、模型化和体系化，是保障组织决策更精准、更科学、更客观的有力手段。数据作为一种新型生产要素，已经全面浸润到组织发展的各个环节中，是驱动组织决策的基础。

数字化组织中的人、事、物在日常的沟通、流程、交互中产生的数据，依托数字化平台会自动被记录，用于分类、查询、汇总、分析、追溯，各层级的管理者不再依靠经验，可以依托数据做精准决策。

（四）真正以客户为中心

数字化组织的基本结构是同心圆形的网状结构，如图1-2所示。这种网状结构遵从"吸引力"法则，而非金字塔机构里的"推力"法则。因此，数字化组织内的员工任务是以客户为中心，利用在线的各类资源相互协同、协作解决问题，驱动力更多来自用户和任务，而不再仅仅局限于管理者的指令。

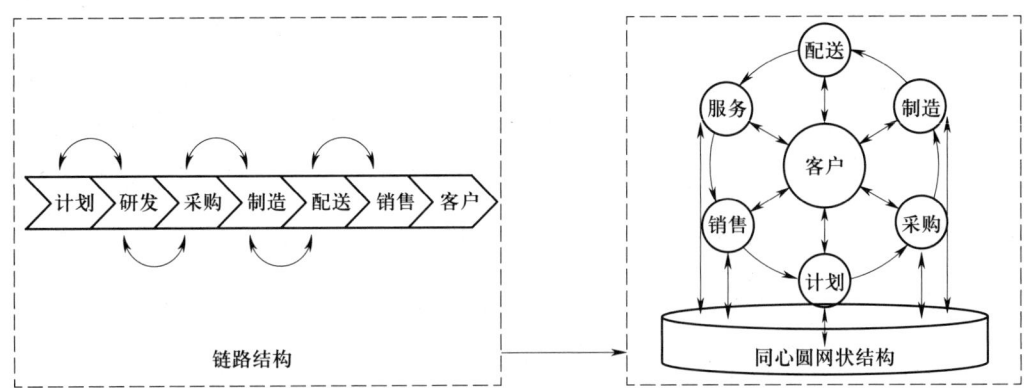

图1-2 同心圆网状结构的组织

在传统组织模式下，从生产、研发、制造、物流到销售是一个相互影响、相互制约的链路流程，信息一环传导一环，时间长、反应慢。而在数字化组织中，这些部门的流程和数据，自由结合、联动协作，可以在源头就得到末端环节的信息，做到"防患于未然""及时止损""最小试错"。

例如，某餐饮公司用于煎牛排的铁板因局部温度过高，从而导致烹饪牛排时很容易烤焦，面对这种状况，传统组织的工作方式是门店员工发现问题，然后通过层层上报，最后由总部做出优化方案。但在数字化组织中，员工发现问题后可直接在组织通讯录中找到总部员工，然后通过视频、直播等方式进行无障碍沟通。当在线上会议中发现是铁板构造有问题后，便立即添加位于西安的工程部同事。很快，西安的同事就在共享文档中找到关于铁板的相关资料，并提出改造方案，又让门店员工现场进行调整试验，最终解决这个问题后并在全员日报中描述了整个调整方案，第二天全国其他门店就开始复制该解决方案并做出整改。

第二节　数字化组织的架构

无论是几个人的创业公司还是上万人的大型集团企业，选择一种组织形态都是一个非常重要的决定，在管理学中将组织形态称为"组织结构"，在数字化管理中则称为"组织架构"。组织架构不是一张简单的组织架构图，它决定着关系形式、分工方式、职责边界等，并最终影响组织的经营管理结果。而且随着组织业务模式的变化，组织架构也需要做架构调整与之匹配。

一、设计数字化组织架构

数字化组织的首要工作是生成线上化的组织架构，让发生在数字化组织内带有管理目的和业务诉求的一系列行为都实现线上化，而配置完善的组织架构是数字化组织发挥作用的最基本要求。

数字化组织架构是真实管理世界组织架构的完全映射,依照架构的部门、分工、权限、角色完成架构的在线化配置并不复杂,但实际工作却不像想象中那么简单。中国绝大多数的企业并没有清晰的组织架构,换而言之,这些组织内工作任务的划分、组合和协调的方式、方法都不是显性状态,存在大量模糊边界。

所以,配置数字化的组织架构之前,要设计或梳理出清晰的组织架构。

(一) 组织架构的 7 个要素

管理者设计组织架构时,需要考虑 7 个要素:岗位职能、部门、汇报关系、管理宽幅、决策权、管理机制、跨边界,详见表 1–1。

表 1–1　　　　　　　　　　　组织架构的 7 个要素

序号	要素	关键问题
1	岗位职能	把工作拆解为相互独立的工作岗位,细化到什么程度?
2	部门	把哪些岗位职能组合在一起,变成一个部门?
3	汇报关系	员工个体向谁汇报?部门、项目等群体向谁汇报?
4	管理宽幅	一名管理者直接管辖多少名员工?
5	决策权	什么、何时、谁具有决策权?
6	管理机制	管理机制在部门和岗位里的渗透程度、完备程度?
7	跨边界	需要跨部门、跨组织定期互动吗?

1. 岗位职能

岗位是指把一个组织中的工作分解为单独不重复的工作内容,员工个体从事专门的一部分工作而不是整项工作。这些工作内容会对应一个职能范畴,所以叫岗位职能,在管理学中将其定义为"工作专门化"。其本质是描述在组织中不是一个人完成所有的工作,而是将工作分解为若干步骤,每一个步骤、环节由一个人独立完成。例如,一家服装制造公司为提升产出和质量,制作一件衣服由打板、剪裁、缝纫、质检和包装等多个环节组成,每个环节的工作由专门岗位的成员负责。

数字化的观点:岗位职责分工是一个组织有机运转的重要基础,那么在一个数字化的组织架构中如何来体现这种岗位职能呢?通常的做法是依据"部门""岗位"做一层层的职责划分,直到不可再拆分后形成一个树形结构,如果并列的岗位职责还有少量差异,一般不再拆分,而是用岗位职责的字段做补充,并相应地出现了"个人工作说明书"的功能,用来详细说明该员工所在岗位应负责的工作范畴。

2. 部门

把岗位按照类别进行分组,这就是部门。部门可以对若干个岗位工作进行组合,可以协同相同或相近的工作。在不同的行业、地域和产业链上,员工的"岗位"名称千差万别,去招聘网站上可以搜索到上万个完全不同名称的岗位,但"部门"却有广泛共性,如人力资源部、行政部、财务部、销售部和市场部等。

"部门"与"汇报关系"和"决策权"有紧密联系,也是组织架构最主要的组成单元,把哪些岗位职能组合到一起成为一个部门并不是固定答案,这种部门的拆分和重组代表的是一个组织对这块工作的重视程度和工作设计。例如,某消费者品牌在2000年从销售部拆分出市场部代表对消费者市场的重视与投入;在2010年又从市场部独立出电商部开始加大电子商务的投入;在2020年从电商部再次拆分出数字化服务部,用数字化技术以客户需求为中心为客户提供优质服务。

数字化的观点:数字化时代的市场需求千变万化,原本一个行业的组织模式可以数十年不改变,现在要随时面对市场变化作出及时调整。因此,部门下辖的岗位职能不再一成不变,需要阶段性地做调整,在一些互联网企业甚至会每年基于市场需求做部门拆分和重组。

每一次架构调整都需要配合一系列动作才能完成,如权限变更、汇报关系变更、薪酬绩效变更等,在传统的组织管理情景下,这种调整是"牵一发而动全身",需要大量的人和事配合才能完成调整。

数字化组织做架构更简便,相关的功能都会基于"部门"这个参数的改变而随之调整。例如,一个成员的所在【部门】参数被修改,关联【部门】参数的日志、文档、应用访问权限、操作权限都会自动变化。因此,数字化的组织架构在面对市场变化时可以更加灵活和便捷。

3. 汇报关系

在管理学中将汇报关系定义为"命令链",而组织的汇报关系则是一条条不间断的命令传递路线，从组织内部最高层级直至最基层，会清晰告知成员"你向谁汇报，谁向你传递命令"，组织内每个成员都在这些命令链里有一个位置。命令的统一性有助于保持命令链的连续性，在很多组织内，一个人只对应一个主管，且只接受一个主管的命令，如果一个下属对应多个主管，就要在多个主管的不同命令之中做出优先级的选择。

数字化的观点：对信息资源的传递和分配是主管权利的重要组成部分。在数字化组织中，一对一的绝对性汇报关系正在被打破，组织内的大部分信息变得更加开放和透明，数字化管理方式能让信息尽可能被更多人知晓，每个人都有决策的能力，但是否具有决策权在后面会具体描述。

在数字化管理的情景下，把原本定义为"汇报"类的工作做了功能调整，例如，"周报日志"原本是汇报机制下的重要工作方式，但在数字化管理中，这种汇报不再局限于一对一发送，可以发送给群、部门，在功能设计上更便于群体分享和探讨。

但在数字化组织架构里，仍需要厘清这种汇报关系，因为"主管"这个角色承担计划、组织、协调等管理职责。"主管"是数字化组织架构的一项功能名称，代指所有向上一层的汇报关系，一旦设定为【主管】，这个成员就需要承担这条汇报关系线中在这个节点的所有流程审批和身份权限。

4. 管理宽幅

一名主管在时间和精力允许的范畴内可以管理多少名下属？应该管理多少成员？管理宽幅数量会影响组织层级数量和管理者数量。理论上，管理宽幅越宽，组织越扁平，组织效率越高，但过高的管理宽幅会导致一名主管没有足够多的时间为下属提供必要的支持。

例如，中国很多中小企业的管理宽幅会设定在8人为上限，根据业务分化的程度，一名总经理管理分管8名部门的主管，每名主管再管理8名下属员工，形成了最常见的百人以内的组织规模，即总经理—主管—员工共三个层级。按信传递衰减的"漏斗原理"，每层最高衰减40%，两层传递后就可能出现管理失控。

对比管理宽幅为4和8的组织，同样达到4 000人的员工队伍，管理宽幅为4的组织需要7层，管理宽幅为8的组织需要5层，如图1-3所示。

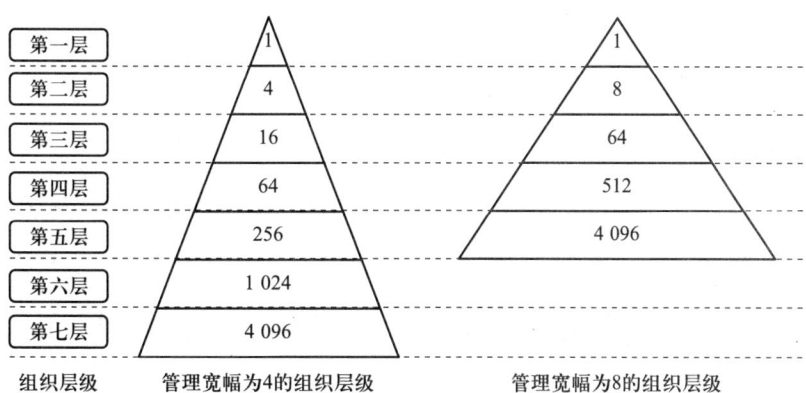

图 1-3　管理宽幅对比

数字化的观点：近年来的趋势是增加管理宽幅。在数字化组织的管理场景中，数字化的信息传递方式可以做到广覆盖且损耗低，可以减少信息传递的衰减问题，提升管理效率。很多数字化组织出现了 20 ~ 100 人管理宽幅的部门管理，内部由无汇报关系的工作小组组成，这些小组成员可以相互求助、协作、联络感情，但不存在汇报关系。这种工作方式不但可以减少汇报线，削减一般的管理费用，而且又有足够数量的统一协作的成员，有利于增加组织单元的灵活性，更贴近客户需求。

5. 决策权

在组织内的汇报关系链上，每个节点的决策权不同，这与组织结构和组织文化有关。在集权的模式下，汇报关系链上的成员需要层层上报，直至最高管理者做出决定，在集权模式下，令行禁止，也可以避免"所托非人"；在分权模式下，最基层的管理者甚至成员个体都可以有各自的决策权。分权模式有利于快速解决问题，让更多的成员提供决策建议并参与决策，从而减少遗漏重要信息机遇的概率。

数字化的观点：在客户需求个性化和多样化的市场需求下，大部分组织开始选择分权给基层主管和成员，即"让听到炮火声的人做决定"。例如，零食门店的商品运营人员可以决策自己门店 30% 的零食目录，其余 70% 来自总部统一的配货方案，这有利于每家门店根据门店客户情况做更合理的产品搭配。但这种个性化方案背后是复杂的管理逻辑，涉及生产订单管理、物流配送管理、门店货品管理等环节，需要强大的数字化软件做支撑。

在数字化管理的场景，还需要考虑分权到基层成员的情况，各类应用和业务软件的权限设置要极其精细，这也是数字化管理平台的权限体系会出现按人、按群组、按部门架构、按角色等多样化配置方案的原因。

6. 管理机制

管理机制是指组织中工作的标准化程度，在管理学中将其定义为"正规化"。一项工作的正规化程度越高，越意味着有严格和详细的管理机制和章程，也意味着员工开展工作的方式和工作内容被严格界定，员工会按要求执行并开展工作，但也可能会失去了自主性。

通过对比和观察数字化时代原生企业与经营数十年的企业发现，管理机制完善的企业在推动数字化管理变革时，更关注的是技术完备程度是否能兼容其管理机制，需要更多的系统定制化开发、流程变革重塑。而数字原生企业在高速发展阶段，管理机制仍在建设之中，可以根据软件功能配合调整更新管理机制，表现出更加融合的人机一体的状态。

数字化的观点：在数字化管理的实施过程中，需要随时观察技术与管理机制的平衡发展问题。例如，某公司的员工招聘入职流程非常成熟和完善，但每一个环节都需要人工操作，包括填写入职资料、社保和入群等。这种具有成熟管理机制的工作可以借助数字化管理应用执行标准流程，以减少人工重复性工作，提高工作的准确度。与之相反的一个案例是，某公司开通了管理软件的【周年庆】功能，可以自动提醒和祝福当天入职周年庆的员工，但该公司并没有成熟的周年庆祝机制，因此这些提醒也没有获得太多关注，该功能并没有发挥出应有的价值。

管理机制与技术工具是相辅相成的关系。没有成熟的管理机制，技术工具就是无根之木；太多的管理机制会导致工作细节和流程增多，占据人们大量的时间和精力，需要及时引入技术工具替代，以提高员工的工作幸福感和工作效率。

7. 跨边界

组织成员与部门以外和组织以外的成员发生关系时，就会出现跨边界，跨边界有助于组织变得不那么僵化，可以增强组织的创造力和反应灵敏度。

数字化的观点：在数字化组织架构下，亟待解决的就是跨边界的成员权限问题、信息安全问题、数字资产归属问题。

（二）常见的组织架构形态

1. 科层组织架构

科层组织又叫机械式组织，是最常见的组织形态，其是组织架构七要素相互结合后的自然结果，是一种相对严密控制并带有一定机械性的组织架构设计。在科层组织内，决策权的命令链非常清晰，每一位成员都有一位主管进行管理，保持着比较窄的管理宽幅，因此使得组织层级越来越多，从而创造了高耸的科层组织。随着组织最高层和基层之间距离的不断扩大，高层管理者会通过更多的管理机制施加影响。当组织规模超过2 000人时，就会变得相当机械化，如图1-4所示。

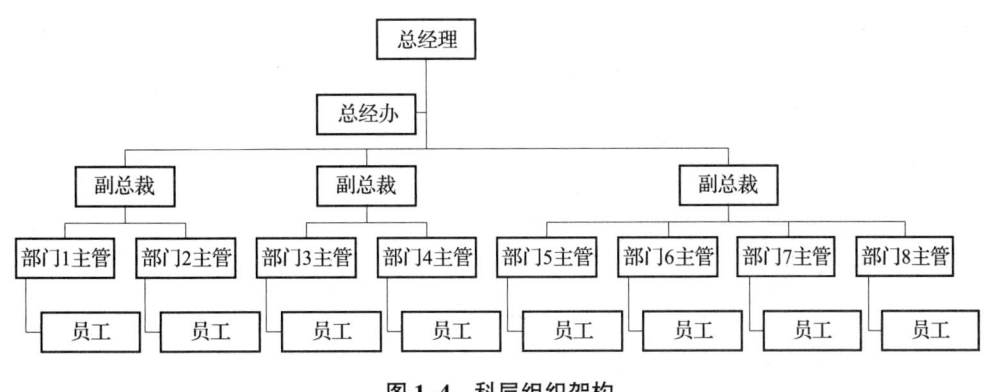

图1-4 科层组织架构

科层组织在组织规模较小时或者在批量规模化生产的企业中仍是首选。其主要优势在于能高效地实施标准化工作，最大限度降低人员的培训成本、管理成本。其主要不足则体现在不够灵活和变通，部门和岗位职责在管理机制的约束下没有创新和变通的余地，只有在管理机制存在的情况下，这种结构才有最大化效率，但这种效率的背后可能会导致一些基层岗位的重复性工作增多，会让人觉得乏味。

数字化的观点：科层组织具有清晰的部门层级和岗位分工，管理机制分明，很符合计算机的逻辑。因此引入数字化技术工具后，可以把具有清晰管理机制的重复性工作让计算机替代，这样既能提升效率和准确性，又能释放员工的时间和精力，从而让他们投入到一些更有创造性的工作中，这种融合是目前主流的一种改善方案，目的是让技术与管理优势互补。但这个组织是否支持创新性的组织文化，以及是否支持释放出的人力资源做更有价值的事情，这需要关注。

例如，某人力资源管理部门引入数字化工具后，把薪酬计算这个最为标准化的环节改为由软件自动测算，原本需要 10 天的工作量变成只需要半天即可完成，员工满意度大幅提高。而负责薪酬的人释放出来的时间和精力则用于设计更有激励性的薪酬方案，从而提高销售团队积极性，为公司创造更大的业务价值。

2. 职能组织架构

职能组织架构是一种把从事相似和相关岗位的专业人员组合在一起的组织架构设计。职能专家相互隔离、彼此独立，相互之间存在较少的管理关系，更多的是业务合作，所有的人员都以清晰的项目目标为最终结果，不需要设计过于复杂的管理机制，如图 1-5 所示。

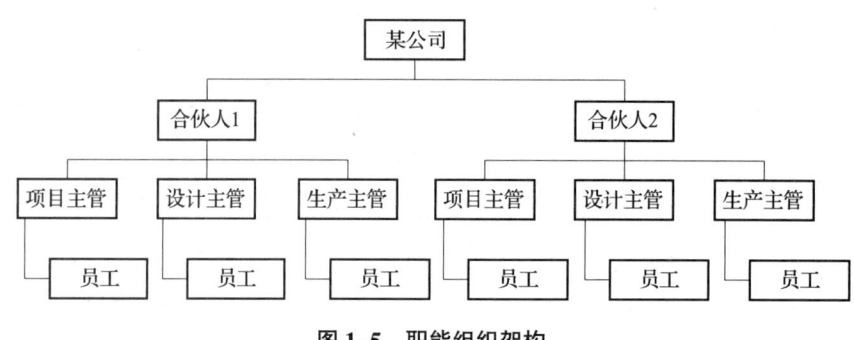

图 1-5　职能组织架构

类似的有律师事务所、设计师事务所、工程咨询公司等。对于专注一种产品或服务的组织，职能结构可以发挥很好的效果，但这种结构中所有的交流和协作都是严格而正式的，对项目管理的需求较高，跨不同单元之间的协作也是一个问题，甚至有可能存在直接的客户竞争。

数字化的观点：职能组织架构的需求很符合数字化沟通和协作的特性——数据留痕，每一次协作和沟通都能记录且可查询。数字化在项目管理上有更灵活的方案，能清晰地区分每一个任务单元的责任人和权限人，数字化还能将文件存档汇总为知识库，通过权限管控，便于后期其他单元的伙伴借鉴和查询，这有助于提升成员加入这种组织形态的价值感知。

3. 矩阵组织架构

矩阵组织架构结合了前两种架构的特性，它最明显的特征是打破了统一指挥的原则，成员有两个以上的主管即职能主管和项目主管，相应的决策链路也存在两条以上的并行路线。例如，一名研发技术人员的日常技术管理在技术部，但他同时可能会在项目代号为"新功能M"的公司级项目管理中，接受项目主管的需求和绩效评价。这名员工持续地在各个项目中工作，项目不断成立、解散，他也在被需要的时候加入进来，带来他必需的技能，如图1-6所示。

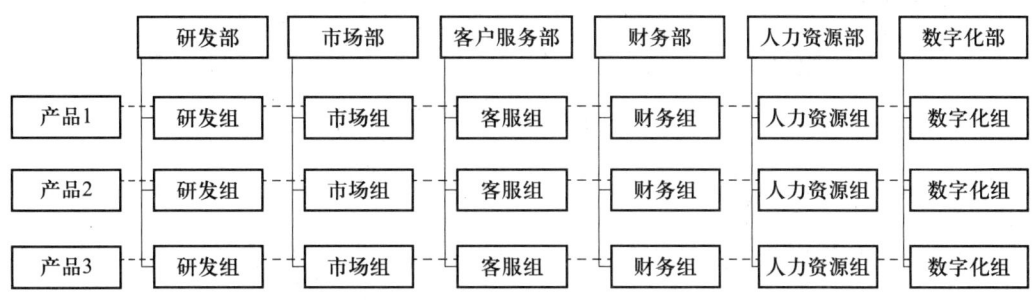

图1-6 矩阵组织架构

矩阵组织的优势在于不同类型的专业人员之间可以直接高频地接触、更好地交流，减少了沟通中的信息损耗，部门之间的配合也更为紧密和灵活。同时矩阵组织也能让员工的价值被最大化的高效利用。矩阵组织的不足在于会引发混乱，使组织内出现争权、争资源的倾向，并给员工带来双向汇报的压力，甚至导致管理冲突。

数字化的观点：数字化的矩阵组织可以解决矩阵组织冲突的来源——看不清员工的分布和产能。职能主管的焦虑来自无法准确了解员工的能力情况和产能情况，无法提供准确的辅导和评价，甚至会出现调配不动的情况。因为员工只要说现在项目产能已经压满，主管就无法辩驳。项目主管的焦虑来自无法准确了解员工的产能剩余情况，成员是否会被职能主管抽调走？员工技术水平如何？而数字化的需求管理和员工评价则让信息更透明，有利于减少信息不对称导致的信任危机。

二、搭建数字化组织架构

充分理解数字化组织架构的价值和特性后，就可以着手搭建一个数字化的组织架构。需要注意的是数字化组织架构非常重要，因此，这项动作需要主管理员权限在平台的管理后台操作，首次创建的人员被默认为主管理员。

搭建数字化组织一般包括四个核心步骤，如图1-7所示。组织架构的形态和要素信息需要人力资源部甚至更高级别的管理人员确认，才能获取包含组织架构信息的通讯录。获得确认授权后，通过导入通讯录、配置组织架构要素和配置权限，即可以生成一个数字化组织架构。生成后的组织架构只有配合后续数字化管理场景中的技术需求，不断进行测试和调整，才能全面发挥数字化组织架构的价值。

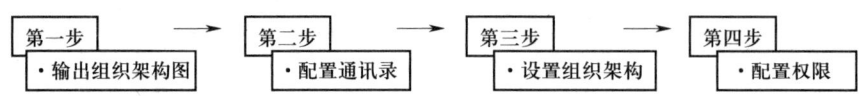

图1-7 搭建数字化组织架构的步骤

（一）输出组织架构图

确认组织架构形态，按形态要求绘制组织架构图。生成的组织架构图里需要标注本次上线的数字化组织架构的部门、岗位职能、审批主管、管理人数等组织架构要素信息，如图1-8所示。

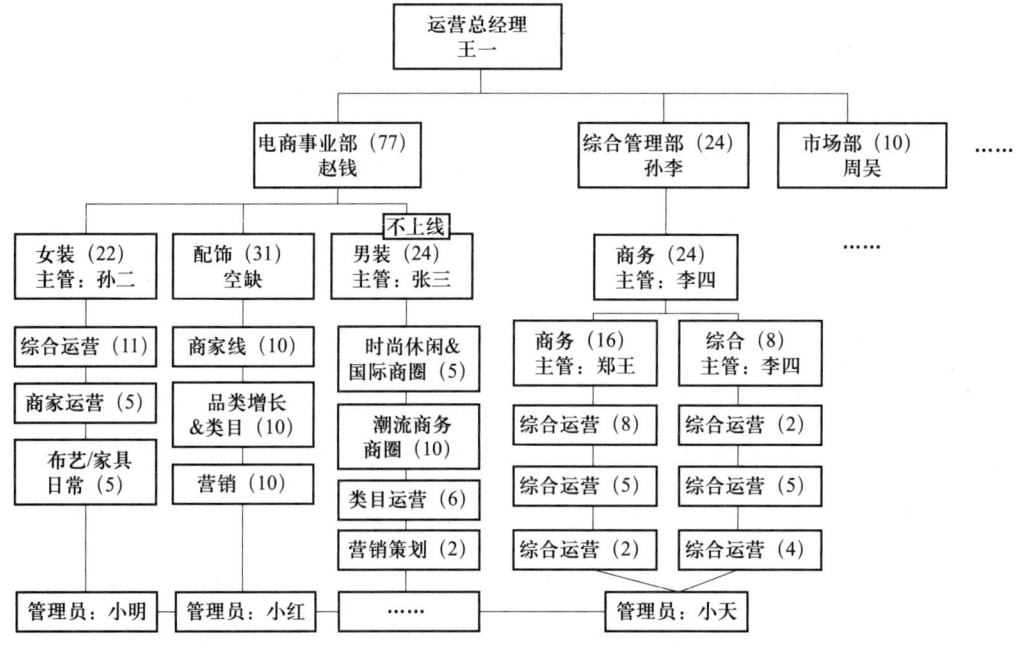

图1-8 组织架构图

汇报方案。使用组织架构图向管理层汇报本次的配置方案，以及与各部门管理者确认内部的决策链路。

（二）配置通讯录

1. 通讯录的作用

将上述组织架构要素信息转化为全员通讯录，导入到管理后台的通讯录页面，然后平台会按照通讯录的信息自动生成一个组织架构树形结构。该结构包含部门信息、员工个人通讯录信息，与此同时也生成了该数字化组织内的成员账号。

2. 通讯录的字段

通讯录模板包含众多独立的字段信息，但【部门】字段是组织架构判断部门从属关系的重要依据，需要谨慎处理。通讯录的数据字段较多，通常先经过 Excel 模板采集这些字段信息，而后在数字化管理平台上传此模板，实现批量导入。

（1）常见字段。通讯录模板具有一定的共通性，较为常见的字段包括姓名、部门、职位、手机号、分机号、工号等。每个行业都有基础字段的个性化需求，如互联网公司等大型企业常见"职级""工位"；同一地区多地点办公常见"办公地点"；相较于真正小众存在的字段，这些都可以当作某种场景下的常见字段。通讯录具有【自定义字段】的功能，可以根据组织的实际情况自定义所需字段。

（2）不同字段影响的功能。与其他功能板块有关联的常见字段包括部门、职级、手机号码、办公地点等。这些字段的信息变更会导致"牵一发而动全身"，所以要谨慎处理。部门、岗位信息常关联系统平台的各项权限，如可见权限、使用权限、修改权限等；银行信息常关联财务费用软件的支付功能；职务信息常关联审批功能。

通讯录模板信息填写完毕后，就可以登录数字化管理系统平台的管理后台，在【通讯录】功能页，点击【上传通讯录模板】，生成这个系统的通讯录。

通讯录里添加单个成员，可以直接操作【邀请成员加入】，邀请成员加入通讯录是一个敏感操作，成员加入通讯录代表其已经进入组织架构内部，可获得大部分的数据权限，此时可以开启【部门邀请审批】的设置，成员需要得到管理员的审批同意才可以加入组织。

通讯录里删除成员，可以操作【删除】【批量删除】功能，在删除前需要确认该成员是否绑定了其他应用权限与审批流程。

通讯录里调整成员，可以操作【调整部门】，而不必删除重建，这也方便对组织架构做整体变更。

3. 补充通讯录信息

导入通讯录模板适用于第一次快速建立初始的部门组织架构，想要获得一套完整的通讯录信息，还需要借助以下3种方式实现。

（1）入职时录入完整的通讯录信息。员工入职时收集的员工信息多且全面，是录入完整通讯录的最佳时机。常见的有员工姓名、电子邮件、证件类型、身份证号、证件有效期、手机号码、个人邮箱、性别、出生日期、民族、政治面貌、户口类别、户籍所在地、联系地址、籍贯、最高学历、毕业学校名称、专业、紧急联系人等基础信息。以上信息如果是由员工填写纸质信息再由专人录入则会产生大量的录入工作，而且容易出错。此时可以设置一个入职应用，让员工扫码填写信息后自动关联员工账号，从而完成通讯录信息更新。

（2）人事专员补充填写。员工录入的信息是个人信息，而在员工管理工作中，还会涉及大量的人事用工信息，需要人事专员补充填写。如部门编码、入职日期、职务、人员类别、用工形式、参加工作日期、试用期、预计试用结束日期、工作地点、直线经理、邮箱、保险信息、社保基数、公积金基数、是否考勤、银行账号、开户行、基本工资、绩效基数、年薪预算、办公地址等信息。

（3）员工自主更新。个人信息、人事管理信息都录入完毕后，其中有一部分的员工档案信息不是最初导入通讯录时的必需信息，但对于员工在组织内的后续人才管理具有价值，如个人项目经历、兴趣爱好、工作履历等，这些可以让员工自己填写，如有必要可以开启批量提醒功能统一通知。

还有一些个人信息可能会发生变更，如手机号码、个人证书等。这些变更的信息应该怎样维护？需要怎样的机制呢？

例如，一家集团性企业包含下级所有单位共计十余万人，其中财务相关岗位的人数就达到两千余人。这家公司提出要解决的问题是能否让全集团所有财务岗位人员自己维护本人的证书信息。与财务相关的资质证书有很多，通常不会有员工入职即拿到全部证书，而是参加工作后逐步学习、逐步考取，这就造成了这组数据会实时变更，而该公司经常要根据这些信息进行某些工作的安排、荣誉的评比等，但每次都要让所有人填写统计表则耗时又耗力。

这个需求其实在绝大多数中大型组织内都存在，经常需要员工填写各类信息统计表，部分企业的部分岗位可能每个季度都要统计一次，每项活动都要统计一次，且经常重复统计，周而复始，而问题的关键点就在于根数据的更新、维护、存储规则。

以往的多数做法是通过管理员来进行系统内信息的手动维护，但在移动互联网空前繁荣的今天，为什么不将信息维护的责任分摊到每一个人？组织仅需内部发送通知公告，提醒员工需尽快维护数据，各种通知手段可以高效触达，以往繁杂的数据维护工作在极短时间内就能高效完成。

当然，这种方式对于有些情况不适用，将太多的信息维护权限释放到员工端是不负责任的，同时也容易造成数据混乱。所以，当下最佳的信息维护更新机制是管理员定期手动维护与员工自主移动端个人信息维护相结合，进而确保企业组织系统内信息的准确性、时效性。

4. 配置通讯录个人展示页

通讯录个人展示页是成员之间查阅彼此个人信息字段的页面，通常点击对方头像就可以看到其个人展示页。通讯录的个人展示页不会把所有通讯录字段都展示出来，因为通讯录的个人信息量非常大，也很敏感，会牵扯很多组织管理的问题，所以这个页面需要根据组织的管理要求做配置。

（1）实名制

组织内成员实名制是数字化组织的必需条件，否则无法称为企业级组织，只能算是松散社交性组织。使用应用市场下载的企业级办公软件是实现数字化组织的主流形式，这些软件绝大多数的默认账号属于个人，所以，账号名称通常为昵称，可由个人编辑。当这些账号进入组织内，使用成员自定义昵称作为默认姓名明显不便，这会增加沟通成本、产生信息安全问题。目前常见的处理方式为账号昵称自定义，但组织内的显示姓名默认是由管理员做成员信息录入时的真实姓名；实现的效果是该账号在组织内显示为真实姓名，在组织外则显示为自定义昵称。

（2）可见字段

在日常工作中，组织内的成员需要频繁通过通讯录找人来进行快速协作，那么该如何快速找到人呢？此时个人通讯录展示页面需要把常见的信息（如姓名、岗位、职能等）清晰准确的展示出来，从而让成员互相可见，降低信息获取成本，以提升沟通效率。

（3）保密字段

有些字段是否透出需要谨慎考虑，特别是涉及信息安全问题的情况，主要有以下四类：

1）手机号码的信息展示。如某企业通讯录的个人联系方式直接可见，便有人收集了核心技术人员的联系方式，并批量给到竞争对手，从而导致核心人员被集中猎挖。因此为规避个人联系方式信息外泄，可以开启【隐藏号码】选项，当组织内的成员点击【显示号码】，这个行为动作就会被记录下来，直到触发通讯录安全警告。

2）高管成员的信息展示。为核心人员开启【高管模式】，减少被日常消息打扰和信息被泄露的可能性。

3）成员职级的信息展示。有一些组织倡导平等文化，要求不展示成员的职级信息，日常沟通时就事论事。

4）机密部门的职能信息展示。例如，一些保密项目的研发团队，如果被全员可见，就会导致信息外泄，甚至会通过成员的职能信息推测到项目内容。此时可以开启【隐藏部门】功能，让该部门对外不可见、不可被搜索，同时不影响其他通讯录权限。

（4）自定义字段

为推动组织内的成员高效协作，强化组织文化，有些组织会设置一些特别的字段在个人通讯录页面展示。

1）技能类。如某母婴服务公司，需要在个人通讯录中展示每位母婴技师擅长的技能，以方便项目经理快速筛选出合适的母婴技师给有需要的产妇。此时可以通过自定义字段的功能在通讯录中增加【技能】字段，并让母婴技师编辑维护。

2）兴趣类。如某公司的成员来自全国各地，于是在个人通讯录中可展示【家乡】字段，让有同乡或同城经历的员工可以有更多的沟通话题；还有某公司推崇星座文化，便可展示【星座】字段。

5. 成员加入组织架构

成员用个人账号登录数字化管理平台有两种状态，一种是不加入任何组织架构的状态，另一种是加入组织架构的状态。选择加入组织架构后再登录，默认账号只保留第二种状态。

第一种状态常见于新注册账号登录后的情况，默认需要账号选择"加入一个组织"或者"创建一个组织"，如果没有做出任何选择，就会进入这种状态。这种状态的功能模式接近个人社交平台，可以使用聊天、建群、加好友、视频会议、使用应用小程序等功能。但在这种情况下产生的行为，如添加成员好友关系、建立普通群、活动群、项目群等是个人社交行为，这些成员账号之间的关系也仅是个人社交关系，并不具有权、责、利的管理关系。

组织管理需要计划、组织、领导、控制，这些职能映射在数字化管理平台需要组织架构管理、沟通协作管理、应用管理、权限管理、数据管理等一系列功能，这些功能都需要建立一个数字化组织架构，然后通过各种管理后台设置和配置才得以体现，所以，"好友"和"群"等个人社交模式的功能无法承载数字化组织的功能。

账号登录后可以通过搜索成员名、团队号、扫码等方式申请加入一个组织，组织管理员审批通过后即可进入这个组织架构，成为这个组织架构内的成员。进入架构后的账号有四个显著区别个人社交状态的功能。

（1）组织内的架构信息。组织架构内的成员信息可在通讯录里展示，不必逐一添加好友关系，便可以相互查询个人展示页。

（2）组织内的沟通信息。组织架构内的账号之间已完成身份校验，开展任何个人沟通、群组沟通都不需要再次添加好友关系。

（3）组织内的协作信息。协作是数字化组织与个人社交的一个显著差异性功能。如文档，文档是组织行为特有的一种知识沉淀，加入组织架构后，可以按权限查看组织内的公共文档和知识库。

（4）组织内的应用信息。组织架构内的账号可使用组织工作台上的应用，根据管理员的应用权限配置，而且只能使用被授权的应用。

（三）设置组织架构

组织的架构管理是一项系统性工作，是整个组织内权、责、利的集中表达，代表着工作分工、流程流转、汇报关系等。通讯录仅是基础的表达形式，架构才是核心，需要思考如何把这个组织实际运行的组织架构映射到数字化组织里，在数字化管理的系统平台里做呈现。

按照常见的科层组织结构，组织架构的建立和搭建，从人员的部门划分开始，先设立公司的部门，再将人员划分到各部门中，最终形成人员—部门—分公司—事业部—集团的层级结构。

这个结构关系在很多传统组织中不是显性的，一般由人力资源部在组织架构图中做大致展示，但深层逻辑一般都是含糊的，存在于每个人默契的共识里。如果是传统的工作方式，人人都是面对面的工作方式，这种隐含表达就没有问题，但在一个数字化组织里，流程需要在系统中精确展示和流转，人员、事情、部门所有的工作边界要被清晰地标注出来，如果不能梳理清楚这个真实的组织架构，后续的权限配置，甚至业务流程模块都无法正常运转。

例如，某公司的报销流程是员工先找自己的主管 A 签字，再由财务 B 审批，最后交给出纳 C 付款。在线下的工作方式里，每个人都会凭借记忆和经验找到这个流程的 ABC 分别是谁，但在数字化组织内，流程是线上自动触发，不可能让发起者自己配置全流程的审批人。那如何识别谁是主管？财务部门有若干人，如何识别谁是审核、谁是出纳？

1. 角色

角色是数字化系统软件中常见的字段，是在以流程为中心的数字化表达中，把人员用岗位职责替代的环节名称。常见的角色名称如下：

（1）主管

被指定为【主管】角色的人，会成为其所在部门的所有成员发起流程的第一级审批人。主管一定是部门经理吗？不一定。因为一个部门可能是由副经理管理，可能是总监管理，还可能是被副总分管，所以让流程去按职务识别谁是"主管"的条件过多，于是在流程中便用【主管】这个角色来代替所有能为这个部门行使管理职能的人。

（2）自定义

类似于【主管】这种角色还有很多，如财务、前台、出库人等。这些角色会经常发生岗位调整，如果每次调岗都要把所有流程中的相关环节重新指定人员，会让整个系统变得效率低下。所以可以通过自定义角色的方式，让流程中被指定的是角色，当人员变更后，直接调整角色里的人员名单，所有的流程就会自动变更。

2. 部门

组织内的各个部门各司其职、精密配合，才能让工作流程高效运转。不同部门的成员之间开展日常协作，经常需要通过部门架构来找人，所以清晰的架构有助于业务协作。

（1）部门与子部门

通讯录里的【部门】会被显示在个人聊天界面里，部门普遍会有一级部门、二级部门、三级部门……如果有更多层级一般会设置子公司。在通讯录管理后台通过设置部门—添加子部门的方式，可以展现这种从属关系。例如，某公司A员工所在的部门是总经办—战略部—政策研究小组，在配置部门关系时，不应该只设置"政策研究小组"这单一部门，而应该通过【添加子部门】功能，在"总经办"部门下添加子部门"战略部"，进入"战略部"再添加子部门"政策研究小组"，把A员工的通讯录导入到这一层级里。配置完毕后，在A员工的个人通讯录页面，其所在部门显示为某公司—总经办—战略部—政策研究小组。

（2）自定义部门名称

部门名称也可以自定义，不一定要使用官方命名，数字化组织倡导简单、平等的文化氛围，许多组织把自己的文化融入部门名称，例如，某影视企业把财务部命名"藏金阁（财务部）"，研发部命名为"天机门（研发部）"，综合管理部命名为"翰林院（综合部）"，同时企业内部各部门的装修、装饰也配合展现得妙趣横生，对年轻人很有吸引力。

3. 岗位职责

各个部门承担什么职能、需要什么技能的人、有多少人力、如何分工，这些架构参数会决定这个部门的业务能力。数字化管理师需要对全公司的部门职责有通盘的了解，才能准确地识别哪个部门是核心业务部门，哪些流程是核心影响的环节，需要优先链接哪些部门之间的流程。

如果没有理解这些部门职责的基础情况，就会导致"头痛医头，脚痛医脚"，流程多而冗杂，让数字化组织变得流程臃肿，为了数字化而数字化。

（四）配置权限

1. 平台管理权限

不同管理场景下有不同的权限需求，如部门主管可查看本部门的考勤、绩效、工作汇总等，普通员工则没有这些权限。对于企业和组织中各个不同的角色，需要进行不同的权限设置。权限可以无限细化，其中通讯录权限和文档权限最为敏感。根据成员关系、职位设定和管理职权等可以分配权限，并在数字化平台上进行相应设置，详见表1–2。

表1–2　　　　　　　　　　组织内角色的权限

角色	常见角色	管理权限
企业负责人	组织中的最高决策人	可设置主管理员、子管理员，拥有组织内全部管理权限
主管理员	平台的主要负责人/创建架构的人，管理整个架构	可登录管理后台，可以设置子管理员，管理除企业负责人外的所有岗位员工
子管理员	各部门主管等	可登录管理后台，管理主管理员分配的功能模块或部门
员工	一般员工	通讯录的权限，工作范围内的应用权限

下面列举3个组织中常见角色的权限设置步骤：

（1）子管理员。仅可由企业负责人或主管理员进行操作，【登录管理后台】—【权限管理】—【管理员设置】—【添加子管理员】。

（2）部门主管。【通讯录】—【选择组织架构】—【管理】—【成员与部门】—【选择部门】—【当前部门设置】—【部门主管】—【添加】。

（3）角色。【通讯录】—【内部通讯录管理】—【角色】—【新增角色】—【添加成员】。

通过数字化组织架构,将组织中各角色的权限设置清晰,不仅保证组织信息安全,也使组织中各角色的权责分明、各司其职,运作有条不紊,从而提高工作效率。

2. SaaS 管理权限

从数字化管理平台应用市场下载开通的 SaaS① 应用,支持平台相关的底层协议,默认使用平台通讯录的账号体系。操作方式是在该 SaaS 应用的管理页同步平台的通讯录,可以打开自动更新功能,每次通讯录更新时该应用也自动更新。

SaaS 类应用是数字化管理平台上最常见、最常用的应用类型。相比而言账号权限管理机制已经比较成熟和完善,在用户统一身份认证及授权管理领域已经完成 4A 管理,即集中账号管理(Account)、集中认证管理(Authentication)、集中授权管理(Authorization)和集中审计管理(Audit),简称 4A 管理。后来发展出的 IAM(Identity and Access Management,即身份识别与访问管理)相关技术则在云计算等领域应用广泛。从整个平台的角度看还应该满足以下需求,详见表 1-3。

表 1-3　　　　　　　　　　　权限描述

序号	需求	描述
1	软件授权	云平台付费授权机制,可按时间、功能、数量等进行付费授权
2	组织入驻	允许组织主动申请加入平台
3	实名认证	个人实名认证、组织实名认证
4	资质审核	个人和组织的资质审核,如对获得的证书或荣誉进行审核
5	组织绑定	个人账户绑定组织,与组织建立关联关系
6	组织解绑	个人账户与组织进行解绑
7	账户注销	个人账户注销,并销毁所有个人资料和档案
8	统一登录	单点登录(Single Sign On,SSO),通过用户的一次性鉴别登录
9	统一注册	提供统一的用户注册页面

---

① SaaS 是 Software as a Service 的缩写,意思为软件即服务,即通过网络提供软件服务。

平台级 SaaS 模式账户权限遵循以下基本原则：

一是个人账户统一原则。个人账户一次注册，全平台通用，类似于全网通行证和 SSO，注册和登录都在用户管理界面进行。

二是业务权限独立原则。每个子系统的权限体系是独立管理的。"个人账户统一原则"明确了账户体系的统一性，但是对每个子系统而言，每个账户所能使用的功能和服务、所能查看的数据权限是独立维护的。以张三为例，作为"xxx 公司—研发 T3 组—研发人员"，张三在 CRM[①] 系统中拥有的管理权限，与其在 OA[②] 系统中所拥有的权限没有关联关系。

3. 其他软件权限

企业组织购买或独立研发的软件，原本并不依托数字化管理平台运行，但在统一平台的理念下，需要把这些软件集成到数字化管理平台，从平台工作台统一访问、平台账号免登录。

4. 权限组

账号的权限很少按单人配置，而是设置一个权限组，归属这个权限组的成员都拥有相同的权限，每个权限组的配置一般由三部分组成：权限成员、管理范围、操作权限。

权限成员与通讯录的组织架构关联，可以选择全部架构、部门、部门下的某个或几个人。文档类的权限则更为灵活，可以指定群组。

（1）指定群组，如某个文档需要指派给"新品发布会"群内成员的权限，因为成员来自不同部门，最快捷的方式就是授权给这个群组。

（2）指定部门，如"部门项目集"可以指派给全部门，部门内部完全开放。

（3）个人，如临时增加一个人的权限，可以指派给组织内的个人，某些文档类型还可以指派好友关系的个人，而非组织架构内的成员。

管理范围常见的逻辑有三种：

（1）自己发布的应用，默认拥有全部权限。

---

① CRM（Customer Relationship Management）一般指客户关系管理。
② OA（Office Automation，办公自动化）是将现代化办公和计算机技术结合起来的一种新型的办公方式。

（2）所在部门和下级部门，可以管理部门内成员所发布应用的全部权限。

（3）指定部门可以管理某个部门的全部权限。

5. 授权方案

文档、数据、流程、表单、应用等在做授权时需要考虑的场景不同，权限方案也有所不同，理论上权限可以拆解至每一个操作动作，但这样的授权过程烦琐，所以一般会合并生成三种常见的授权方案。

（1）数据类权限类型

数字化管理系统平台的所有应用几乎都带有数据统计功能，默认即是应用或表单的创建者拥有数据统计报表的全部权限，除此以外还可以授权给其他账号一些相关权限。

数据类权限类型见表1-4。

表1-4　　　　　　　　　　　　数据类权限类型

权限配置	支持的操作					
	可上传下载	可编辑	可查看	可删除	可授权	可分享
可管理	√	√	√	√	√	√
可编辑	√	√	√			√
可查看/下载	√		√			√
仅可查看			√仅可在线预览			

例如，数据上报工作。各类报表的数据汇总统计、整理、提交是日常管理中的常见事项，常见的数据上报工作有日报、周报、月报，还可细分为员工日报、巡检日报、经营日报、管理周报、经营周报、区域周报、业绩月报等。如果这些数据录入只由数据专员录入则效率极低，所以，通常情况下会把表单查看权限、使用权限、数据导出权限等做详细权限划分并指派给不同的群组人员操作。以门店业绩统计为例，可以把表单对全体销售人员可见，门店经理拥有门店的数据报表权限，大区经理拥有区域数据报表权限，销售管理部则拥有全部数据权限。

（2）流程类权限类型

流程审批是数字化最核心的场景之一。所有的流程均由表单、流程、数据报表组成,对中大型企业组织而言,内部的各类审批流程数量突破100条的情况非常常见。每个审批表单都要单独设置权限,常见的操作权限有全部、查看、导出、删除等。

(3)文档类权限类型

文档是使用最多、最频繁的应用,文档分为Word文档类、Excel图表类、PPT幻灯片类、脑图类等,一般是以群为单位做编辑协作,每份文档基于其信息保密程度都可以独立设置权限,常见的权限有上传下载、编辑、查看、删除等。

三、案例

建设市—县—乡—医疗机构的一体化医共体

(一)案例背景

张先生在当地县城医院住院,在进行身体检查时,被查出患有高血压、脑梗塞、房颤、头晕等比较复杂的症状。由于情况复杂不好判断,以往的处理方式都是建议患者再转院去更高级别的医院复诊。患者要花费额外的时间和费用,才能进一步获得检查结果;对于地方性医院而言,这种缺少专家团队的局面长久存在并无法解决。

(二)管理痛点

第一,患者多地奔波。每次因为医院之间的数据不通,都需要重复检查,重复问诊。

第二,分级问诊执行难。患者无法判断自己情况的严重程度,轻症患者占用了大量宝贵的诊疗时间。

第三,医患沟通难。患者离开医院后,有问题却无法联系到相关服务人员,只能重复问诊。

(三)数字化管理举措与实践

当地医院与省会知名医院共建医共体——"县乡机构一家人,资源使用一张网,医疗人才一盘棋",探索基于"互联网+医疗大数据"的数字化医共体建设路径。

省会医院的医共体总院与地方的各个医院建立了一个新的数字化组织架构,实现了全区一张组织架构网；通过一体化的数字化管理平台，无论是在手机、iPad上还是在电脑上，都能够随时查阅患者的跨院资料，实现了会诊、转诊无缝对接；医共体的组织架构还把专科医生、家庭医生及家庭居民关联起来。

医共体总计由16家单位组成，还有125个社区卫生服务站、177个签约医生的服务团队，将医疗业务和公共卫生很好地融合起来。

医共体的管理应用、专科医生的移动应用、家庭医生的服务、居民的健康管理，医院端、医生端、患者端、服务端完成了四端在线，实现了数字医共体协同；通过专病小组机制、家庭医生延续诊疗机制、基层急救机制，实现了落地管理；专病小组为全科医生提供了强大的支撑，全科医生与患者之间的互动通过同一个数字化管理平台，让服务的数量和质量都得到了明显提升。

（四）实施成效

这一次张先生不需要奔波去往省会医院，住院医师通过医共体平台，向医共体总院发出多学科远程会诊申请。当总院接到远程会诊申请后，立即安排多学科人员参加会诊。很快，总院神经内科、心内科、康复科的主治医师便联合为张先生提供远程会诊服务。

会诊前半小时，住院医师已经通过平台将患者病历等资料发给会诊医生；会诊中，总部主治医师通过平台上的远程会诊应用，分析上传的各项检查图片及结果，包括心脏彩超、动态心电图等；透过高清影像现场询问患者的相关病史，结合患者病史、检查结果等，对患者病情进行详细分析，并提出合理化的治疗方案。

对此，张先生感受颇深，他认为远程会诊让他不用来回跑医院，就诊体验跟面对面看病时一样，在家门口就可以看专家，而且一次得到几位专家的综合治疗方案，这在以前是难以想象的。

可见，数字化组织管理平台让组织打破了边界，实现了无界协作。

第三节　数字化组织的管理

数字化组织的四要素包括人、目标、组织结构和管理，通过计划、组织、协调和控制等管理行为，驱动他人完成组织目标，是组织的重要保障。管理最重要的衡量指标是效率和成效，在提升管理效率和成效的道路上不断引入更多的技术工具，同时这些技术工具也在改写管理的理念。根据我们的观察，数字化组织内发生的管理动作在引入数字化技术工具后更具想象空间，朝向更美好的组织协作关系迈进。

一、数字化管理的职能

数字化管理并不是一个静止的概念，其内容是随着社会的变化、生产力的发展和科学技术水平的提高而不断更新和充实的，它是一个整体的概念。集团公司、政府部门、创业公司都会存在管理，也就意味着存在数字化管理，它们有的是销售管理，有的是项目管理，还有的是供应链管理，可以说只要存在计划、组织、领导和控制的工作场景，就存在管理和数字化管理。

数字化管理可以从职能和技能两个维度具体阐述其价值，以及在管理上的延展。

（一）管理的四大职能

管理的过程就是基于信息的决策过程，具体讲管理可进一步分为五大职能，即计划、组织、指挥、控制和协调，有时也把管理的指挥和协调职能合称为领导职能，即管理的四职能说：计划、组织、领导、控制。管理的上述职能是相互关联、不可分割的一个整体。通过计划职能，明确组织的目标与方向；通过组织职能，建立实现目标的手段；通过指挥协调职能，把个人的工作与所要达到的集体目标协调一致；通过控制职能，检查计划的实施情况，保证计划的实现。

管理的这几个职能的综合运用，归根结底是为了实现组织目标。

1. 计划

计划是管理的首要职能，其对未来事件做出预测，以制定出行动方案。计划工作是为事物未来的发展规定方向和进程，要重点解决两个问题：一是目标的确定。如果目标选择不对，计划再周密具体也枉费心机，这是计划的关键；二是进程的时序，即先做什么，后做什么，可以同时做什么，均不能错位，这是计划的准则。

在管理科学中，研究的是计划的动态过程，也就是说，要研究计划是如何产生的这一过程，从而探索制订计划的一系列科学程序和方法，为管理提供科学的计划决策。

管理的计划职能就是要选择组织的整体目标和各部门的目标，决定实现这种目标的行动方案，从而为管理活动提供基本依据。因此，计划职能是管理的首要职能，是现在通向未来的桥梁。

数字化的观点：在数字化组织中做管理计划可以获得相关数据做辅助判断，如果做战略和做计划目标仅凭经验和感觉，具有很大的风险，不是一个数字化组织应有的工作方式。

2. 组织

组织是指完成计划所需的组织结构、规章制度，以及人、财、物的配备等。它有两个基本要求：一是按目标要求设置机构、明确岗位、配备人员、规定权限、赋予职责，并建立一个统一的组织系统；二是按实现目标的计划和进程，合理地组织人力、物力和财力，并保证它们在数量和质量上相互匹配，以取得最佳的经济效益和社会效益。

数字化的观点：数字化组织的形态和架构是当下的一个重要选择，新的技术可以支持无边界、扁平化、知识化的组织形态，这对业务的创新发展是巨大改变，可能会带来全新的组织管理模式和商业模式，同时未来的产业互联网中会存在大量的生态组织之间相互协作的现象，具有巨大的想象空间。

3. 领导

指挥是指对所属对象的行为进行发令、调度、检查。指挥职能就是运用组织权限，发挥领导的权威作用，按计划目标的要求，把所有的管理对象集合起来，形成一个高效的指挥系统，从而保证人、财、物在时间和空间上的相互衔接。

协调是指使组织内部的每一部分或每一成员的个别行动都能服从于整个集体目标，是管理过程中带有综合性、整体性的一种职能。它的功能是保证各项活动不发生矛盾、重叠和冲突，以建立默契的配合关系，保持整体平衡。与指挥不同，协调不仅可以通过命令，而且可以通过调整人际关系、疏通环节、形成共识等途径来实现平衡。

数字化的观点：数字化时代个体沟通会随时随地的发生，视频会议、IM① 留言会重塑沟通的秩序。处于数字化时代的员工们的满意度、工作动机也随之发生了巨大的变化，那么如何借助数字化的工具让激励员工的方式变得更加个性化和科技感，将是全新的领导领域的课题。

4. 控制

控制是促使组织的活动按照计划规定的要求展开的过程。控制职能是按照既定的目标、计划和标准，对组织活动各方面的实际情况进行检查和考察，从而发现差距，并分析原因，采取措施，予以纠正，使工作能按原计划进行；或根据客观情况的变化，对计划做适当的调整，使其更符合于实际。控制必须具备三个基本条件：一是有明确的执行标准，如数量、定额、指标、规章制度、政策等；二是及时获得发生偏差的信息，如报表、简报、原始记录、口头汇报等；三是纠正偏差的有效措施。这三个基本条件缺少任何一个条件，管理活动便会失去控制。

控制职能与计划职能密不可分。计划是控制的前提，为控制提供目标和标准，没有计划就不存在控制；控制是实现计划的手段，没有控制工作，事先制订的计划是不会自动实现的；控制活动为计划的实现提供保证。

数字化的观点：员工的绩效测量和组织绩效测量，在数字化工具的帮助下会变得更加可量化衡量。不过，即使工作时长、工作进度、工作结果都可以清晰呈现，管理

---

① IM（Instant Messaging）即实时通信，允许两人或多人使用网络实时传递文字消息、文件、语音、视频等。

者也需要反思是保留大量的数据做控制性管理,还是留一些可事后回溯的数据,以让管理变得更加简单、更加相互信任。

(二)数字化管理的技能

管理者需要三种关键的管理技能:技术技能、人际关系技能与思想技能,其中技术技能和思想技能在数字化的管理场景里有更多的概念延展。

1. 数字化的技术技能

为了实时、准确地收集信息,以便于管理人员做出决策,便将数字化技术引入管理活动,建立了数字化的信息系统,不但可以提高管理的质量,而且是数字化管理的重要标志。

管理的数字化技术与技能主要体现在各类数字化的管理平台、系统、软件等深度使用的能力上,其对中大型企业有特别重要的意义。包括数据处理手段的数字化,如用软件系统处理各类管理数据,并做出预测与统计,为经营提供信息、辅助决策;生产过程的自动控制;信息传递手段的数字化,如视频会议、IM 沟通、日志、智能表单等的采用。

管理的数字化能直接促进管理体制、管理组织、管理方法的升级进程。在人类历史的发展阶段中,信息处理的发展阶段是以处理手段的不同来划分的。当今,移动互联网、云技术的发展已经成为实现管理数字化的重要内容和标志,同时计算机在组织管理中的应用程度,也反映了管理数字化的程度。

数字化管理平台的建立可以从一定程度上反映管理现代化的整体内容,也是传统管理向数字化管理过渡的桥梁。所以,开发并建设数字化管理平台是数字化管理的重要能力,其相辅相成、互为因果、互为基石。

2. 数字化的管理思想

没有管理思想和观念上的转变,就无法实现管理组织和管理方法的数字化,更谈不上管理手段的数字化。其主要包括管理过程数字化、管理方法数字化和管理决策数字化。

(1)管理过程数字化

组织的数字化包括管理体制、机构设置、生产组织和劳动组织等几个方面的数字化。为实现管理数字化,在管理体制上可以借助数字化的工具和软件实现集权和分权制度，可以实现责任到人、责任到点，可以用更高的效率开展劳动组织和生产组织。

（2）管理方法数字化

管理方法数字化主要表现在对生产经营活动中的各种事务，从定性概念发展为定量分析，从依靠经验判断逐渐转向应用数学模型与经验判断相结合来进行决策，如经营预测和决策方法、质量控制的统计方法、全面经济核算、库存管理技术、线性规划、投入产出分析等。同时，各类专业的系统软件可以在生产环节发挥巨大的作用。

（3）管理决策数字化

管理思想数字化有多种表现形式，管理的重点在于经营，经营的成败在于决策。其实管理的过程就是决策的过程，而关系到组织生存和发展的战略决策则是最重要的决策，依托于各类数字化工具和软件产生的大量及时、精准的数据，管理者可以做出更好的经营决策。

（三）数字化管理的评估指标

在管理涉及的协调和管控他人工作的活动中，并不是所有的管理动作随时随地都有效，评估管理动作的效果，则主要关注效率和成效两个维度。在设计数字化管理的方案和路径时，需要充分评估其带来的效率和成效的投入产出比，防止为了数字化而数字化，如图1-9所示。

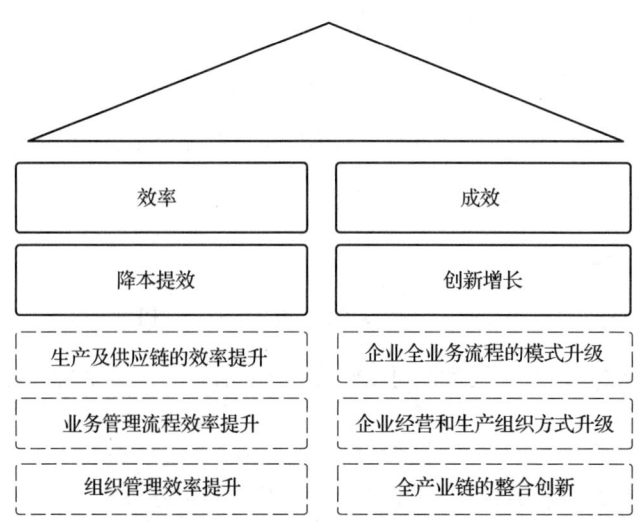

图1-9　管理的效率与成效

1. 效率

效率指的是以尽可能少的资源投入获得尽可能多的产出,可以理解为"降本提效",也可以理解为"正确做事"。管理者可以协调的资源对组织而言都是稀缺资源,如人力、金钱、算力和设备等,引入数字化的工具和方法,可以大幅降低人员的重复性工作消耗,提高人员的单位产出;也可以节约过程中的差旅费用、纸张费用、运输费用、等待空转的时间成本等。

2. 成效

做事仅仅有效率是不够的,成效就是指"做正确的事",即做那些可以实现目标的工作,也可以理解为"创新增长"。为了达成目标,需要不断满足客户的严格要求,需要执行科学的生产流程,需要发现稍纵即逝的市场机遇,然后通过数字化的方式和方法,让产品和服务不断地创新,让管理决策更加精准。

二、数字化的文化管理

数字化不是孤立的某些流程的改变或是局部组织的调整,而是必须在整个组织的层面,包括流程、人才、组织、文化和制度等方面都做出有计划、系统性的重大调整。甚至有人说,数字化转型的第一要素不是软件和技术,而是组织的敏捷性和适应性,可见,组织文化的变革不可忽视。

研究发现,组织文化的不足是组织数字化转型取得成功的绊脚石之一。组织文化的不足会导致三个方面的问题:各职能和部门相对孤立,害怕承担风险,难以形成统一的客户观并立即执行。可见,技术虽然重要,但并不能代表数字化转型的一切,而组织文化不变,转型便会停滞不前。

(一)数字化组织文化的特征

组织文化的本质是让员工获得一种氛围感知,数字化时代的年轻人崇尚简单、平等的文化理念。传统组织基于金字塔式的科层管理方式,由管理者控制信息、流程、数据、资源的可见度等,而员工只能做执行者,看不到事情的全貌。造成这种情况的原因有一部分是人为因素,也有一部分是因为传统组织内的信息传递效率低,信息传导的各个环节只能消化和传递少量信息,因而传递到基层员工的信息少之又少。没有及时的信息来源，发生特殊情况时员工便无法做出判断，只能向上诉求解决方案，以致管理者累积的待处理事项越来越多，一些事情无法得到解决只能搁置，从而导致管理效率低下。而一次次"讲没用"更是让员工失去了积极主动的工作动力。

数字化组织具备天然的信息分发和传递优势，如果管理者能利用好这些工具，有助于打造公开、平等、高效、有温度、以人为本的工作方式。

1. 公开

传统组织中很多信息的传递效率都很低，并只有少数人可以看到信息。而在数字化管理系统平台里全员在线，在全员群中晒新闻、活动、战报、公司公告及通知可全员可见；日志可以分享给任何人；你可以找到任何人、协同任何人；可以看到公开的文档、资料；在全员圈子里不必加好友关系就能看到包括总经理在内的成员的工作动态。可见，在同一个组织架构内的成员，可以彼此公开信息，进行无障碍交互。

2. 平等

传统组织中的很多工作是单向汇报的，如员工提交日报给管理者，员工录入数据到系统里，员工被要求执行某项政策……这些工作在做了之后很少有反馈，员工的参与意愿很低，但又不得不做，于是便会感知到不平等。在数字化组织里，所有工作都是双向反馈机制，如提交日志时可以设置部门为接收者，日志提交后管理者是否已读是公开的数据；任何人都可以给你的工作发表一些点评建议，你也可以@[1] 相关人获得关注。数据在提交后，相关人员都具有相应的数据查看权限，在权限范围内，你可以看到数据排名、数据统计，而不只是"报数据"。

3. 高效

传统组织的大量时间都消耗在"等待响应"的过程，审批要在领导办公室门口等待，开会要等对方出差回来，报表要等待专员统计完毕等。而在数字化组织中，在线化的数据、流程、会议，让很多事情不必见面才能进行，远程协作就能随时随地解决问题。

---

[1] @这个符号用英文读作"at"，在网络社交中的意思一般是向某人说或者提醒某人，提到某人或对某人说，以引起关注。

4. 有温度

传统组织对员工的关怀时常是"批量"发生的，如为这个月过生日的员工集中开一个生日会，集中表扬近期优秀的销售员。可是为什么不能在员工过生日当天庆祝？为什么不能在销售战报出来时就立即表扬？那是因为时间与精力不够做一对一的工作。而在数字化组织里，可以通过系统设置为每个人提供精准的服务，如在员工过生日当天，系统会自动提醒相关联的部门同事，自动触发生日卡片，方便快捷地送出祝福。当销售战报传来，系统会立即发起全员进行视频直播，在直播里采访当事人的工作经验和感悟。当员工第一次走进分公司时，工作电脑会自动连接 WiFi，同时拥有门禁权限，可以按照通讯录卡片上的信息找到当地负责工作的同事，可立即进行沟通。这些细致入微的服务，远远超出通过人工提供的能力范畴，所以相对于传统组织，数字化可以提供更加个性化、更有温度的服务。

5. 以人为本

当所有的重复性工作都由系统来完成，员工便会回归工作的本质，从事更有创造性、有挑战性的工作，在工作上真正做到以人为本，创造更大的价值。

（二）数字化组织文化的变革方法

1. 选择有数字化理念的管理者

数字化转型发生在组织的方方面面，尤其是在人才队伍上。研究报告显示，70%的受访者表示高层团队在转型过程中发生了变化——最常见的情况是熟悉新的数字技术和理念的管理者加入了管理团队。并且，调查结果表明，引入数字化高管的组织转型成功的概率是其他组织的 1.6 倍。

2. 培养员工的数字化能力

注重培养普通员工的数字化能力更有可能实现数字化转型。培养员工的数字化能力有以下两个关键点：

首先要重新定义个人的角色和职责，使其与组织转型的目标一致，这也可以帮助阐释现在的组织所需要的员工能力。

其次要发挥技术经理和数字业务管理者两个新角色的作用，让他们弥补传统业务和数字业务之间的潜在差距。一般来说，技术经理需要拥有专业技能，并领导公司的数字化创新工作；管理者需要将新的数字方法和流程，转换并整合到现有工作方式中，既要积累业务经验，也要了解新的数字技术。

3. 制定新的工作机制

首先，通过建立一定的机制调动员工积极性。例如，营造持续学习的、开放的工作环境，或者给予员工一定的权利，让其在数字化技术采用方面拥有发言权。当员工对数字化有自己的想法时，数字化转型的成功率会更高。

其次，不断鼓励员工挑战旧的工作方式，并宽容失败。当高层领导和参与变革的领导都鼓励员工尝试新想法时，成功可能性更大。

最后，确保部门、员工之间有交流协作。

4. 为日常工具进行数字化升级

让组织赋予员工新的工作方式，数字化的新工具和流程能帮助员工们转型成功。如果日常的办公方式仍旧是传统的工作方法和工具，很难让员工相信一场数字化变革正在来临。

采用数字化工具，让组织的信息变得更透明、更容易获得；此外，基于数据决策的增加和交互式工具的使用也能帮助员工转型成功。

（三）数字化组织文化的传播方法

组织文化的传播过程实际上是组织内成员接受和学习组织文化的过程。在组织日常工作中，组织文化会以多种形式进行传播，通过数字化的技术和工具可以有更多种形式落地。

1. 通过故事传播

组织中流传领袖人物的创业史以及重大转折事件等方面的故事，有的是真实故事还原，有的加入了虚构成分，但传播内容符合组织文化的价值观故事，以便组织内外部的成员能够知晓、理解，甚至更深入理解组织的内涵和独特性。

数字化工具：可以将一些优秀人物和故事设置为开机封屏画面，公司大事记通过日志的方式轮值记录撰写，收集公司发生过的故事和一些关键事件。

2. 通过活动仪式传播

活动仪式通常是组织精心设计的，这些均具备主题和目的性而非重复性的活动，通常在重要节假日、员工生日、年中及年底、业务重大突破时举办。通过这些活动仪式，组织可以向组织内的成员传递组织需要什么、不需要什么，组织的方向和目标是什么，哪些行为被鼓励及哪些行为被明令禁止等。

数字化工具：利用群直播记录活动过程，可以让更多不在本地的员工感受到不同城市的活动氛围；利用日历提醒工具，自动提醒相关人员有成员要在某天过生日，有成员哪天是入职周年，以及一些重要节点；然后利用群红包和群图文，让更多人看到并参与到热烈的氛围之中。

3. 通过语言传播

在很多组织中流传着谚语、口号或其他形式的语言表达。这些语言通常会唤起组织内成员的共同情感，代表着被大家认可的价值主张。特殊的语言符号能够在非协商情况下，让组织成员产生行动的一致性。可见，语言不仅能凝聚组织内的成员，而且能对外界社会产生影响。

数字化工具：制作公司词条或百科，记录这些语言背后的故事，让更多看到引用的人可以还原最初的故事场景。

4. 通过物质传播

组织文化的传播物质可以是各种形态，如组织的文化墙、文化衫、勋章、旗帜、周年礼物、生日礼物、办公室环境陈设等，很多组织就是利用这些实物来传递组织文化的。

数字化工具：在线会议室名称可以更改为具有公司文化属性的系列名称；工作台可以设置虚拟文化墙，展示优秀和荣誉；线上可自动触发和发送电子性质的礼物；科技感便捷性的办公设备，如无线投屏、无线打印、自主扫码领取物品等，传播自由和科技的文化氛围。

三、数字化的人员管理

组织管理的重要因素是人员，对管理者而言，拥有一支高水平的员工队伍，吸引和保留有能力、有才华的员工对实现组织目标起着至关重要的作用，无论这个组织是刚刚建立还是运营多年，都是如此。如果一个管理者没有履行人力资源的管理职责，

那么就会产生不良影响，因此，每个管理者做好组织管理的工作之一就是做好人力资源管理。

研究表明，当直线主管履行好招聘和绩效等职责时，公司的绩效能提升29%，这就是为什么即便公司已经设有一个独立的人力资源部门，所有管理者依然需要参加一些人力资源管理方面的工作，如对应聘者进行面试，为新员工提供培训，评估员工的工作绩效等。但实际情况是管理者经常需要花费宝贵的时间与精力在搜集简历、汇总绩效数据、安排培训会议等工作上，而对员工绩效的过程管理却缺少相应的数据细节。

（一）人员管理的数字化工具

1. 入职

员工入职办理流程产生的数据需要与组织架构的通讯录打通，实现入职填写的信息在入职审批完成后，直接同步到通讯录，免去反复填写的烦琐流程。

智能人事的操作方式，可以配置入职二维码，员工扫描后自行填写，提交后自动开启入职审批流程。

2. 转正

通过员工入职时填写的表单，可以自动看到转正管理中的员工，如果设置了转正时间，届时会自动会触发员工转正的后续动作。

3. 合同管理

员工合同的管理在花名册信息中统一输入，合同管理可以自动提醒员工合同到期后续签等工作。

4. 离职

员工的离职审批通过后，会自动触发组织架构退出机制，其账号也会自动从通讯录中删除，其所在的全员群、部门群、合作群等自动被退出，并在个人聊天界面提醒该员工已经从架构中离职。同时，其与组织架构内成员的聊天信息也进行加密处理，不再显示，从根本上降低了信息被泄露的风险。

5. 员工关怀

员工的花名册信息被记录后，系统会自动在后台生成员工生日、入职周年的管理字段，所以可以在员工关怀界面进行管理，而且生日祝福语也可以按管理需要进行设置和调整。

6. 全员圈子

每位成员发布的动态可以汇总到全员圈子里，有了企业内部的"朋友圈"，安全又清爽。员工可以发布的组织内的活动有企业培训、新人报到、团队早会、重要通知、团建活动等。

7. 智能工资条

智能工资条上传任意格式的 Excel 工资表后，系统会自动解析校验生成工资条，并按通讯录发工资条，在数字化管理平台内再一键推送到员工个人，并可轻松覆盖全员。

智能工资条实现了企业和员工之间的双向沟通，并支持在线互动，智能答疑。员工打开工资条即可查看工资明细，如有疑问，可以用文字或语音向智能工作助理询问。当经理点击【发工资】后，即可快速查看员工是否确认工资问题，同时，还可以在工资条上添加备注，给员工送去更多温暖。

8. 智能薪酬

智能薪酬解决的是薪酬方案和核算的问题。很多企业用 Excel 计算工资表，长长的一行逻辑嵌套的函数，导致表格运行缓慢，稍有不慎表格就会闪退。使用智能薪酬不但可以自定义函数，还能随时同步调用考勤等其他应用的数据结果，超出常规薪酬数值后，智能纠错系统会自动提醒报错。

公司将上述内容相互关联后，可以将人事工作串联起来，以实现自动化的触发。

例如，某大型互联网公司内部具有较为完善的职级体系，员工在不同职级享受不同的薪酬底薪。该公司将人事板块与财务板块进行集成，在某名员工的晋升申请得到领导及审核人员全员通过之后，人事板块内的职级信息将自动修改，财务板块内该员工次月的薪酬核算规则也将同时发生改变，如底薪由 8 000 元升级为 12 000 元。

9. 员工数据统计

员工日常行为产生的数据较多，而组织并不需要获得员工的全部信息，往往只需要了解几个维度，如姓名、性别、出生年月、学历、技能等基础信息，工作经验、项目经验等从业信息，入职后每天的考勤情况、请假情况等出勤信息等。将这些信息进行汇总统计是每一个组织的常态化工作。如何实现这些信息的汇总统计呢？以基础信息为例，分别为企业内部男女比例、企业内部成员学历分布、企业内部员工年龄分布。这三类信息均属于员工的基础信息，也是企业人事管理系统常见的内容，在员工入职时将这些信息录入系统，系统即可自动实现数据统计。

（二）考勤管理

考勤管理的工作包括排班管理、请假管理、年休假管理、补卡管理、加班申请管理、日出勤处理、月出勤汇总等。数字化考勤管理是利用软件和硬件统计、分析、应用考勤数据，为员工提供精准方便的考勤方式，为组织精准记录员工的行为信息。

1. 考勤管理的常见问题

（1）获取数据环节。考勤打卡获取数据的方式有很多，常见的纸质考勤原始、低效，容易混乱、难于监督且统计不便；纸质打卡机易作弊且统计不便；IC卡考勤机的卡片费用高、易损坏、易丢失数据，而且数据读取受环境影响；离线指纹考勤机需排队等候，数据导出不便也不卫生。

（2）异常情况处理。公司有业务员和巡店人员需要经常外出，每次外出都要有说明，巡店人员需要辅以签到数据审核；考勤最终和工资挂钩，所有员工在没有正常打卡的情况下都需要有未打卡说明。

（3）统计数据环节。考勤数据输出—合并差旅请假信息—确认考勤数据—合并计算工资，每个环节的数据都需要统筹协调多个维度的员工行为数据。

考勤管理是员工日常管理的重要环节，考勤数据通常会作为员工薪酬发放的重要核算数据，所以也是涉及员工切身利益中员工最为关切的问题之一。考勤数据需要具备准确性、及时性的特性，同时员工还会关注操作便捷性、智能提醒等，管理者也会关注数据的连通性、智能度等。

2. 考勤管理的基础概念

考勤规则常见的有三种，即固定班制、排班制、自由班制。不同性质的组织和岗位需要不同的考勤规则。

固定班制：成员的考勤时间固定，如"朝九晚五""朝九晚六"等。固定班制是指每天的考勤时间一样，一般是早晨上班傍晚下班，每天 8 小时工作制，共工作 5 天。适用于信息技术、金融、文化传媒、政府、事业单位、教育培训等行业的行政办公人员。

排班制：成员的考勤时间按一定的时间规则循环，即"倒班"的模式，如销售岗位的早班、中班、晚班，医生的白班和夜班。

自由班制：成员的考勤时间没有明确的时间规则，即根据员工在任意时间段的打卡，手动计算考勤数据。适用于装修、家政、物流等没有时间限制，可以随时打卡、计算工作时间的行业。

数字化的考勤管理将考勤工作拆分为不同的模块，由考勤组、班次、加班、补卡、假期等信息构成。

考勤组：不同部门岗位员工的考勤时间不同、地点不同，如果有排班，则班次也不同，所以要将不同的人设置在不同的考勤组。

班次：一般排班分为 2 班制、3 班制等，也就是一天有两三个班组交替上班，确保连续作业或服务。每个班次的上下班时间不同，休息时间也不同，员工需要按照班次作息表上班，如餐饮行业分为早晚 2 班，医院分为白班和夜班等。

加班：加班的数据涉及加班工时统计、加班费计算。

补卡：员工忘记打卡后需要补充申请，需要把补卡数据合并到考勤数据。

假期：员工正常休假时需要把休假数据合并到考勤数据。

3. 常见的考勤设置方法

例如，某化妆品公司共 200 人，行政部门、人事部门和财务部门每天 09:00—18:00 是工作时间，中午休息 1 小时，周末双休，考勤方式是每天早晚打卡签到和签退，中午休息时不必打卡。门店销售部门分为 2 个班组，上午班是 09:00—15:00 工作，下午班是 15:00—21:00 工作，如果 A 组第一天是上午班，第二天就是下午班，第五天休息。另外还有一组特聘专家，按自由工时统计薪酬。

通过这个案例配置的环节理解考勤工作在平台中的实现逻辑，可以将设置过程分为三个步骤：

第一步，整理信息。与各部门管理者确认考勤时间规则并对应考勤组成员，了解是否有特殊情况，后续的配置对照以汇总的考勤信息表为准，视情况还需询问和了解相关的细节要求，如考勤的排班方式、部门和成员的名单等，详见表1-5。

表1-5　　　　　　　　常见岗位和部门的考勤排班方式

考勤排班方式	部门和成员名单	班次规则
固定班制	行政、人事和财务部门全部	每天1次，09:00—18:00，中午休息1小时，周末双休
排班制	销售部A组成员名单 销售部B组成员名单	上午班 09:00—15:00 下午班 15:00—21:00
自由班制	特聘专家甲乙丙三人	自由打卡

第二步，设置【班次规则】和【考勤组】。为何需要拆分这两个环节呢？因为班次规则主要设置的是上下班考勤的具体时间段，而且有详细的配置字段，见表1-6；而考勤组则主要设置的是参与考勤的人员，同时也有详细的配置字段，见表1-7。那么，实现的结果便是考勤软件可以识别该考勤组成员是否在该班次规则内完成了打卡动作。

其中，弹性打卡是数字化考勤下的管理特色，在规定的考勤总时长内，因为充分考虑到成员的个性化诉求，所以允许晚到晚走、早到早走，或者晚到、早走几分钟不记为异常，也有前一天晚走，第二天可晚到等。在传统工作方式下，这种个性化的考勤数据很难统计和判断，但在数字化考勤的场景中，可以精准到每一位成员的每一分钟。

表1-6　　　　　　　　班次规则的详细配置字段

项目	具体字段	说明
班次规则名称	名称	简单说明班次特征，便于查找
上下班时间	上下班时间，休息时间，弹性打卡	设置1次的具体上下班时间，可以设置2次或更多
总工时	时长	合计工作时长8小时，计1天工时

表 1-7　　　　　　　　　　　考勤组的详细配置字段

项目	具体字段	说明
考勤组名称	名称	简单说明成员特性，便于查找
考勤人员	成员名单	可以通过组织架构勾选部门、单个成员
考勤时间	考勤类型（固定班制、排班制、自由工时），工作日设置	为一周的每天勾选【班次规则】
打卡方式	地点、WiFi、蓝牙	满足任一项，考勤组成员即可完成考勤

排班制相对复杂，有一个"周期"的概念，在本案例中，以5天为周期进行循环（最大周期天数为31天），A组成员第一天班次是上午，第二天班次是下午，第三天班次是上午，第四天班次是下午，第五天休息，此为一个周期。有了排班周期后，不再以工作日和休息日的自然日历划分班次，而是依据此循环规则生成一个排期表，成员按排期表的时间上下班。

软件与硬件结合的考勤管理工作方式有多种打卡方案，从定位打卡到人脸识别打卡，考勤数据的严谨程度越来越高。

定位打卡：定位打卡主要通过开启的位置信息进行数据采集，基于位置信息考核打卡点是否在公司的考勤范围内。

WiFi打卡：WiFi打卡主要基于制定的考勤热点进行打卡，通过WiFi进行识别并判断打卡是否成功。

蓝牙打卡：在设定的上下班时间段内靠近设备并开启手机蓝牙与地理位置，基于此二者进行自动或者手动打卡。

指纹打卡：指纹打卡主要根据设备前期采集的指纹信息，在员工考勤时根据指纹录入比对打卡人员信息和班次信息。

人脸识别打卡：人脸识别类似指纹打卡，主要根据采集的人脸信息对比打卡人员信息，比对相应班次。

第三步，测试完成，发布通知正式启用。

四、智能硬件的管理

（一）智能硬件的用途

智能硬件通过软硬件结合的方式，对传统设备进行改造，进而让其拥有智能化的功能。智能化之后，硬件具备连接的能力，实现了互联网服务的加载，形成"云+端"的典型架构，具备了大数据等附加价值。

数字化管理平台接入的智能硬件从日常的考勤打卡、会议、打印等办公场景逐步延展到生产经营的方方面面，那些以前没有联网的设备如消防、机械臂等都在朝软件和硬件一体化的方向改造。

智能硬件涉及的主要技术领域包括智能传感互联、人机交互、新型显示及大数据处理等新一代信息技术，最重要的是将平台性底层软硬件作为基础，而该平台基础可以让硬件遵循相同的协议，可以成为数字化管理平台中的一个数据端口。当智能硬件通过平台链接数字化组织架构后，会将硬件采集到的信息与组织成员的数据相关联，此时，组织成员就可以无障碍访问硬件设备，如此一来大大提升了组织的硬件管理水平和整体运营效率。

例如，某学校的学生用"学生卡"刷门禁，用"餐卡"在食堂吃饭付款，每天还需要用体温计测量体温填表，但是"学生卡""餐卡"等卡片和硬件数据彼此割裂，学生需要带各类卡片在身上，管理人员也需要反复统计各类数据输出学生的情况报表，非常烦琐。于是校方引入了智能硬件设备，并将其与数字化管理平台结合，如安装人脸识别门禁机记录学生到校和离校的时间，人脸识别自动称重的食堂设备学生可不必带饭卡即可付款，智能体温计数据则关联学生的门禁权限。可见，这种用硬件获取数据，用软件管理数据的混合方式提高了管理水平和效率。

（二）常见智能硬件

目前组织管理的智能硬件大致分为如下4类：智能门禁系列、智能会议系列、智能办公系列、智能网络系列。常见智能硬件见表1-8。事实上，这仅是办公场景的智能硬件类别，在生产和安全的场景下，还有更多硬件在通过"硬件+组织架构"的模式，实现了物理世界和数字孪生世界的融合发展。

第一章 数字化组织管理

表 1-8　　　　　　　　　　　常见智能硬件

类别	硬件举例	功能举例
智能考勤机	人脸识别考勤机	远距离打卡、多人脸识别
	指纹考勤机	软件端人脸验证
	智能前台	语音互动、语音找人、访客临时权限
智能门禁	考勤门禁机	双摄防伪、识人、识码、识卡
	办公门锁	软件开门、开门记录查询
数字化会议室	智能会议白板	可书写、可带走、投屏
	投屏盒子	连接投影仪使用、无线投屏
	视频会议机	动态捕捉人像、广角镜头
数字化云打印	打印云盒	连接打印机使用、无线打印

五、案例

物流人员管理智能化

（一）案例背景

某物流科技公司全面建设智慧物流供应链，做"天下第一仓"是这家公司的长远目标，而物流企业员工人数多，流动性大，如何实现数字化的组织管理，是实现"单、仓、人"的精准匹配与管理优化中的重要环节。

（二）管理痛点

1. 物流一线员工流动性大，员工考勤、进出和排班等基础工作在一线仓库比较烦琐。
2. 大量基层员工最关心的是出勤多少天、能够拿到多少钱。
3. 电商大促等高峰期间人员急剧变化，用工和管理成本难以控制。
4. 仓库订单量与用工人数的关联数据难以捕捉，有的僧多粥少，有的工作爆表。

（三）数字化管理举措与实践

基于数字化管理系统平台开通的考勤、人事、智能参谋、薪酬等智能工具，员工上班可以享受1秒刷脸进仓，中午走进食堂打开"扫码"扫一扫即可享用餐点，有事情用手机就可以请假，考勤数据系统同步随时可查，这些都是员工智能工作的日常。

考勤：物流一线员工流动性大，员工考勤、进出和排班等基础工作在一线仓库比较烦琐。仓库考勤推行了人脸识别考勤，员工进出都需要人脸打卡，有效地解决了打卡和进出问题；人脸识别装置也被部署在生产线的关键环节，为仓配流程安全护航。灵活的排班安排，可以支持企业灵活的排班场景。智能考勤让同样数量的管理人员解决大促期间的员工入职、吃饭、绩效考核等问题，真正做到"忙而不乱，快而有序"。

智能人事：通过导入组织架构，企业实现了组织在线和人员信息在线。智能人事考勤将请假的相关数据全部打通；代办事项自动生成，自动提醒；用工安全风险自动监控，人员异动自动同步，并支持自动生成人事异动的流水列表。在人员信息在线的基础上，智能人事对团队人数和出勤状况，如未打卡、迟到、外出、休息、排班等状况自动统计，以帮助决策层了解团队发展的健康度。针对仓库一线员工流动率高的状况，统计一线员工中证件号码缺失、身份证地址缺失等重要信息的缺失状况，以及员工旷工等风险行为，进行团队用工安全风险预警，自动检测量化团队的风险值，并预警团队风险。

智能参谋：打通了仓库管理系统、人事系统和财务系统，通过可视化技术的在线呈现，支持公司决策的改进。在总部，可以清楚地看到88个区域分拨中心每一个仓库每天的订单量、出工人数。在历史数据的支持下，可以清楚地看到每一个仓库的效率高低，是否出现用工超配或者不足的情形，从而支持仓库运行的优化。例如，同一仓库在订单量没有太大变化的情况下，为什么今天的用工人数增加了10%？同样的订单量，为什么A仓库比B仓库的用工人数要多？数据可视化改变了原来通过数字统计难以获得的直观体验，管理层可以在屏幕上获得精准的数据分析和视觉冲击，从而进一步进行优化决策。通过打通仓库管理系统、人事系统和财务系统，公司可以对大促期间的用工进行人数预测、成本预测等，从而更好地应对订单的波峰与波谷变化。

智能薪酬：对于仓储公司而言，大量基层员工最关心的还是出勤多少天、能够拿到多少钱。智能薪酬可以实现薪酬在线，薪酬核算、校验和推送全部自动完成。员工在手机端就可以看到自己的出勤天数，能够拿到多少钱。增加了薪酬的透明度与实时性，有利于提高基层员工的积极性和工作效率。

（四）实施成效

围绕"单、仓、人"匹配，通过数字化管理平台，企业实现了考勤在线、组织在线、数据可视化和薪酬在线。通过打通仓库的管理系统、人事系统、财务系统，实现了对每个仓库的订单量、用工人数的精准监控和有效测度，以及相应的管理；通过系统积累的历史数据和各仓库的横向数据，也可以方便地对同一仓库的历史进行对比，以及对不同仓库的效率进行横向比较，从而方便管理层进行绩效优化；通过有效的考勤管理、人事管理，也方便公司应对大促等高峰期间人员的急剧变化，不但节约了用工和管理成本，而且让公司能够自信地应对每一次大促的考验。

第四节　综合实训1

实训时长：45分钟。

（一）实训目的

1. 了解组织架构的关键要素。
2. 掌握在数字化组织架构搭建的步骤和权限设置的方法。
3. 掌握数字化组织的安全管理及设置方法。

（二）实训内容

上海某网络科技有限公司于2017年9月在上海成立，该公司从事共享单车业务，经过几年的发展逐渐进化为包括两轮出行、四轮出行、酒旅，以及到店服务等多元化的出行及生活服务平台。不过，该公司的员工数量多，且多为异地办公，找人困难，人事管理极其不方便，因此，该公司希望能够统一平台，在线进行组织架构管理及人员调整等人事管理工作。

请帮助该公司建设统一的在线化组织架构，依据组织架构的信息完成架构建设、部门管理、人员权限配置、信息安全管理等，从而实现对员工信息进行统一管理。

1. 创建在线组织

（1）打开办公软件，先创建组织，输入组织架构管理人员的手机号码，并点击【立即创建团队】。

（2）输入信息完成后，页面跳转至【团队信息填写】页面，依照营业执照信息，依次输入企业（团队）名字、行业类型、人员规模、所在地等信息，点击【保存】，完成团队创建。

2. 导入公司花名册，形成在线化组织架构

（1）管理员可以通过多种方式添加员工，将人员信息快速导入组织架构，并自动化完成部门分级及权限配置。如图1-10所示，进入数字化管理的【管理后台】，点击【批量导入/导出/修改】，点击【下载模板】后，得到一个名为【通讯录模板】的Excel表格，依照表格的内容提示，把企业人员、部门等相关信息按通讯录模板的格式要求进行编辑调整，以备导入架构时使用。

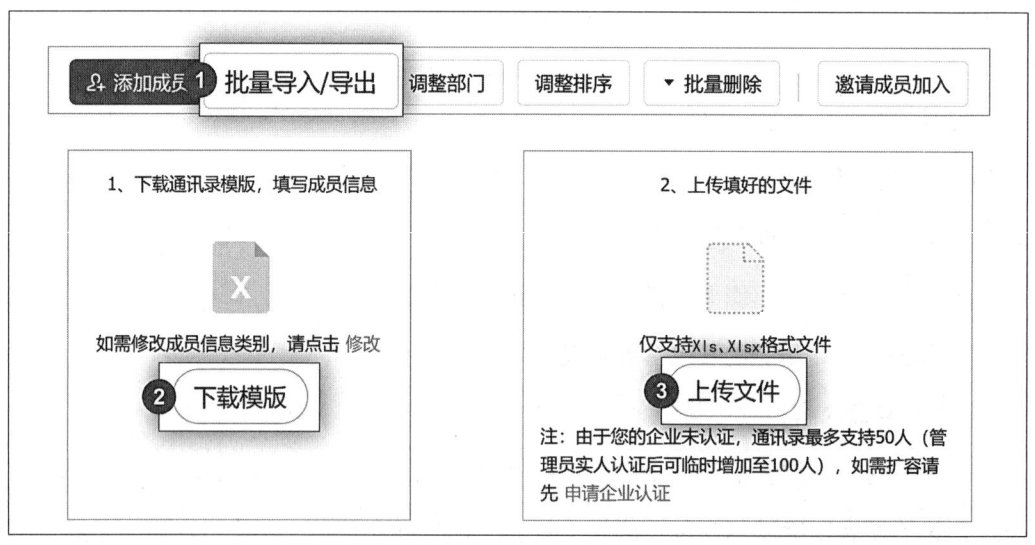

图1-10 批量导入人员信息

（2）编辑通讯录模板时，请注意部门信息的填写，可以按部门信息自动生成组织架构，完成部门上下级的自动分配。填写部门经理等岗位时，请在主管一栏填写"是"，系统将自动配置该负责人为部门主管。以上信息填写完毕后，保存表格，依次点击【批量导入/导出/修改】按钮及跳转页面的【上传文件】按钮，找到保存好的文件选择，点击【上传】，点击【导入】按钮，即完成通讯录导入。

3. 部门架构调整及主管配置

（1）架构调整。管理后台的通讯录管理，可实现组织架构中的人员信息调整、部门调整、管理权限分配、角色设置等操作，如图1-11所示，为部门编辑和设置的操作内容。

图1-11 部门编辑和设置操作

（2）主管配置。依照企业的背景信息，检查组织架构的配置是否正确，如有误，可通过部门管理调整部分上下级的关系及部门主管的权限。例如，因组织架构调整，运营管理部直接向董事长汇报，与总经办、专家顾问团平级，主管为"张某"，操作步骤为：点击【运营管理部】后，依次点击【编辑】【上级部门】【主管】对上级部门及主管进行调整，选择对应的部分及人员即可完成。

4. 隐藏部门特殊部门

专家顾问团属于战略研究团队，需要全员保密，通过设置【隐藏本部门】可隐藏该部门并限制该部门的员工查看通讯录信息。

5. 人员信息设置

总经理属于高级管理人员，不合适显示其电话信息，所以将总经理的号码设置隐藏、开启【高管模式】，并将总经理添加到总经办中。如总经理为林总，在组织架构中找到总经理林总,点击【林总】,在弹出的人员信息页可进行编辑,点击【部门】,在列表中找到【总经办】勾选,点击【确定】,即可完成部门添加;依次点击【高管模式】【号码隐藏】为"开"的状态,并对需要屏蔽的内容进行勾选,点击【保存】即可,如图1-12所示,为人员信息编辑页面的基本内容和操作链路。

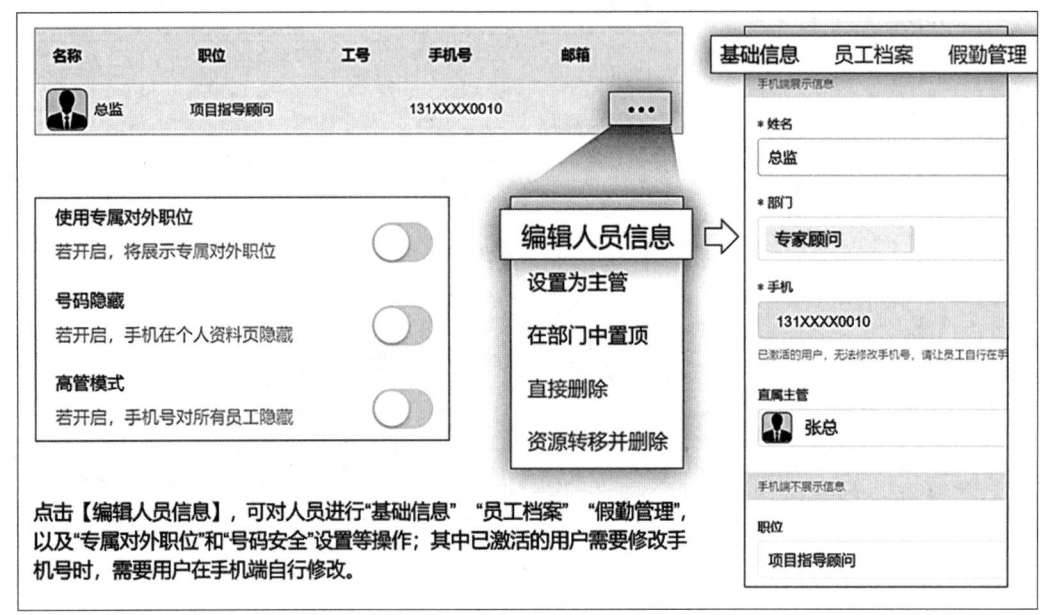

图1-12 人员信息编辑

6. 角色及成员权限配置

(1)角色是组织管理中必要的职位设置,在管理后台的通讯录中点击【角色】即可新增,如配置人事专员这一角色,依次点击【角色】【新增角色】,输入"角色名称",点击【保存】即可。

(2)不同的角色在工作中的人员及人员的权限不同,如添加通讯录中的成员小夏为人事专员角色时,点击【角色】列表中的【人事专员】,点击【添加成员】,在员工列表中搜索小夏,并勾选即可。对人事专员小夏对应的管理权限进行管理分配时,点击【设置】,勾选对应的管理部门即可完成分配。

7. 管理员及管理组权限配置

组织内部权限与人员职位不同,需要进行不同的设置,如人力资源部作为公司人才管理的核心部门,人力资源部经理可对公司的组织架构,以及公司所有的应用进行管理，这就需要设置管理员协同管理，进入管理后台依次点击【安全与权限】【权限管理】【管理组】添加管理人员/管理组，并针对不同的管理人员进行权限分配，如图1-13所示，为管理组的设置。

图1-13　管理组编辑和管理范围设置

8. 通讯录展示信息配置

在线通讯录显示以移动端为主，在移动端要显示哪些信息，通过【通讯录信息】设置可以进行修改，可进入管理后台点击【通讯录】，点击【通讯录信息】，当员工的直接主管、手机号码、职位三类信息展示在通讯录上时，点击字段后相对应的方框即可。

9. 通讯录的安全设置

为了防止员工信息被泄露，需要把员工通讯录的页面添加水印，并把手机显示为部分隐藏，如有异常就能提醒管理员以达到信息安全管控的效果。操作步骤为打开办公软件移动端，点击【通讯录】，找到组织架构点击【管理】，点击【安全中心】，依次完成【通讯录信息显示水印】【手机号码查看设置】设置即可达到安全管理的效果。

实训总结

（1）管理员通过组织架构管理可创建在线团队，对组织部门、员工信息进行设置，实现在线化管理。

（2）通过主管、角色、管理组等设置，可实现架构的权、责、利分配及针对性授权管理。

（3）对企业通讯录信息的安全管理可依据企业的重视情况配置，合理管控企业的安全风险。

（三）练习

请按照如图1-14所示的架构图，在架构配置的后台，根据上述操作步骤，完成组织架构配置，并完成部门设置及通讯录安全设置，形成统一在线化的组织架构。

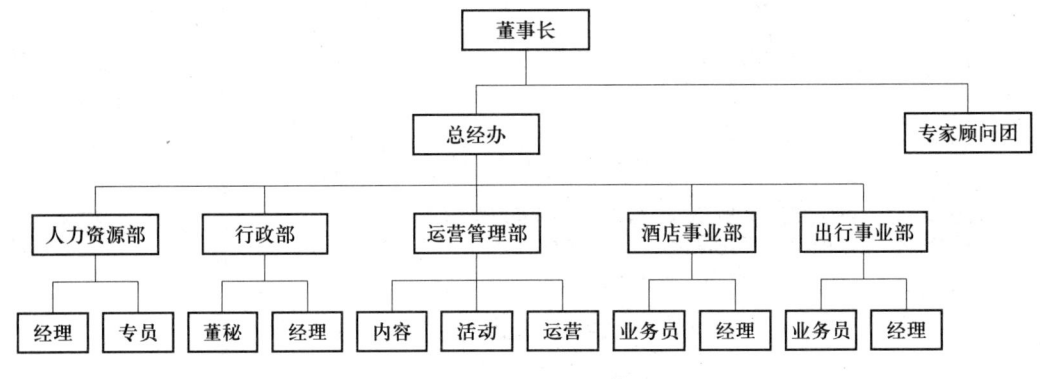

图1-14　习题组织架构图

第五节　综合实训2

实训时长：60分钟。

（一）实训目的

1. 了解数字化组织管理的职能和要素。

2. 了解数字化组织文化的特征和推动方法。

3. 掌握人员异动的数字化管理方法和具体的功能操作。

4. 掌握数字化考勤的管理和后台配置。

(二)实训内容

业务背景

河南某餐饮管理公司现有员工300人,直营餐饮店80家,公司有运营部、渠道部、人力资源部、培训部、财务部,共5个部门,人员分散且人员流动性大。公司各部门和各餐饮门店的人员入职、转正、调岗、离职、考勤、核算等工作均归总部人力资源部负责。可餐饮业流动性太大,新员工入职的资料邮寄到总部办理入职的过程中,因某些原因同一新员工又离职了,导致员工信息出入太大,人事统计复杂。与此同时,员工从门店离职,门店经理不能精准地反馈员工出勤及准确的离职时间,导致员工出勤工资计算不准确和社保停保不及时,为公司带来了额外的风险和财务损失。人力资源部向数字化管理师提出诉求:如何帮我们实现在线入转调离,同时又能实时查看员工考勤,及时防范风险?

实训操作

1. 启用人事自动化软件

组织主管理员可以依据企业实际需求选择开通适合的人事软件。

2. 人事审批管理,入转调离审批单编辑

人事软件系统已预置入职、转正、调岗、离职等审批流程,人事审批套件覆盖入转调离等人事审批场景,审批结果与员工档案数据实时联动;可调整对应的表单和审批人来适配企业的自有流程。

(1)依次点击【人事】【设置】【人事审批】,在右边对各个审批单进行基础编辑及流程设置。

(2)以入职审批单为例对表格进行调整设置,依次点击【入职登记表】【编辑表单】,已有【人事入职套件】,同时有预置的员工档案字段,可通过右侧的开关,将其他所需的员工档案字段添加到审批表单中,添加后发起审批时系统将自动从员工档案中读取相应的字段信息,审批通过并生效后,系统将按照审批单内容自动更新员工档案。此时，对表单内容及审批流程进行设置，点击【发布】即可完成。

3. 在线入职办理

（1）公司内若有新员工要入职，可以在人才确认入职后，就通过系统管理起来。可依次点击【智能人事】【人事】【员工关系】【入职管理】。

（2）点击【办理入职】，员工可通过扫描二维码及填写入职审批表两种方式提交入职申请，员工提交并通过审批后，该员工将自动进入待入职列表。此时人事后台【入职管理】会自动添加一条"待入职员工"，人力资源部的相关人员点击【确认到岗】并填写该员工的职位信息，即可完成入职办理，该员工将自动进入系统通讯录。

4. 在线转正、调岗、离职管理

转正、调岗、离职的在线办理流程与入职类似，可以让员工填写对应的审批表单并提交，管理后台【首页】会提示【待转正】【待离职】信息，人事管理员点击相应的按钮，填写信息，即可完成相应的动作。如点击【确认转正】后，员工通讯录的信息则自动更新为正式员工；点击【确认调岗】后，员工则自动从A岗位调岗至B岗位，通讯录的信息则自动更新，同时自动调整员工所在部门；点击【确认离职】后，员工则从公司通讯录中离职，员工信息保留，但却自动退出所在公司的组织架构及群聊。

5. 员工考勤组管理

例如，公司上班时间为09:00—17:00，周一到周五上班，周末休息，进入公司100米范围内即可打卡。因运营管理部需到各个区域的门店进行巡店检查，希望无论在公司地址范围内或者在门店均可以打卡，能够计入正常出勤。公司允许加班，并支付加班工资，那么该如何为人力资源部解决考勤实时在线管理的问题？

（1）考勤组设置

打开考勤系统，依据公司的情况对考勤组进行管理，首先进行【班次设置】，点击【添加班次】设置行政班次，上班时间为09:00，下班时间为17:00，勾选休息时间为12:00—14:00，点击【确定】即可完成，如图1-15所示。

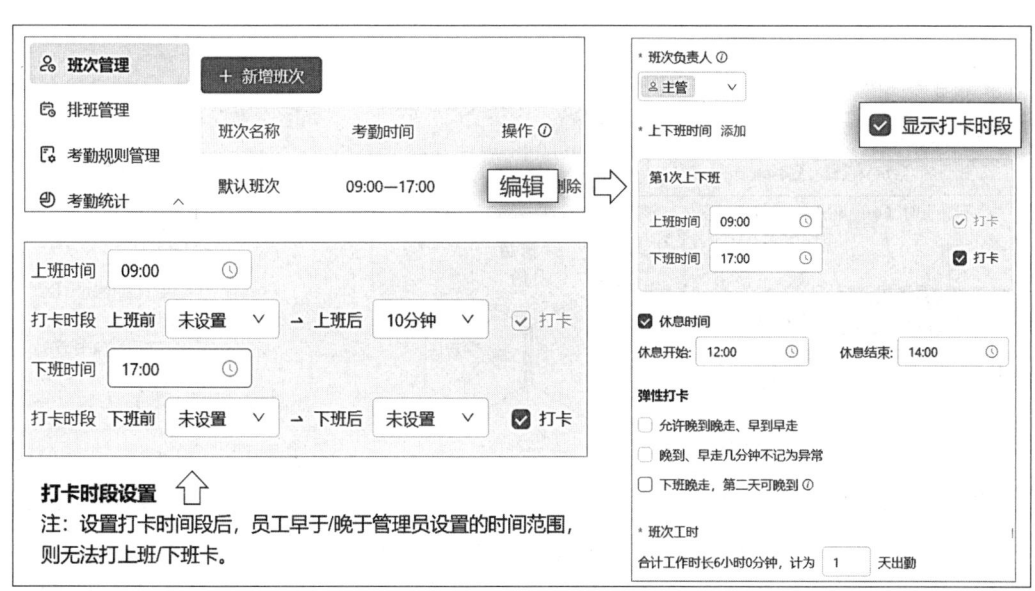

图 1-15 班次设置

班次设置完成后，再对考勤组进行管理。点击系统中的【新增考勤组】，设置考勤组名称为【行政班】，选择参与考勤人员为全公司，考勤组的负责人为人力资源部的人事专员，选择考勤类型为【固定班制】，工作日班制为行政班，勾选周一至周五作为出勤日，点击【法定节假日自动排休】。按照公司的需要考勤也需要外勤打卡，考勤方式选择【地点打卡】，在下方地点点击【添加】公司办公地址并设置打卡范围为 100 米内，点击其他设置中【允许外勤打卡】考勤打卡的方式就设置完成了。加班规则点击【更改】、选择【审批后以打卡时长计算加班】即可，考勤组设置完成，如图 1-16 所示。

（2）员工考勤数据的统计及导出

考勤系统会依据设置的考勤规则，自动生成实时考勤数据，人事专员可打开考勤打卡移动端，点击【统计】，查看实时考勤数据，掌握员工的打卡动态，如图 1-17 所示。

人力资源管理需下载考勤报表时，可点击右上角的【导出报表】，选择需要的考勤数据时段，即可得到考勤统计 Excel 表格用来存档。

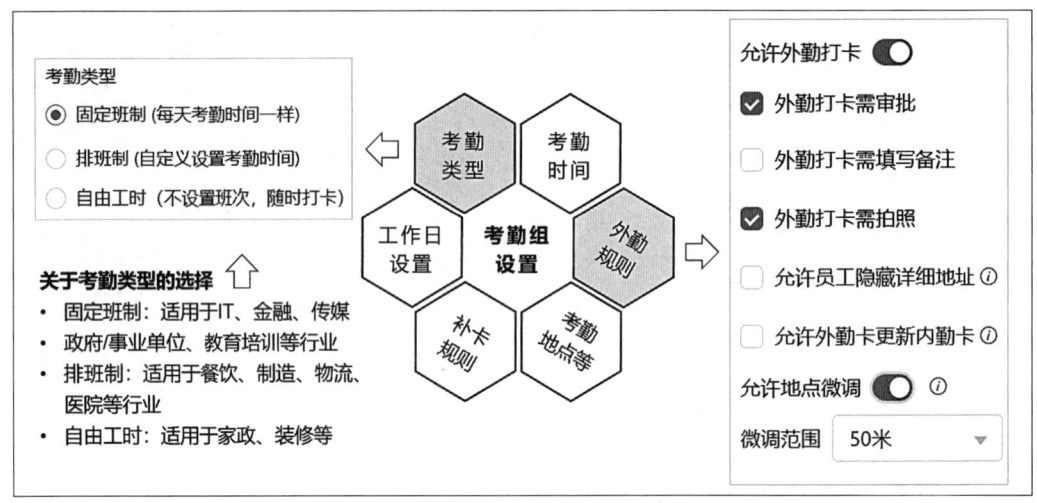

图 1-16 考勤组的设置内容和部分设置

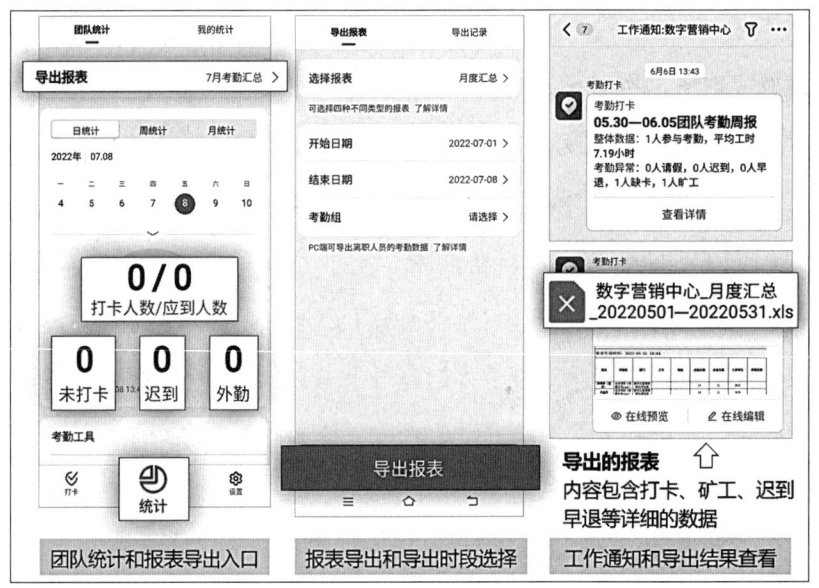

图 1-17 考勤报表导出

实训总结

1. 人事管理系统可帮助组织进行在线的入职、转正、调岗、离职管理，解决人力资源日常工作中纸质审批带来的时效差，以及手工统计等问题。

2. 可依据企业管理现状进行在线考勤管理，实现了人员考勤在线调整、考勤数据实时展现、考勤报表自动统计等。

（三）练习

依据以上步骤，完成人事系统配置，实现入职、转正、调岗、离职在线化，为入职人员配置考勤组，实现在线考勤管理及数据报表管理。

思考题

1. 数字化组织与传统组织有哪些相同点和不同点？

2. 畅想一下，在数字化组织内工作的情景。

3. 结合自己组织的真实情况，梳理一张数字化组织架构图。

4. 搭建数字化组织架构需要哪些步骤和环节？

5. 如何利用数字化管理工具降低人员的管理成本、提升管理效率？

6. 随着数字化管理工具与理念的不断进步，考勤存在的意义是什么？

第二章
数字化沟通管理

从过去到现在，沟通的重要性从未发生过变化，但沟通形式已经逐步向数字化沟通演变。数字化沟通是个人或群体通过多种数字化载体和渠道，有目的地把信息发送给其他个人或群体，并期望获得对方认可或理解的过程。数字化沟通的基本过程，就是信息的发送者将信息进行编码，通过数字信息渠道传递给信息的接收者，信息接收者接收信息时对信息进行解码，再提供给发送者反馈的过程。数字化沟通需要兼顾传递信息的速度与质量。

- **职业功能：** 企业数字化沟通平台的选择、部署、运行和沟通信息的安全保障。
- **工作内容：** 建立沟通平台，传递沟通信息，保障沟通安全。
- **专业能力要求：** 能建立沟通平台，实现员工、部门之间的在线沟通；能建立清晰、友好的沟通界面，分类管理各种沟通群组；能操作常用群工具，建立活跃的群沟通氛围；能将应用通知、即时消息、系统通知聚合在统一消息界面；能通过电话、短信等方式提醒接收者查阅消息；能使用在线文字、语音、视频、直播等多种工具开展沟通；能使用公告、置顶等多种方法发布群组消息通知；能快速检索文件、图片、聊天记录；能编辑发布图文混排消息，提高沟通效率；能根据个人用户的需求，配置安全沟通环境；能根据群组的用途，配置安全沟通环境；能使用加密工具保障个人的沟通安全；能识别沟通安全隐患。

- **相关知识要求**：数字化沟通原则；沟通群组的运营方法；数字化沟通典型工具；数字化沟通方法技巧；数字化沟通典型场景；沟通安全基础知识。

第一节 数字化沟通概述

一、数字化沟通的功能

沟通是人与人之间、人与群体之间思想与感情的传递和反馈的过程，以求思想达成一致和感情的通畅，是人类传递信息、产生协作所需的最基本的交互方式。

组织管理内的沟通与个人沟通有所不同。个人沟通关注情绪、情感且有私密性和娱乐性的需求。而组织管理内的沟通大多在各类任务推进过程中产生，所以强调反馈、效率、安全等属性。

有案例表明，沟通信息传达不准确、不及时会给组织带来重大的损失。例如，某汽车租赁公司在一次台风到来之际发现存在雨水会倒灌停车场的险情，但他们的车辆租赁点却分布在全城的30多处，如果采用逐个打电话的方式通知则效率太低，严重的可能会导致来不及避险以致车辆泡水报废的巨大损失。而数字化沟通可以充分发挥数据并发的优势，一条预警信息通过短信、电话等方式自动全员提醒，并反馈已读结果，只需重点跟进未读区域的人员，几分钟就能完成通知全城网点向高处挪车的信息传递。

数字化沟通仍然作用于经典的沟通方式，如面对面沟通、电话沟通、语音沟通、文字沟通、视频沟通、纸质刊物沟通、广播电台沟通、宣传栏、意见箱、员工论坛、公众号等。事实上，这些沟通方式既有纸质方式，也有借助于移动电话、计算机、互联网等的方式。每个时代的科技进步，都会有一些技术在对沟通工具进行变革。所以，数字化沟通也是在借助新技术进一步丰富沟通渠道，以及补充各类沟通场景的功能缺失。

数字化沟通是指组织内外部成员之间借助各类数字化在线的工具、软件，以实现数据的交互与传递。数字化沟通也是沟通的方式之一，但其能承载和包含其他沟通方式的绝大多数功能。

与传统的信息沟通手段相比，数字化沟通能够连接更多的成员，内容更加丰富，应用的新技术也更加多元，如云计算、移动互联网、大数据、物联网、人工智能、区块链等都是数字化沟通中常用的技术。所以，数字化管理师要多关注在组织管理中产生的沟通场景，以及如何借助数字化工具实现更高效、更便捷的沟通结果。

但如果仅把数字化当作一种补充性的沟通渠道，这个概念又过于狭隘。数字技术的不断发展正在推动传统的沟通模式从"人与信息的对话沟通"向"人与数据的对话沟通"转型，甚至出现了"数据与数据的对话沟通"。企业之间、人人之间、人物之间，甚至物物之间的数字化连接极大促进了数据的实时沟通。在这个时代，沟通内容、沟通方式、沟通及时性都有可能被数字化技术重塑。

数字化转型已经成为企业降低沟通成本，开辟增长领域的新引擎。例如，通过调研100多家实施数字化转型的企业，咨询公司发现在2002—2016年，这些企业的业务流程、决策审批、业务沟通等程序性业务效率提高了50%～350%。所以，数字化沟通起于沟通，但不止于沟通，它渗透到组织管理、业务经营的方方面面，带来的价值不可估量。

二、数字化沟通的原则

沟通必须包括两个必要因素：意义的传递和理解。完美的沟通是将想法传递到接受者那里时，接受者所感知到的心理图像与发送者发出的完全一样。为了在实践中不断接近这一完美的沟通目标，需要为数字化沟通确立一系列原则来保障意义被准确传递和理解。

（一）统一沟通平台

沟通过程一般包括以下几个要素：信息发送者、信息接收者、编码、解码、信息渠道、反馈、噪声等，如图2-1所示。

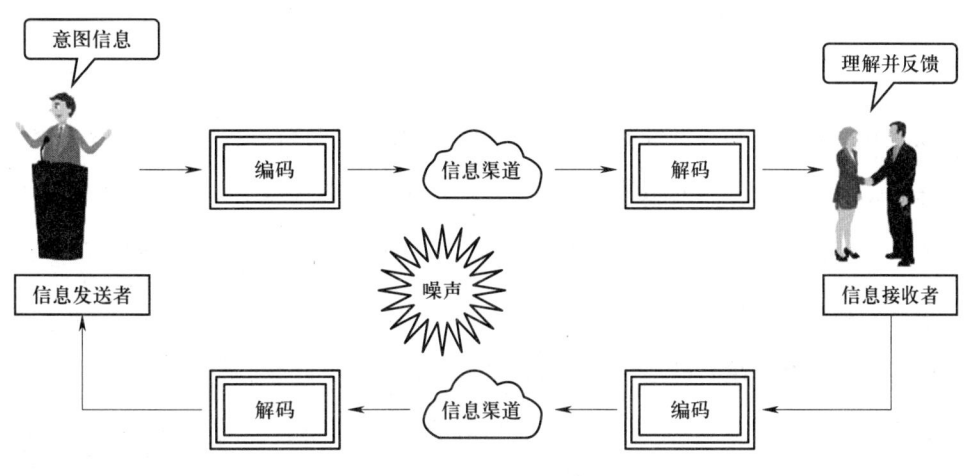

图 2-1 沟通的要素

统一平台能够极大程度地降低信息发送者和接受者数字化沟通的学习成本，并将信息编码、解码、传输过程中的噪声影响降到最低，从而确保沟通过程畅通和高效。因此，统一平台应该具有以下特征：

1. 高可靠性与可用性

统一平台必须拥有非常丰富的服务功能，以满足多样化的沟通需求。实现这些功能需要有复杂的系统，而系统越复杂，意味着其承载的信息量越大，重要性越高，功能越强，适用范围也就越广，一旦失效其所造成的损失也是巨大的，甚至是灾难性的。统一平台需要具备的可靠性指标，见表 2-1。

表 2-1　　　　　　　　　统一平台需要具备的可靠性指标

高可用架构	完善的变更管理	持续精进完善
通过异地容灾、中间件冗余、存储冗余，在架构上避免单个中间件、存储或者地域的灾难对系统可用性产生影响。当数字化平台依赖的数据库宕机，并不会影响用户的消息收发成功率	核心系统控制发布频率，每一次发布必须能够进行清单校验。发布可灰度、可监控、可回滚，控制问题引入的影响面	平台能够杜绝细小的隐患累计生成大事故，具有发现并解决系统中的隐患的解决方案，并持续推进系统的健康度不断提高

2. 可兼容性与连通性

这里包括操作系统和物联网的两种情况。

操作系统的兼容性与连通性是指沟通平台能够在当前主流的操作系统，如 Windows、Mac、Android、iOS 等系统，实现操作系统间无障碍兼容与互联互通。

物联网的兼容性与连通性是指沟通平台能够保证移动端、电脑端之间的兼容性与连通性，并能够适应各类可能的网络接入，通过各种信息传感器，采集所需要的信息，实现物与物、物与人的泛在连接，实现对物品和过程的智能化感知、识别和管理。

手机端和电脑端信息无法处理的情况会给使用者带来很多麻烦，例如，员工在外出拜访客户的路上，在手机端回复了客户的即时消息，并接受与修改了一些群内文件，但到客户办公室登录到电脑端，却无法自动同步信息和文件，若反复传输下载文件，可能会影响沟通与谈判的节奏。

3. 可管理性与可扩展性

沟通平台应具有"接口"能力，拥有一个沟通领域较为完善的生态系统。伴随着企业的成长，企业沟通需求也会相应发展变化。这就需要平台的管理功能不断演进，且足够灵活，从而能够提供丰富的扩展功能，通过模块化组合，快速满足业务场景化的需求。

（二）注重沟通结果

在沟通前需要设定一个目标，即希望通过这次沟通达成何种效果，沟通双方／多方就某个问题是否可以达到共同认识。有研究显示，84% 的企业家曾为内部沟通成本高而苦恼，开会在管理中承担了绝大部分的沟通任务，但大部分会议可能是没有激情和效率的。很多会议效率低下的原因是开会的目的、责任不明确，并且缺乏跟进和沉淀。有结果的沟通需要确定开会中的原则点，常见的有议事规则"12 条"，详见表 2-2。

表 2-2　　　　　　　　　　议事规则"12 条"

第 1 条	动议中心原则	第 7 条	限时限次原则
第 2 条	主持中立原则	第 8 条	遵守裁判原则
第 3 条	机会均等原则	第 9 条	文明表达原则
第 4 条	立场明确原则	第 10 条	充分辩论原则
第 5 条	发言完整原则	第 11 条	多数裁决原则
第 6 条	面对主持原则	第 12 条	遵守裁判原则

（三）注重沟通效率

高效的沟通中，发讯者必须保证传递的信息为收讯者理解，并注意反馈；收讯者对发讯者传来的信息要有足够的注意，要积极倾听，尽量听懂全部意义，对不熟悉的言辞不可主观臆断。数字化沟通就是要通过各种高效的工具，在发讯者和收讯者之间，过滤背景噪声，提高人们的专注度，确保信息清晰传递。高效的数字化沟通需要以下3个关键点：

（1）沟通前的计划准备。在发起会议前，通过会议日程工具，列清楚会议的目的、时间、地点、参会人员和参会须知，预约会议室，并设置相应的数字平台的内、外部提醒手段，保证参会人员了解沟通的目的并能够准时参会。

（2）确保信息传递准确畅通。在沟通过程中，要通过数字化沟通的签到、反馈工具，及时掌握参会人员的实时状况，以及信息传递的阅读状态，及时修补信息链传输的中断环节，并通过视频、电话、语音、直播等方式，满足不同沟通背景下人员参会的需求。

（3）确保意义被正确理解和执行。在沟通的反馈环节，为了确保会议信息被正确理解，应当及时形成会议纪要，针对不同的参会人员，设置相应的需要完成的任务，确保信息接收者对信息完全理解并能够正确执行。

（四）注重沟通温度

组织的内部环境包括组织结构和组织文化，对组织的数字化沟通会产生不同的影响。组织文化是一个组织内部共有的价值观、信仰和习惯体系，该体系与正式组织结构相互作用形成行为规范。在企业运营过程中，组织文化的构建离不开沟通，而开明、积极向上的组织文化又能够促进沟通的有效展开，二者共生共长、相辅相成。

有温度的沟通能起到强化组织文化的作用；有温度的沟通目标清晰，能实现信息准确传递并建立积极舒适的人际关系，同时使参与沟通的人员认识到自身价值；只有心情愉快的沟通才能实现"双赢"，这就要求公司管理者能够明察秋毫、知人善任，建立透明、平等的组织；管理层身体力行，以身作则，应将"照我说的做"改为"照我做的做"；员工尽职尽责，愿意做，且会做得更好。

（五）注重沟通信息安全

沟通数据是组织的数字资产，一些关键的沟通信息沉淀在历史消息之中，在节省流量和查找便利的前提下，历史消息可以毫无遗漏地回溯。在数据安全上，沟通数据需要做到企业内部加密，数字沟通平台链路加密，第三方加密三重选择，来确保数据只属于该组织。

数字平台链路安全：数据在整个沟通链路上都是加密的，不会出现一点疏漏，从而导致信息泄露。

端的数据安全：在客户端、存储、业务上下游，都设置完善的鉴权、访问控制，确保数据不会被非法使用。

第三方加密：对于极为重要的数据信息，可以采用第三方加密工具，为数据安全再增加一道保险。

三、数字化沟通的类型

（一）按沟通方向划分

由各沟通渠道所组成的结构形式称为沟通网络。常见的沟通网络模式有点对点、点对多点、多对多点、全开放等，如图2-2所示。

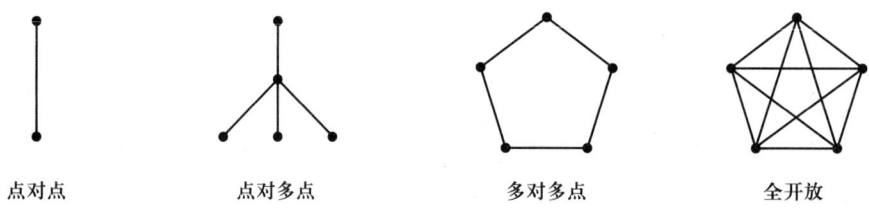

图2-2　常见沟通模式

对于数字化沟通而言，无论采用何种网络沟通模式，都要考虑信息的触达强度、覆盖度、内容质量、反馈结果等因素，见表2-3。

1. 点对点的沟通

传统的点对点沟通主要借助于电话、邮件等方式实现。在数字化时代，点对点沟通的实现方式更加多元化，也更加便捷。沟通平台综合集成了短信、邮件、电话、语音及视频等多种沟通工具，能够实现一键直连、一键切换，多工具叠加使用，以确保

表 2–3　　　　　　　　　常见的沟通模式及比较

沟通模式	场景举例	匹配工具	触达强度	覆盖效率	内容质量	反馈结果
点对点	在线聊天语音、视频	个人聊天一对一的电话、视频会议	高	低	信息丰富但碎片化	立即获得反馈
点对多点	任务下发通知传达	群消息群公告群任务直播	弱需要辅助机制	高	信息丰富内容全面	较少获得反馈
多对多点	讨论性会议	多人视频会议多人语音会议	适中	适中	内容丰富但不易存储	不确定得到每个人的反馈
全开放	日常交流	论坛圈子全员群聊	弱	高	内容更新多但碎片化	不确定

信息准确无误地传递给对方。为保障点对点的沟通效果，会有应用内消息提醒、短信提醒、电话提醒，视频和语音会议都可以直接穿屏唤起单独页面。

点对点的触达强度是最高的一种，也是信息传递最聚焦的方式，但相对应的其覆盖效率也会降低。所以一些重要事项，更多的是先采取点对点沟通，再进行点对多点传递。

2. 点对多点的沟通

点对多点的沟通有一个中心点，这个中心点一般是核心管理者。沟通网络在组织中通常会建设一个便于信息流转的权威系统，多用于纵向沟通场景，如自上而下沟通的公告通知、任务发布，自下而上的工作汇报等。所以，群消息、群公告、群任务等都是满足核心管理者用于信息发布的工具，直播则是满足信息源更广覆盖的当下最火热的方式。

这种点对多点的沟通方式能覆盖很多成员，一些重要但不紧急的信息，为了减少打扰，常见有弹窗类、日程类的提醒功能，最高有支持上万人同时观看的可能，虽然数据统计功能可以解决这种沟通方式的离散问题，但仍旧不方便获得直接全面的反馈。

3. 多对多点的沟通

多对多点很像一个环形，此形态可以看成是链式形态的一个封闭式控制结构，常用于 3 个人之间的依次联络和沟通，其中每个人都可同时与两侧的人沟通信息。这种形态不但结合了单点的强触达优势，也增加了信息的覆盖面，常应用于各类语音和视频会议，但从实际经验来看，超过 25 人时再用多对多点传递，无论是文字聊天还是语音视频，在质量上都会大打折扣。

4. 全开放的沟通

全开放的沟通是一个开放式的网络系统，其中每个成员之间都有一定的联系，彼此可随时沟通情况。此方式集中化程度很低，常见的有全员论坛、全员可见的朋友圈。但好处是内容不需要主要责任人产生，由成员组内的个体自由产生，是一种平等、轻松的方式，常见的有各类论坛的讨论、自由学习等。

（二）按沟通方式划分

沟通工具的选择除了关注沟通方式，还需要结合沟通的场景和内容，在不同场景合理恰当地选择沟通工具，才能实现快速有效的沟通目标。按照组织的结构性和系统性，可以将沟通分为正式沟通和非正式沟通。

1. 正式沟通

正式沟通是指按照组织事先设计好的结构系统和信息流动的路径、方向、媒体而进行的信息沟通。不同的组织结构（如直线职能制、事业部制、矩阵式等）决定了组织内谁对谁负责、谁向谁汇报，由此产生了上下级沟通和平行沟通方式。正式沟通的主要优点是沟通形式很正规、比较严谨、约束力强。

正式沟通的常见场景有定期报告、一对一面谈和定期会议沟通。

（1）定期报告。下级向上级报告工作进展，反映发现的问题。

（2）一对一面谈。这种面谈对及早发现问题、找到解决问题的方法非常有效，既可以使管理者和员工进行比较深入的探讨，也可以让员工有被尊重的感觉，有利于建立上下级之间的融洽关系。

（3）定期会议沟通。会议沟通可以满足团队交流的需要，参加会议的人员相互之间能够掌握工作的进展情况，而且通过会议沟通，员工也能了解公司的重要信息和重要的战略导向。

2. 非正式沟通

非正式沟通是正式组织途径之外的沟通方式，它以社会关系为基础和组织的规章制度无关，是一种不受组织监督的、形式自由的沟通方式。其主要通过员工私底下的接触和交谈，如同事交流感受，有时也会以一种小道消息的方式进行传播。

非正式沟通内容广泛、形式灵活、沟通速度也快，而且还可以传播一些不便于正式交流的信息。其能够满足员工心理方面的一些情感需求，还可以弥补部分沟通渠道的不足，与正式沟通相互补充。有时在非正式沟通的过程中，员工们也可以把自己真实的情绪、动机表露出来。所以，非正式沟通在一定程度上能够提供一些正式沟通难以获得的一些信息。

非正式沟通的主要缺点是容易失真、信息太随意，而且沟通过程难以控制。有的时候处理不好，甚至还会出现破坏组织团结的现象。

3. 横向沟通

横向沟通指发生在统一工作群体的成员之间、同一等级的工作群体之间，以及任何不存在直线权利关系的人员之间的沟通。沟通场景主要有部门任务协作、信息共享等。

4. 纵向沟通

纵向沟通包括下行沟通和上行沟通。

下行沟通是指信息从组织的高层结构向低层结构传递的过程，即自上而下的沟通。主要场景有规章制度上传下达、人事变动通知、重要政策分享与解读、工作指示与工作任务布置、提供关于程序与操作实务的资料、阐明工作流程等。

上行沟通是指信息从组织的低层结构向高层结构传递的过程，即自下而上的沟通。主要场景有工作任务汇报、请示、意见反馈等。

四、数字化沟通的信息通道

各种数字化沟通工具拥有不同数量的信息通道，传递信息的能力具有显著差异。具有高通道丰富性的工具，主要拥有 3 个方面的能力：可以在同一时间传递多种语言与非语言信息线索，能够得到信息接收者的快速反馈，能够进行个性化传递。因此，面对面交谈往往拥有最高的通道丰富性,因为它除了可以提供语言、文字等沟通方式,还提供了语调、体态、面部表情、手势等非语言沟通方式,甚至如握手、拍肩膀等个人接触。

随着数字化沟通工具的发展,可以针对不同场景,选取最符合沟通场景的数字化沟通工具。例如,在涉及需要情感表达,但又特别敏感的信息传递所需求的场景,传统的面对面交谈是最佳的选择,但在当前数字化沟通工具中,视频会议甚至VR、AR等虚拟会议都能接近甚至超过面对面交谈的沟通效果。而对于常规的、简单明确的信息,文字留言就已经能够胜任。

文字、语音、视频是数字化沟通时代常见的沟通呈现形式,各有优缺点,在实际沟通过程中,要结合沟通内容选择合适的沟通方式,如图 2-3 所示。

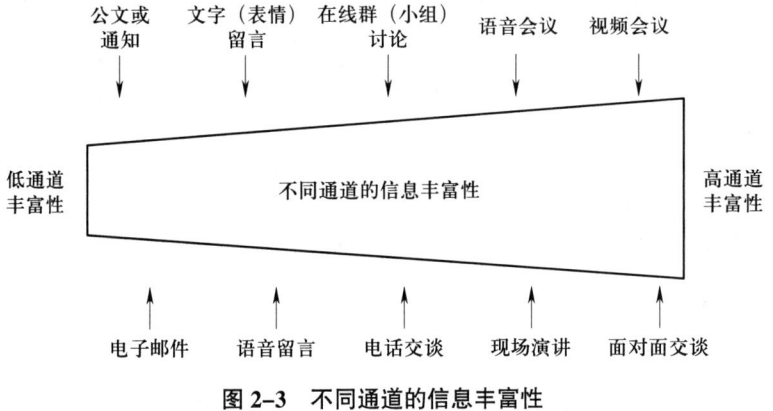

图 2-3　不同通道的信息丰富性

1. 文字方式

文字是最常用的沟通呈现方式,文字可以出现在即时通信里表达碎片化的信息,也可以通过邮件、文档等传达非常正式的信息内容。相比于语音和视频方式,绝大多数人在更多的时候采用文字传达信息,特别是现在的即时通信时代,无数的群消息和个人消息同时提醒,消息红点、邮件红点、文档的更新通知均让人应接不暇。但是大部分人都能通过"扫读"的方式获取文字的概要信息,所以采用文字方式传递信息仍是最佳方案。

优点:

(1)文字量可长可短,没有数量限制。

(2)文字信息在数字化平台中最便于查阅、存档及日后的统一管理。

（3）文字具有延时性，不必立即给予反馈，适合跨部门协作沟通。

（4）文字可以很正式，适合组织内公告、通知的发布。

缺点：

（1）面向不同角色，阅读时不容易找到重点。

（2）费时，理解成本高，沟通效率较低。

（3）不利于处理争议或敏感问题。

2. 语音方式

传统的语音沟通一般以电话的方式呈现，即时通信工具里也有语音留言的新方式。语音表述得更清晰、更有重点，对于发布者而言可以更快速地展开交流，不像邮件等文字沟通方式那么需要斟酌措辞。传统的语音电话沟通常受困于通讯录中找人难，或者语言后续的纪要、记录难。但在新时代下，AI[①]语音识别技术日臻成熟，语音消息可以自动转化为文字信息，电话会议中的信息也可以自动转录为文字。

语音没有摄像头拍摄下的紧张与尴尬，又能传递丰富立体的信息，越来越受到人们的欢迎。但长时间的语音需要关注参与者是否在认真听，以及发言者周边环境的噪声问题也令人难以容忍。

优点：

（1）沟通方便、快捷，不需要措辞准备。

（2）声音的亲和力容易消除紧张情绪。

（3）可多人对话。

（4）适合相熟的同事之间沟通，畅所欲言。

缺点：

（1）语音消息太长或太多，均容易被忽略。

（2）一些复杂的问题很难一次性描述清楚。

（3）脱口而出的情况下，容易表述偏差产生误解。

（4）由于语音内容可能掺杂无关内容，因此查询记录时不是很方便。

---

① AI 是指人工智能，Artificial Intelligence。

（5）语音带着情绪，不利于解决争议。

（6）相对措辞随意，不适合说重要且紧急的问题。

3. 视频方式

视频沟通一般用于较为正式的在线会议场合，它兼具语音沟通的一些优缺点。在疫情防控期间，人们被物理空间隔离，很难随时随地面对面沟通，所以视频沟通作为最接近面对面"现场感"沟通效果的方式被广泛采用。

借助现在的全新技术，视频会议可以共享电脑屏幕的画面、文档信息、定向追踪发言人等。这些技术让人们减少了很多在差旅路途上浪费的时间，拉近了身处不同地方的成员之间的距离，可以说视频在组织沟通协作中发挥了巨大作用。

优点：

（1）以视频呈现的在线会议能够集思广益、拓展思路，从更多角度了解他人的观点。

（2）适用于跨部门、协同解决问题、头脑风暴等。

（3）沟通者的神态和肢体动作能够通过视频呈现传达微妙情感，从而体现有温度的沟通。

（4）视频会议的参与者通常比在语音模式下更认真。

缺点：

（1）视频会议需要提前精心组织，方法不得当则会导致效率极低，如果需要在会上做出决定，最好提前一对一沟通。

（2）视频会议的内容仍然需要以文字形式记录，以便于信息查询和追溯。

（3）视频会议需要较高的网络带宽，网络不稳定会影响沟通效率。

通过对上述沟通方式的比较，可以看出没有绝对好的沟通方式。如何选择沟通方式，需要结合沟通目的和沟通内容，以及沟通人群来进行权衡选择，往往需要几种沟通形式相结合，才能提高沟通效率和质量。

五、沟通效率的影响因素

1. 信息过载

个体在同一时间段里能够处理的信息量是有限的，当需要处理的信息超过信息处理能力时，就会出现信息过载。对于组织和员工而言，如何面对信息过载都是巨大的挑战。信息过载发生后，个体会选择筛选、跳过，或者忽略甚至遗忘某些信息；或者无法做深入的任务处理，疲于应付。无论是哪种方式，都会导致信息丢失，从而影响沟通结果。

在数字化时代，信息无处不在。移动端与电脑端同步信息消息，人们随时随地处理信息，各类文件、视频、语音不断在补充沟通的细节，可以说相同的一件事，在当下比过去需要处理的信息量要大得多。

很多软件和工具都在着力改善这种现象，例如：

【免打扰】功能。当员工处于出差、会议的日程状态时，未被分类为重要关注人的信息将无法穿透屏幕去干扰当事人。

【任务待办】功能。员工可以自主决定接收到的消息、审批、日程等的响应状态，即接受、待定、忽略，也可以给所有未处理的信息做任务分类，延后处理时间。

【一键确认】功能。未读消息一键确认，自动审批，批量折叠消息。

所有的沟通软件在功能上都在试图平衡信息的发送者和接受者的感受，发送者希望"立即马上"，接收者希望"可控有序"，这一切都在动态平衡、持续地改进之中。

2. 沉默

沉默现象很容易被信息的发出者忽略，因为它本身意味着没有产生信息。但是，研究证明，沉默本身也在传递一个信号——表明我不感兴趣，或者认为"讲没用"。如果员工被不公正对待，或者感觉自己在组织中的权利和地位低，抑或是在表达意见时获得的负面反馈让他们产生过度反思，这些都会导致他们沉默。

当然，沉默也可能是信息过载或者信息延迟的结果。

无论如何，沉默和不沟通是非常普遍的，也是一个非常棘手的问题。这种沉默不利于建成开放、透明的组织。管理者如果不设法改变这些问题，会沉默最终让组织变得貌合神离，责任心淡漠，甚至会出现一些重大的安全事故。

当下很多沟通群都变成了一个个的"死群"，没有人有沟通和分享的欲望，如果是项目性质或松散社群性质的群，出现这种情况可能是用户自然选择"用脚投票"的过程。但如果是部门群、全员群这些管理的主场景、主阵地里出现了这种情况，恐怕就要从管理者身上找问题，甚至可能是整个组织的沟通文化出现了问题。

群本身代表着一种平等的沟通状态，任何人都有权表达自己的意见，如何看待群里的鼓励和否定的信息，也是对管理者的一种管理能力的挑战。通过研究那些文化氛围和谐的企业组织的管理经验，可以发现生机勃勃的群消息要好过不出状况的群。不要过分指责和放大群内的负面反馈声音，积极营造为他人鼓掌、为胜利喝彩的融洽氛围，这会让更多人期待群里发生的一切。

3. 沟通恐惧

据估计，有 20% 的人具有某种程度的沟通恐惧，也叫作社交恐惧。这些人在电话、视频等场景下的沟通会表现出过分紧张和焦虑。他们更喜欢用文字消息进行沟通，这样隔着屏幕，既感受不到对方的眼神，也让对方看不到自己的情绪。但如果一通电话响起，就会让他们紧张得不敢接起电话，视频会议让他们更加担心自己的形象是否符合办公礼仪。

在实际沟通情景中，可以结合对方的职业、关系的亲疏程度，选择恰当的沟通方式。例如，第一次沟通先选择文字沟通，以了解双方的基本信息和沟通目的；与技术型岗位人员沟通，尽可能选择文字，避免电话和视频，文字未读可以用消息提醒功能；正式且严肃的会议或培训，直接选择开摄像头，这会让参与者更加重视这次沟通。

六、数字化沟通的趋势

1. 沟通融合业务

在组织经营管理工作中，商品从研发到市场会普遍经历生产—仓储—运输—上架销售—使用—信息反馈—改进—生产，每个环节都很关键。试想业务信息沟通的任何一个环节出现阻隔都会产生严重后果，所以每个环节与相关联的上下游部门都会频繁沟通。管理指令上传下达也需要沟通，成员向组织及时汇报业务情况，可以使组织更好地了解成员业务的完成进度。依据制度组织向成员汇报营销战略、营销计划，其目的同样是让成员知道组织要做什么、想怎样去做，使组织和成员双方充分理解，使效率更加高效。所以，无论是生产过程还是管理过程，沟通均渗透到各个环节。

引入各类生产软件、数字化管理平台并提升生产和管理效率后，沟通工具与业务和管理工具融为一体，让数字化的沟通无处不在，形成了"沟通即业务"的局面。例如，运输环节的卡车司机因为堵车需要延后抵达仓库的时间，卡车司机在运管软件上点击自己承运这一单的单号，点击关联的仓库对接人、接货对接人并建群沟通，在临时群内卡车司机发送了自己的定位信息和堵车现场图，仓库端收到信息后确认，并操作软件调整了发货的节奏。通过这个案例可以看出，沟通时借助数字化平台可以更快捷地开展沟通，通过图文、定位等信息准确地传达目前的情况，最终把结果同步到业务软件，实现业务结果变更。

2. 沟通融合协同

沟通是两个成员及以上数量的人之间发生的行为，在管理场景中的沟通常常包含后续的协同动作，目前大部分沟通软件包含各类常见的协同方案，如@相关人、生成待办任务、生成日程表等。随着数字化进程的演进，终有一天沟通与协同会完全融合——"沟通即协同"。

3. 沟通过程数据化

沟通过程会产生关键性的数据、文档、资料，也包含对一个任务的共识、决策。这些沟通过程中产生的信息普遍需要记录，如何记录才能更高效呢？目前 IM 类的聊天软件普遍会自动存储记录所有的文字、文档、图片信息，并支持 1～3 年的自动存储和查询，这些非结构性数据可以直接数据化。

白板、便签、通知、音频会议、视频会议等沟通方式在线化后，产生的数据都可以被存储、记录，越来越多的沟通方式都在全面线上化、数字化、智能化。

4. 沟通工具智能化

沟通方式线上化后，智能工具和插件也广泛出现，原本需要人工处理的环节开始智能化。例如，视频会议、语言会议这类音视频类的沟通工具，具有实现自动语音和视频转文字、转字幕、转翻译的功能；视频设备可以自动识别谁是发言人，实现自动画面居中；音频会议工具能智能降噪，提高了通话质量。随着各类智能语音、智能图像技术的进步，对沟通中声音、文字、图片、视频等的处理会更加智能化。

七、案例

传统包装制造厂焕发生机

（一）案例背景

山东某集团公司拥有12家子公司、1 500多名员工，分布在青岛、枣庄、聊城、濮阳等多个城市。公司的业务有包装厂、造纸厂、精密仪器加工厂等。董事长和各个总经理每个月都不一定能见到一次，中层管理和员工见面的机会就更少。

（二）管理痛点

该企业面临诸多因为信息不畅导致的管理难题。

1. 晋升流程是主管推荐—经理考核—人事考核—副总考核—总经理面试—董事长面试。但这么多员工分散在各地，经常是遇到不认识、不了解，评价也就不公平、不全面。

2. 组织层级过多，基层意见难以准确到达管理层，而管理层指令在多层传递中失真，造成上下级沟通不畅，问题处理滞后。

3. 公司沟通文化默认"讲没用"的共识，群聊也管控严格，员工不敢发言，全员群变成了通知群。

（三）数字化管理举措与实践

针对以上痛点，某制造企业利用数字化管理进行逐一攻克。

1. 建立线上组织架构，全面公开

该企业重新梳理了企业架构，各员工的角色与职能在管理平台的通讯录里对所有内部员工可见，增强了透明度与便利性，为企业内部的沟通打下了良好基础。

同时，在全员群公开每月的考核结果，每个部门的周报使用日志模板，可以公开查询和转发，让优秀的人、先进事迹被及时看到。每次晋升评选，评委还可以调取这些日常文件和业绩数据，进行更公平的评价。

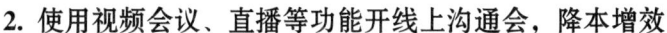

2. 使用视频会议、直播等功能开线上沟通会，降本增效

以线上组织架构为基础建立即时群聊，在群聊中进行线上沟通会，将例行沟通会由线下搬运到线上，极大节约了员工来回往返的时间成本；各种重大通知由总经理、部门负责人直接直播通知，缩短了信息传递的时间。

3. 充分利用消息提醒功能，保证信息直达

通过平台私信功能直接私信成员相关信息，还可以通过"已读""未读"接收状态的提示功能了解员工的查收情况。对于未及时传达的信息，可以通过进一步利用消息提醒，以大幅提高沟通效率。

4. 改进公司的沟通文化，增强群运营工作

在全员群里有员工投诉食堂饭菜质量差，总经理为了打消员工"讲没用"的心态，不仅没有批评这位员工，还主动要求后勤主管关注员工心声，并委派这名员工为"服务监督员"，每天晒当天的食堂菜品和质量反馈，经过一个星期的整改，食堂的服务意识显著增强，员工满意度提高。此后，这个全员群一改死气沉沉的氛围，开始积极活跃地沟通。

（四）实施成效

该制造企业各项措施并举，以建立线上组织架构为起点，利用群消息、私信、直播等功能多位一体，建立起完备的沟通平台，最大限度打破了时间与空间的限制，助力组织沟通。

1. 减少沟通成本，提高管理效率

与传统组织相比，线上组织扁平化明显，基层员工与管理层的沟通距离拉近，管理者对于紧急事项的反应、处理时间也随之大大减少。例如，后来发生的一起仓库起火事件，当时，发现火情的员工在群内拍照、直播，并@相关部门人员，各部门快速协作响应，第一时间扑灭了火势，可见，高效沟通挽救了公司资产。

2. 提高员工的归属感，提升公司的透明度

事事有回应，件件有着落。公开的沟通和协作方式让年轻人感觉到公司的温度和公平，各个部门和各层级员工之间形成了正向的反馈机制，公司业绩也开始高速增长。

第二节 数字化沟通平台

在数字化沟通平台的建设过程中,应当充分考虑信息传递过程中的综合需求,选用能够适应不同的沟通环境、搭建不同的应用场景、拥有丰富的数字化沟通工具的数字化平台,以保证沟通能够取得有效的结果。

数字化沟通平台需要为沟通场景提供低成本、高效率、多样化的数字沟通工具,有效地辅助信息载体的传递,实现传统沟通无法实现或无法承担的沟通场景。数字化沟通平台还需要处理沟通中的数据,把沟通数据与业务数据和协作数据紧密地结合在一起,让信息的发起者和接受者都能更高效地完成工作。

一、选择沟通平台

在实施数字化管理过程中,最常用的沟通平台是即时通信工具,简称 IM(Instant Messaging),它是一种面向企业终端使用者的网络营销、网络沟通和内容管理的工具服务,使用者可以通过安装即时通信的终端软件进行两人或多人之间的实时沟通及内容管理。交流内容包括网站、文字、界面、语音、视频及文件互发等。

但即时通信工具不等于数字化沟通平台,它仅是场景之一。一个好的沟通平台可以综合兼顾组织管理和业务协作的需求。

(一)融合业务

沟通需要与业务平台及协同融合,沟通融入整个数字化管理平台是大势所趋。数字化管理平台普遍包含沟通、协作、通讯录等基础功能,以及具有丰富的 API[①] 接口能力。所以,原则上不使用独立 IM 软件会导致沟通与其他管理环节严重脱节,无法满足组织发展的需要。

(二)成本适宜

相较于传统的沟通方式,数字化沟通的成本虽然已经大大降低,但其也有不同类型的成本,包括直接成本、间接成本和机会成本。

(1)直接成本。数字化沟通过程中比较直观、清晰的成本,如设备、网络、租金、知识产权费用等。

(2)间接成本。数字化沟通中难以统计和转化计算成金钱的成本,如数字沟通平台的学习成本、沟通的时间成本、信息数据稳定性成本等。

(3)机会成本。当选择使用某一沟通平台时,则可能会失去其他高效的沟通成果。如平台沟通工具不便捷,导致沟通效率损失;平台不具有丰富的生态系统,导致沟通平台无法满足组织发展的需要。

从成本角度看,一个具有稳定服务、拥有丰富的接入方式(如宽带、移动网络、电话、短信等)、丰富的沟通工具(如电子邮件、即时沟通、音频与视频会议等)、具有良好的可扩展性和成长性的低成本数字化沟通平台,将是沟通平台选择的重要参照标准。

(三)信息安全

数字化平台记录一个组织几乎全部的信息,每个人都像一个行走的数据库,软件的信息安全尤为重要。但部分组织习惯用个人沟通软件代替企业级沟通软件,事实上,个人沟通软件无论是在安全性上,还是在功能性上都无法满足组织沟通的需求,也无法承载组织管理所需的成员信息、架构信息、业务流程信息。所以,原则上不使用个人沟通软件开展组织行为的沟通。

二、传递沟通消息

(一)个人消息

聊天消息是一个数字化组织内最高频沟通的沟通模式,在消息页面可以即时发送

---

① API 的英文全称为 Application Programming Interface,是指应用程序编程接口。

消息、接收消息，这些消息的类型非常丰富，如文字、语音、视频等。在数字化平台内，需要兼顾成员沟通协作的便捷性与信息保密的安全性，所以聊天功能在如下几种关系下有所差别：

（1）组织内的成员聊天。组织内成员之间的聊天依托于数字化管理平台中组织架构的"同事关系"，已经在架构管理时完成了所有人的身份识别问题，所以沟通几乎没有任何功能限制，不必添加好友，不必记录电话号码，就可以直接在架构内搜索找人，在沟通页面可以直接对其发起视频、会议、日程等多种沟通协同方式。

（2）组织外的成员聊天。组织外的成员需要添加好友后，才能进入一对一个人聊天页面，并使用相关功能的权限。添加好友的方式：在消息主页面会有【+】功能键，点击，找到【添加好友】，可以通过扫描对方名片、二维码等方式成为好友关系。

（3）消息菜单。长按或右键单击任何一条消息都可以唤起消息功能菜单，针对这条消息，可以有各类消息的处理方式，以及能与其他协同功能联动，常见的功能有【复制】【翻译】【转发】【回复】【稍后处理】【撤回】【待办】【日程】【便签】【置顶】【多选】【收藏】【搜索】。但如果是保密聊天，很多消息功能会被禁用，以保障信息安全。

（二）群组消息

在数字化管理平台下，群组被划分为内部群组和外部群组，这些群组的管理和消息管理有不同的权限要求、保密要求、功能要求。

1. 内部群组的常见类型

（1）以组织架构为基础的沟通群

统一的组织架构基于该组织原有的组织架构、人员岗位、管理权限等，形成在线孪生架构，使原本的线下组织架构1∶1在线上还原，这些架构里会发生高频的交互沟通，特别是在全员群、部门群等群组里，所以系统可以自动基于这些组织架构建立群组。

全员群：基于组织架构的设计，能自动建立全员群，全员群包含该组织架构内的所有成员。当组织架构发生变化时，全员群中的人员能实时发生相应的变化，如架构内新增成员、成员调动、退出架构等。

部门群：基于组织架构的设计，能自动建立部门群，部门群包含该部门或该部门及其下属部门的所有成员。当组织架构发生变化时，部门群人员能实时发生相应的变化。

内部群：基于组织架构，建立基于工作事务的内部沟通群，称为内部群，任何组织内的人员都有权建立内部群，并邀请组织内的成员加入。

以上这些群组都与组织架构关联，当员工离职退出组织架构后，该离职人员能实时退出以上所有群组。

（2）以项目为核心的沟通群

项目管理群：基于组织内的项目管理建立项目群，并能配合项目管理全周期的运转沟通。

（3）以组织文化为核心的沟通群

组织内官方文化宣传交流群：基于组织架构，建立组织内文化宣传交流群。该平台内容由组织官方发布输出，是员工可点赞、评论、转发的自由输出和反馈的内部文化宣传平台。

组织内员工文化动态交流群：基于组织架构，建立组织内员工文化动态交流平台，任何组织内的人员均可发布，组织对内容进行审核把控，无风控内容可向全员展示，是全员可在线点赞、评论、转发、收藏的自由输出和反馈的内部文化交流平台。

2. 外部群组的常见类型

（1）以项目合作为场景的沟通群

项目合作群：基于双方或多方的合作关系，基于双方或多方的内部组织架构人员建立合作群，只能添加合作方的组织内部成员。当任意一方组织架构发生人员离职时，该离职人员会自动退出合作群。

普通群：基于组织外双方或多方的普通交流，可根据需要添加任意人员进群，群人员变化由群管理者进行管理。

（2）以客户服务为场景的沟通群

客户服务群：基于对组织外的客户服务建立服务群，由服务一方为被服务一方提供在线实时响应的服务，服务群的内容可被记录，作为服务质量的判定依据。

员工离职后，接手该员工工作的人员可以自动进入群内，查阅所有的聊天记录，为客户继续提供品质一致的服务。

（3）以用户运营为场景的沟通群

用户运营群：基于对组织外部的用户或者客户提供对外的服务、输出、用户间交流等场景，建立在线的客户运营管理群。可以设定平台规则，并关联客户群，给组织与客户、客户与客户之间提供一个交流、商务、互助、学习的运营沟通平台。

3. 群运营

群组是数字化沟通中常用的群体交流工具。不同的群组服务于不同的沟通目标和人群，因此在群组人数、进入权限、操作界面、信息显示和功能插件等方面各不相同。常见的沟通群组类型见表2–4。

表2–4　　　　　　　　　　常见的沟通群组类型

1	项目群	6	保密群	11	培训群
2	签到打卡群	7	招聘群	12	考试群
3	会议群	8	客户群	13	公益种树群
4	值班群	9	班级群	14	运动群
5	答疑群	10	同学群		

群组作为内部重要的沟通协作阵地，最怕氛围陷入冰点、无人发言，以致成为死群。运营时可以多使用能够营造欢快氛围的语言文字，并辅以丰富有趣的表情和动态图文表情，还要注意使用群内的各种工具，配合沟通场景以达到活跃群组的目的。

群内常用的工具主要有群设置、群快捷栏、群+号、输入框等。

（1）群设置。具有群管理权限的管理员全方位对沟通群组进行权限及使用场景配置，包括但不限于群头像、群名称、群公告、群直播、群待办、群成员、群管理、群智能助手。含管理员在内的有权限的群成员可对沟通群组进行个性化设置和使用，包含群标签、群分组、群二维码、我在本群的昵称、聊天背景、AI实时翻译、投诉、清空聊天记录、群聊天记录和文件搜索、群直播。

（2）群快捷栏。有群管理权限的管理员对沟通群组的插件栏进行配置，包含快捷栏应用小插件添加、删除、排序，为群定制更多协同工具、全员圈、群公告、群成员管理。含管理员在内的有权限的群成员可在沟通群组中根据需要个性化使用各种功能性应用小插件，包括但不限于送祝福、水印拍照、群接龙、益起动、群闲忙、公益树、战报、文件收集、员工健康、群汇报、疫情动态、群签到、群直播、群工具箱、群文件、智能填表、团队运动、群投票、群助手。

（3）万能"+"。含管理员在内的有权限的群成员可在沟通群组中点击【+】号，使用群内协同工具，包括但不限于相册、拍摄、视频会议、位置、红包、文件、群直播、互动消息、签到、DING、待办、日程、日志、邮箱、名片、收藏、群收款、语音输入、OA审批、投票、群接龙、视频红包。

（4）输入框。输入框非输入状态下，可以长按点赞按钮点赞；输入框输入状态下，可以切换图文模式编辑输入。

（5）使用在线实时翻译工具。与不同国家、使用不同语言的人员进行沟通也是当前常见的沟通场景，而且随着国际化进程的加快，跨语言沟通会越来越频繁。基于AI的实时翻译功能，能够有效地解决语言沟通障碍的问题，可以将输入的中文消息内容自动翻译为英文（或其他支持的语言），对方收到的消息就是翻译好的英文；对方用英文发消息，也可实时翻译为中文发送。在线实时翻译功能降低了语言的学习成本，极大地方便了国际贸易中的业务沟通。

（6）群机器人。群机器人已经在部分场景实现了0代码，如群内的值班机器人、基础问答机器人、天气机器人等。以值班机器人为例，使用值班机器人可以设置每日值班和每周值班，系统还会自动在群里告知大家每日或每周的值班人员是谁。具体的设置方式：在群设置里找到【智能群助手】中的值班机器人，配置值班表并设置提醒方式，配置完成后，在群里@值班机器人，就会自动弹出今日谁值日的信息。

（三）系统消息

当各类数字化软件需要与人建立沟通时，需要让系统以推送通知的方式告知相关人及相关群组。

工作通知：工作通知是数字化平台配置的信息自动提醒工具，会推送考勤打卡、

审批、日志、签到等工作通知消息。

系统推送消息：数字化沟通平台通过互联网，根据用户的需要和设定自动传送信息给用户，可以减少用户在网络上搜索的时间，并实现提醒的功能。

三、提升沟通效率

（一）建立沟通闭环

沟通是从主体到客体的信息传递，再由客体到主体的反馈过程，完整的沟通必须形成沟通闭环。因此，无论用什么沟通工具，应该对沟通进程进行控制，以确保沟通顺利完成。

1. 沟通者的行为记录

如"任务导入"中的家校沟通场景，学校尽管通过沟通平台发布了通知和公告，但并不知道家长对信息的接收情况，有时候需要多次反复沟通，以致降低了沟通效率。因此沟通者之间在传递信息的时候，除了关注是否已经到达对方，更重要的是关注对方是否已经接收，文字是否已经阅读，语音及视频是否已经收听、收看。沟通工具应该就沟通者的行为进行记录标注，并自动发出提醒信息。

2. 沟通过程记录

每次沟通过程中的沟通人员、沟通方式、沟通内容等都要进行实时记录，沟通过程要形成纪要和留痕，以方便日后的信息查询，特别是在发生冲突管理时便于厘清责任。

3. 沟通结果记录

在以完成任务为目标的沟通进程中，任务进展情况是沟通双方都关注的焦点。任务是否按照计划进行？有没有发生变更？有没有偏离目标？任务是否完成？完成的质量如何？这些信息都要实时记录，并反馈给沟通的双方。特别是在任务里程碑事件的节点处，更要进行正式沟通。

（二）增强信息的传递效率

1. 使用文字工具

（1）富文本。图文消息是沟通中经常传递的数据格式，在组织内的部门群、项目群经常会有发送图文并茂的消息需求，常规的消息输入框没有富文本编辑功能，但结合一些聊天插件里的文字工具可以获得这种文本编辑能力，如可以通过文字加粗、颜色、图文排版等功能让发送的消息更美观、格式更清晰。

（2）图片提取文字。通过拍图识字功能，可将照片、图片或拍照图进行智能识别，然后快速获取图中的文字，一键生成文字、文档并进行复制粘贴，以提高办公效率。

2. 使用协同工具

在数字化时代，在线沟通与在线协同越来越融为一体，如可以一边进行文字群聊，一边在对话框中收发协同文档、任务、待办、日程等，而且这种深度融合的趋势越来越明显。很多对话框的插件功能栏都有集成各类协同功能，如视频聊天、语音电话、创建在线文档、建日程、建待办等。可见，沟通与协作功能深度整合使用的组织，可以实现低成本、高性能、高整合、智能化的综合管理。

3. 使用消息提醒

沟通提醒是保证收讯者能够准确接收信息的第一步。在数字化时代，信息呈指数级增长。数字化便捷了人们的信息沟通，但也会导致有效信息在传递过程中湮灭于海量信息资讯所形成的背景噪声中。因此，对重要信息的及时提醒这一传统秘书功能，在数字化时代显得尤为重要。数字化平台能够采用一系列提醒手段，确保收讯者对信息做出接收反应，有助于管理者处理好上级、同级、下级等各种关系。

数字化沟通的提醒功能要遵循"经济、适用、准确、及时、全面"的原则，即提醒功能要具有一定的经济性，考虑信息成本；要适合被提醒者的沟通需求和使用习惯；要能够精准地服务于所需要的人员，产生积极的促进作用；要给被提醒对象足够的准备和处理时间；要有一定的冗余度，防止外界干扰导致功能失效。

信息发送者要能及时获取被通知者的信息读取状态，面对未读消息的人，可以选择应用内的消息提醒、电话提醒、短信提醒等方式。当消息需要对方立即反馈时，电话是最紧急的提醒方式；其次是文字类，通过弹窗、短信等强提醒方式让对方看到文字，但无论如何，文字类提醒仍给对方留有空间。

（1）通过电话方式提醒

在重要紧急的情况下，通常可以使用电话方式提醒。当消息还处于未读状态或者需要快速通知多人时，可以设置消息自动电话提醒，系统会自动拨打未读信息的系统内预留电话，并人声播报消息的文字内容。这种情况适合通知一些紧急情况，如某社区发现有火灾发生，需要立即通知社区全员避险，但发送消息不一定会被每位住户及时看到，用人工电话一个个通知又来不及，这时就可以用消息自动电话提醒功能，让系统同时拨打全体业主的电话，通知这则重要消息。

（2）通过短信方式提醒

有重要信息需要快速通知相关人员时，可以使用短信方式提醒。同样，也是系统自动发送信息给接收人的手机，提醒其查看信息。数字化沟通平台内往往提供了消息阅读的提示功能，消息发送人能清楚地知道接收人是否收到消息。

（3）通过应用内弹窗提醒

应用弹窗提醒是通过穿屏弹窗的方式，在应用界面上弹出消息面板，让对方第一时间看到信息。这样一种相对上述两种提醒方式，应用弹窗提醒是一种较为温和又简单的提醒方式。

4. 使用直播

不同于个人社交平台的直播功能，数字化管理平台的直播功能是属于群组沟通的一种方式，当群体性成员需要实时大面积沟通时，就可以发起群直播以达到快速广覆盖的效果。直播不受地域和时间的限制，可以模拟线下会议、线下课堂的场景，实时动态展示要分享的内容。疫情防控期间学习类、会议类的直播行为急剧增加，加速了直播这种新形态的普及与渗透。

直播常见的功能有群直播连线观众、分享直播链接、查看直播观看情况、数据统计等。

发起直播：发起直播的入口一般在群菜单栏里，或者在应用工作台也能找到入口。点击【发起群直播】，填写直播名称，并设置直播回放、观众连线、聊天和点赞等功能。直播支持【屏幕分享】【窗口分享】【添加视频】【第三方推流】等功能，【添加直播群】可以选中若干组织架构内的群组，原则上需要至少直播发起者在该群内，否则不支持添加没有任何架构关系的群被添加到直播群列表。

开始直播：点击【开始直播】，可以正常做视频沟通、幻灯片演讲。直播过程中可以观看到观看量、添加视频、图片、白板等。

观看直播：成员观看直播会在群中收到提醒；也可以用直播口令和密码进入直播；还可以生成公开的直播链接进入直播，但这需要权限设置。

直播连线：直播连线适合两种情况，一是主持人需要与观众进行互动，这种默认是接入观众的摄像头视频画面；二是主持人并非演讲人，直播开始后演讲人通过连麦的方式进入直播，主持人把连麦窗口作为主窗口并把本地声音静音，演讲人正常分享桌面并发表演讲，从观众的视角来看与主讲人发起直播是一样的观感体验。直播连线的操作方式可以是观众发起连线，也可以是主持人邀请连线，多人连麦时则可以有等待列表。

直播回放：直播结束后自动形成直播回放存留在群文档里，并产生分享直播回放的公开链接、下载，以便于后续的知识管理。

直播的场景应用非常广泛，如举办年会，可以通过直播记录下来，还能边看边评论；举办员工大会，有部分外地同事无法来到现场，可以通过直播观摩现场的热烈情况，还能连线后投屏与现场互动；更常见的是在培训活动中，当优秀员工分享最佳实践时，其他员工可以通过直播随时随地学习，还可以看回放回顾与温习。

（三）管理个人消息

在数字化时代，消息永远处于过载状态。消息的分类管理划分是常见的处理方式，如可以将重要紧急的事项做时间管理分类。

把工作按照重要和紧急两个维度的程度进行划分，可以分为四个"象限"，即紧急且重要、重要但不紧急、紧急但不重要、不紧急也不重要。

个人消息对应的事项可以按顺序处理：首先处理紧急且重要的事项，其次是重要但不紧急的事项，再次是紧急但不重要的事项，最后是不紧急也不重要的事项。"四象限"法在第二类和第三类事项的顺序需要结合当下的实际情况做出判断。另外，划分第一类和第三类事项也需要注意，这两类都是紧急的事项，区别在于前者能带来价值，实现某种重要目标，而后者则不一定。

1. 使用效率工具

（1）@我。@是代表此事情与你有关，并且在群消息主页也可以看到"有人@我"

的提醒。

（2）@所有人。所有人集中收到提醒，在群消息主页可以看到"@所有人"的提醒。

（3）收藏。收藏是把重要信息单独存放到收藏栏里，可以在群沟通插件里找到收藏列表，并快速发送到聊天界面。

（4）稍后处理。当重要信息过多无法及时处理时，可以在该条消息处右键选择"稍后处理"，添加到列表。

（5）待办。当重要信息需要转成任务处理时，可以在该条消息处右键选择"待办"，添加到待办列表，并进一步标记待办事项的处理时间节点、协同的处理人。

2. 消息分组管理

消息页面的分组能够极大地提高沟通效率，帮助用户及时关注重要信息，防止错过提醒，以及发错接收人。

具体操作为：进入设置页面，选择设置页面里的效率套件，选择专注模式后，消息界面就会分组显示。除默认的分组，还可以点击【分组设置】，新建分组，以及对分组进行排序。

3. 管理沟通的历史信息

相比传统的沟通方式，沟通的历史信息可检索是数字化平台解决沟通障碍一个突出的优势。沟通障碍是指在信息传递中出现噪声、失真或停止的因素。即使在数字化时代，信息在传递过程中仍然会受到各种障碍的影响，从而导致信息漏斗的产生。其主要因素如下：

发送者障碍：发送者表达目的不明确和表达模糊，信息—符号系统差异等。

接收者障碍：信息被过度加工，接收者的知觉偏差、思想差异、心理障碍等。

信息传递障碍：传递信息遗失、外界干扰、物质条件限制、媒介选择不合理等。

可见，信息传递中出现的障碍会导致信息的表达和理解出现失真，并且沟通链条越长，信息失真程度越高。数字化沟通技术正在逐步弥补和减少这些问题，特别是"沟通留痕"后，双边都有更多的机会回溯和检索，并反复确认信息，从而减少人们言行不一致、推诿责任、效率低下等问题的发生，因此需要对沟通历史进行存档、溯源和检索。

（1）使用搜索工具检索

数字化沟通平台提供了全平台的检索功能，可以对联系人、群组、部门、功能、聊天记录，以及网盘的文件名和文件内容进行检索。在平台提供的搜索框中，输入相关的关键词，就可以搜索到相关的内容。

例如，在穹顶的一级搜索栏里输入"数字化管理师作业"，切换搜索类别，如果这是一份文件并且在某个群里曾经发送过，那么【聊天记录】【文档】里都可以找到这份文件；如果这是一份日志作业，可以在【功能】栏里找到；如果这是一个标签，可以在【标签】这一栏里看到所有被标记了数字化管理师作业的人和群。

可见，强大的模糊搜索功能，方便使用者在海量信息中找到自己所需的内容。

（2）养成数据留痕的沟通习惯

1）使用平台网盘存储重要文件。将重要文件上传至数字化平台集成的网盘，不仅方便文件传输和共享，而且能利用网盘强大的检索功能，对文件名和文件内容进行检索。

2）使用语音、图片转文字工具。通过将音频流和图片识别为文字，可以对沟通过程中的语音和图片信息建立同步的文字记录日志，从而方便利用平台的检索功能进行关键词检索。

3）使用收藏和标签功能。对于极为重要的消息，可以使用收藏和标签功能。在关键词重复较多的背景下，普通的检索功能可能会带来海量的检索结果，检索耗费时间较长。收藏和标签功能可以提高检索速度，有助于重要消息的整理和及时查阅。在消息对话页面，长按一条想要收藏的消息，点击【标签】，输入想添加的标签，或者从已有的标签里选择。

四、案例

管理咨询公司的数字化沟通进程

（一）案例背景

某管理咨询公司面向各类银行客户提供专业完善的业务解决方案，长期致力于个人金融、财富管理的研发与创新。基于多年的行业经验，该管理咨询公司曾根据国内银行业的现状，成功推出了针对不同银行多样需求的零售业务一体化的解决方案，一套完整的方案由战略咨询、落地辅导、定制培训三大种类数十个细分服务模块组成。而且管理咨询业务的顺利开展需要与客户进行高效、全面、准确的沟通，然而在疫情背景下，传统的线下沟通方式受到了阻碍。

与此同时，由于咨询行业属于智力密集型的行业，员工的时间就成为该管理咨询公司中最宝贵的资源。因此，该管理咨询公司的管理层在提高管理有效性、信息传达效率方面多次进行探索，力图通过先进的管理技术更有效率地传递信息，打通不同企业之间的信息传递脉络。

（二）管理痛点

（1）传统现场会议的时间、空间制约性强。

传统的线下会议中员工在途时间长，严重拖累了相关项目进度，并阻碍管理者进行高效沟通。

（2）疫情推动客户行为模式发生了变化，并对线上沟通提出新要求。

出于对安全性的考量，客户对线上辅导，以及线上线下双管齐下的辅导方式更加青睐。与此同时，银行业监管加严，对提升管理、沟通效率提出了新要求。

（3）日常工作与辅导培训同时展开，阻碍辅导效率提升。

因为管理咨询行业的特性，在传统的线下辅导模式中，培训与工作是同时开展的，因此咨询顾问对银行职员的一对一辅导经常因为客户到访、授权等临时工作而被迫中断，极大影响了辅导体验，双方的沟通效率都受到了影响。

（三）数字化管理举措与实践

（1）利用数字化管理平台召开线上会议

以线上模式召开会议培训非常便捷，同时利用线上会议签到功能还能监督员工的参与情况。对于因特殊情况无法参会的员工，可提供会议回放内容，不但能保证信息完整传达，而且便于对文件、信息进行追溯、回顾。

（2）使用线上项目管理，实时追踪项目的进度

该管理咨询公司通过项目管理模块设立项目流程，对每个项目的开展均设置"项目立项—项目预算—项目进度"的统一流程，并明确每个项目的进度，查阅各项目的

开展情况，使得跨部门沟通更简明，提升了项目的管理效率。同时，在数字化管理助力之下，项目经理可以同时管理多个项目进程，极大地提升了时间的利用效率。

（3）各部门条线分类建群，采用线上化管理的模式

在该管理咨询公司中，公司业务大致分为银行与企业双线，在传统模式下共用参与项目的顾问，所以容易出现项目人员重叠的现象，以致项目经理在协调时费时又费力。在使用数字化管理平台后，通过项目群和日程，能够清晰地看到每个项目参与者的时间安排，避免了冲突的产生。此外，在项目伊始可对银行全体员工制定每日沟通时间表，银行便能据此提前为员工进行排班，以保证辅导过程不受外界其他因素的干扰，从而提高员工内部、员工对客户的辅导效率，优化沟通体验。

（四）实施成效

线上化项目辅导实践通过远程与客户实时连线，解决了他们的营销难题，并以线上会议、线上任务、线上日程、发送图片素材的形式做好日常管理和监督工作，最终有效促进了银行的业务增长。使用低代码平台的相关工具，改变了该管理咨询公司传统的项目模式，节约了公司的人力成本，也给客户带来了更好的服务体验，促进了客户业务的发展。

第三节　数字化沟通的智能方式

提到智能沟通，很多人的第一印象便是聊天机器人，事实上，在工作场景中的沟通不只是聊天对话，而是"沟通即业务"，因此把数据的采集、处理和推送的各个环节嵌入到沟通场景是众多软件工具关注的重要方向。数字化管理平台的重要基础能力

便是沟通功能，开放其相关 API 接口是大势所趋也是必然之路。开放性的数字化沟通功能，让各类软件工具可以实现"端到端"的闭环体验，可以增加软件工具的黏性，也可以让数据产生更大的实际价值。

在当前技术下，通过各类应用扩展技术已经能够在流程中实现沟通与相关业务协同场景的深度融合，在未来，数字化沟通平台将会深度结合 5G、物联网和人工智能等技术，实现在复杂业务协作、跨组织合作等复杂工作场景中沟通与协同的深度融合。

一、群应用的概念

群应用能力起源于群运营管理中所需的高频功能，如投票、接龙、抽奖和通知等运营辅助功能，这些功能插件被开发后通过 URL[①] 和群 ID[②] 等配置，仅作用于这个群内，默认对该群内所有成员可见和可用，而不必反复登录和勾选人群。

随着移动化办公和在线沟通的不断发展，群成为重要的沟通协作场所，群管理者对于群任务栏的功能需求量急剧增加，更多的应用被开发出来，位置也不仅局限在群任务栏，还有浮窗和快捷栏等更多新颖形式，以便于成员和管理员使用。配置操作的过程也大幅度简化，群管理员用"勾选"等方式即可把平台内的各类应用配置成为群插件，几乎可以用无代码方式完成。

（一）常见的群应用形式

常见的群应用的形式有如下 4 种，其形式名称和所处的位置如图 2-4 所示。

（1）置顶卡片。展示通知、公告等信息，以提高信息触达。

（2）群机器人。通过群助手发送、接收群消息，如运维信息、告警信息、审批单等，实时监控以提升管理效率。

（3）消息卡片。通过消息卡片可进行简单交互，大幅度提升协同效率和便利性。

（4）群快捷栏。通过群内的快捷栏快速打开常用的应用，无须跳转到工作台或应用广场，在群内就能实现业务的高效流转。

---

① URL（Uniform Resource Locator）即统一资源定位器，是 Web 地址，俗称网址。
② ID 是 IDentity 的缩写，ID 是身份标志号码的意思，就是一个序列号，也叫账号。

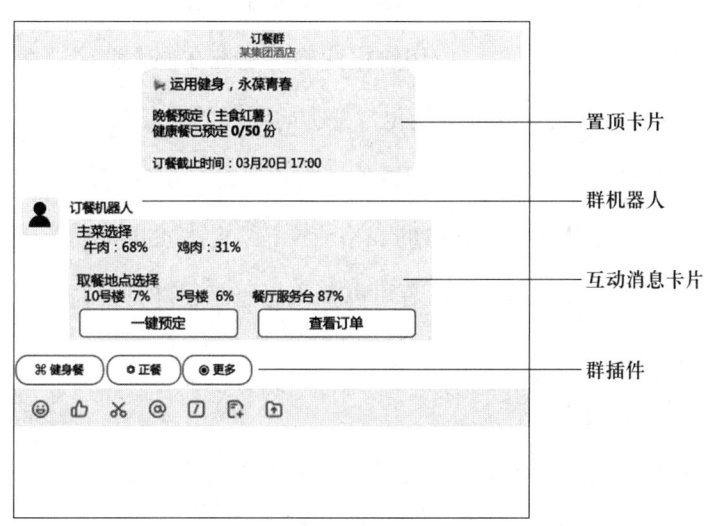

图 2-4　常见群应用的形式

例如，某餐厅的订餐场景。以前的订餐步骤非常烦琐，需要先打开工作台，找到订餐应用，再去找合适的美食。现在可针对特定的人群，如吃健康餐的可以拉一个群，互相提醒对自己的健康守护；还可以添加订餐群智能应用，到时间成员可以通过互动消息卡片或者群插件一键预定，不用通过聊天说诸如"我要订一份牛肉，不要米饭，多放圣女果"等话语，这样一来，餐厅工作人员的统计工作量也大幅度下降。

（二）群应用的价值

群应用能广泛出现的底层涉及诸多技术创新和进步，不但包括卡片式应用、组件式应用、扩展式应用等，而且包括账号授权体系、应用可见范围等能力的升级。这些形态的技术发展，让应用可以融合在群会话、日程、文档等功能中。

多步变一步，从"人找应用"到"应用找人"，从"人找数据"到"数据找人"，从"被动工作"到"主动探索"，通过在不同场景的协同办公功能调用应用数据，让数据流通更顺畅。

二、群插件

群插件是场景群的核心组成部分，是串联业务的关键节点，也是群应用的主要形态。一个群通常会配置多个插件，指向一个业务场景中的不同流程和节点，这样就可以在一个群中快速地找到和使用该业务场景相关的全部服务。当成员在群内点击插件入口时，将会带上群的相关参数，应用将据此确定是谁在哪个群内、在什么时间、点击了哪个具体插件，以此实现高度智能化，并指向明确的业务服务。

群插件是一种完全开放的能力，配置的链接可以是内部应用的 URL，可以是三方 SaaS 应用的 URL，还可以是某个具体的表格或文档，当然也可以是公开网站的链接。如果配置的 URL 涉及权限识别，开发者可以接入免登流程进行打通，实现一键免登进入插件应用。

（一）群插件使用场景

通过群插件将原本需要到工作台找到图标入口才能打开的应用，现在直接配置安装到群内，就能让业务和沟通在同一个场景下实时互动。

以项目群为例，将【新建任务】和【进入项目】作为入口放在群快捷栏上，让项目群的成员可以直接在群内使用项目服务。

以培训群为例，将【满意度调查问卷】和【课件文档】作为入口放在群快捷栏上，让学员可以直接在群里快速找到入口并参与互动。

以答疑群为例，将【产品说明书文档】和【故障提交】的审批入口放在群快捷栏上，让客户可以直接在群里提交产品故障并找到操作文档。

以上场景涉及的应用有投票类应用、审批应用、文档功能等，在平台内部可以生成 URL 的相关功能都可以借助群插件实现快速入口访问。

（二）群插件配置方式

1. 创建群插件

群插件也可以是一个具有业务能力的数字化管理平台链接，开发者需要基于自己微应用的实际场景和用户的具体需求来创建出一个群插件链接。

插件链接所具有的能力非常多，但需要开发者通过链接参数来组装。例如，从移动端页面的打开方式（推入页面、弹出页面等），到 PC[①] 端的页面跳转逻辑（打开新容器或者左滑页面），都是通过链接参数的配置来实现的。

---

① PC 是 Personal Computer 的英文缩写，一般指个人计算机。

2. 添加群插件

平台内已经开发完毕的应用可以通过群设置快速完成配置，需要配置的基本字段包括名称、链接 URL、图表、描述等。具体添加方法如下：

第一步：【群】—【群任务】—【群管理】—开启 / 关闭【快捷栏】。

第二步：快捷栏成功开启后，群主 / 群管理员即可在群聊窗口底部【更多】—【添加群应用】—【完成】，该插件即可出现在群聊底部。

三、机器人

数字化管理平台发生的沟通行为不再局限于人与人的对话，为提高沟通协作的效率和体验，机器人智能问答、主动推送信息等行为已成为常态，特别是针对一些重复性、周期性的消息对话，机器人具有海量的数据存储、24 小时应答等优势，是数字化沟通的一个重要技术方式。

对于开发者而言，数字化管理平台中的机器人不但能全局应用，而且具有唯一性，即无论是在单聊场景中还是在群聊场景中，其都可以用来推送应用的通知和用来对用户进行对话式服务。机器人 ID 可以是唯一的，这意味着开发者可以仅创建一个机器人，而后将其放在各个应用场景下使用，也可以创建多个机器人，然后分别部署在不同场景下。

对用户而言，机器人是一种自动化的应用，可以自动向用户发送消息，也可以与用户做简单的信息交互。

（一）机器人的使用场景

1. 机器人的场景

（1）单聊场景指用户和机器人在一个单聊会话中，机器人将获得和人一样的独立会话入口，具备直接推送消息给用户和接收用户对机器人发送消息的能力。这就是人们常说的智能问答机器人，它广泛应用于客服、售后、人事、行政咨询等工作环节，既提升了问答效率，又优化了服务体验。

（2）群聊场景指机器人在一个群聊会话中，除了机器人、用户还有其他群成员。机器人可以获得定向推送消息到群的能力，也可以感知到群内 @机器人的消息。这就是人们常说的群机器人，它已经广泛存在于个人社交软件和企业级沟通平台，成为自动化、智能化运营的常用技术。

2. 机器人的消息类型

根据机器人发送消息内容和形式的不同，主要有以下 5 种消息类型：

（1）文本类型。一段包含数字、文字等基础信息格式的消息。

（2）链接消息类型。在文本消息的基础上，包含 URL 信息，可以实现链接跳转。

（3）图片类型。一整张图片格式的消息。

（4）按钮卡片类型。包含按钮的图文卡片，在图文介绍的基础上包含 1 个或多个可点击实现链接跳转的按钮。

（5）互动卡片类型。互动卡片的按钮可以直接进行操作，回传数据。

为了避免页面跳转导致的用户流失或服务体验等问题，互动卡片弹出方式有多种，如底部半屏、右侧半屏等。

3. 机器人消息的发送方式

机器人消息有两种发送方式，即通过接口发送机器人消息和通过 Webhook[①] 发送机器人消息，其中 Webhook 方式一般只支持群聊会话。发送方式不同，消息类型的数据格式也不同，以接口发送机器人举例，不同消息方式对标题、内容、链接进行描述后呈现出不同的效果，详见表 2-5。

表 2-5　　　　　　　　接口发送机器人的数据格式

消息类型	消息模板参数	图例效果

文本类型	{
	"Content": "xxxx"
	}
		会议通知
		时间：本周五14:00-18:00
		地点：公司培训教室
		参会人：全体总部职工

图片类型	{
	"PhotoURL": "xxxx"
	}
		新人欢迎
		当有新人入群时
		智能群助手自动发送欢迎语

---

① Webhook 是一个 API 概念，是微服务 API 的使用方式之一，也被称为反向 API，即前端不主动发送请求，完全由后端推送。

续表

消息类型	消息模板参数	图例效果

链接类型	{
	"Text": "这是 Link 消息",
	"Title": "这是一个 Link 消息",
	"PicUrl":
	"@lADOADmaWMzazQKA",
	"MessageUrl":
	"http: //xxx.com"
	}
		机器人 机器人
		这是Link消息
		这是一个Link消息

按钮卡片类型	{
	"Title": "奢侈品营销趋势分析",
	"Text": "消息正文测试",
	"ActionTitle1": "查看摘要",
	"ActionURL1":
	"https: //www.xxx.com",
	"ActionTitle2": "不感兴趣",
	"ActionURL2":
	"https: //www.xxx.com"
	}
		每日订阅资讯
		奢侈品营销趋势分析
		越来越多的人进入「轻奢」的消费目标人群中，让我们来看看今年奢侈品们的营销策略。
		查看摘要
		不感兴趣

（二）机器人的配置方式

1. 添加机器人

在沟通设置中可以找到添加机器人的路径，如【群管理】设置中【群助手】或【群机器人】。可以添加自定义机器人，也可以添加数字化沟通平台里已有的机器人。一般情况下，机器人只能由群主和管理员添加和管理，但如果关闭【仅群主和群管理员可管理】，群成员也可以添加机器人。

选择所需的机器人后，填写机器人的配置规则，如推送频率、周期等，点击确认后即可以生效。

2. 编辑机器人

点击已添加的机器人，即可查看该机器人的名称、描述、开发者、添加者等属性，也可将该机器人从群组中移除或进行其他相关操作。

3. 使用机器人

机器人的操作方式取决于机器人的开发者如何设计它们，常见的操作方式有两种，一种是在对话中"@机器人"，机器人会做出响应；另一种是机器人根据设置的规则自动推送信息，然后成员阅读信息，如果有互动卡片和链接，成员可以点击进行交互。

为避免消息过载打扰群成员，机器人发送消息的频率会被限制，如每个机器人发送的消息不能超过20条/分钟。

具体操作可以点击机器人头像，查看机器人详情页的帮助文档，或尝试联系开发者。

4. 自定义机器人

第一步：登录平台的开发者后台，依次选择【应用开发】—【企业内部开发】—【机器人】，点击创建应用。

第二步：配置机器人的基本信息，如名称、描述和图标等。

第三步：填写完成后，单击确定创建，即可成功创建机器人。

第四步：在机器人详情页，单击【开发管理】，配置开发信息，紧接着配置机器人应用，详见表2-6。

表2-6　　　　　　　　　　机器人应用配置

序号	配置	注意事项
1	服务器出口IP	填写机器人的公网IP
2	消息接收地址	填写一个公网可访问的本企业HTTPS服务地址，用于接收Post过来的消息

第五步：发布机器人。

正式发布之前，在开发者后台对应的机器人应用详情页面，单击版本管理与发布，然后单击调试，可以进入测试群，该群里预置了开发者配置的机器人，可以在群里@机器人进行应答功能的测试。

单击上线即发布。发布后，可以在群中添加机器人进行使用。新创建的机器人共有两种状态，详见表2-7。

表 2-7　　　　　　　　　　　　　　机器人的两种状态

序号	状态	说明
1	未发布	企业成员在该企业的内部群的机器人列表中，选不到这个机器人
2	已发布	点击上线即发布

企业成员使用机器人的路径：进入要使用机器人的群—【群设置】—【智能群助手】—【添加机器人】后，在企业机器人列表中即可找到。

四、智能翻译

在全球化的今天，多语言沟通已经成为常态，随着语音识别技术的不断进步，越来越多的通信软件开始提供实时翻译功能，在一定程度上促进了国内外组织间的沟通与协作，特别有利于那些原本缺乏相关语言能力的关键岗位成员，他们可以在跨语言的沟通平台上继续发挥其专业能力。

（1）IM 实时翻译。近年来，随着云计算、人工智能、大数据等技术的出现，机器翻译准确率得到了很大提升，面对一些非专业领域、结构简单和语义清晰的沟通场景，机器翻译已经可以胜任。IM 消息的文字聊天原本 1 秒左右的反应和阅读时间，足够智能、准确地输出实时翻译结果。

（2）视频实时字幕和翻译。视频会议和语音会议的语音技术可以定向识别发言人，与此同时，还可以实现自动字幕和翻译效果。这些技术可以让跨国、多语种的视频与语音会议有更高的参与体验。但在面对专业领域和复杂的沟通场景时，如在国际会议中的实时翻译，机器翻译准确率就有待提升。目前，机器翻译和人工翻译相互配合，是处理多种跨国翻译沟通场景的主要办法。数字化沟通平台在处理跨国翻译工作时，一方面提供高度智能的机器翻译工具，另一方面搭建机器翻译和人工翻译的合作机制，从而实现两者按需选用或结合，以及相互之间的快速切换。

例如，某公司主营国内木材销售，新年度计划涉足海外市场，并投了小规模的广告试水，没想到第二天就有海外商家联系了他们。该公司显然没能预见到海外业务会来得如此之快，公司内部也未能储备语种人才，导致遇到外贸订单时，无人能与外国客户进行业务沟通。

此时，可以利用数字化沟通平台的 AI 翻译工具，如图 2-5 所示，业务员设置信息收发模式，设置成中文自动转换为英文并只发送译文，以实现沟通信息实时翻译，与国外商家进行外语沟通。当双方公司进行线上会议时，该公司同时预约了人工翻译，专业翻译人员的加入可保证会议全程沟通流畅、准确，而且更具有灵活性，并在最后达成海外合约。

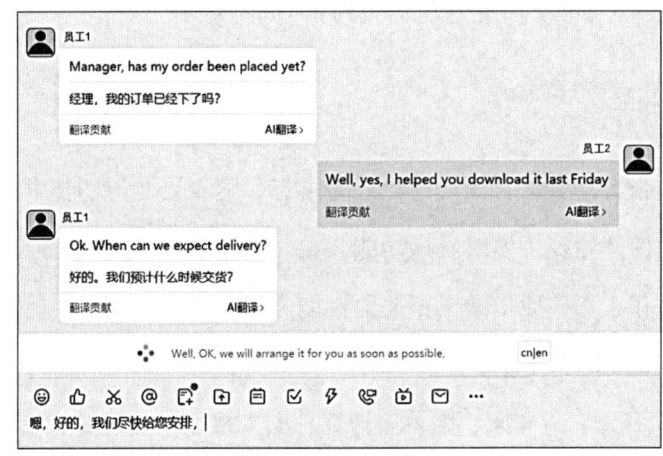

图 2-5　关于跨国际翻译

五、沟通智能化的趋势

1. 寻求组织管理和员工体验之间的平衡

近年来，管理界对组织管理模式的讨论较多，并出现了各种提法，如金字塔或扁平化、管控或赋能，基本是以对立的视角在看过去和未来的组织设计，认为这是两种不同的管理模式。

未来的组织管理不再是单一的管控，而是要联动组织的业务战略，自上而下梳理组织的文化、机制和流程，并以此为出发点，构建起数字化、专业化和人性化的组织管理体系。例如，是否需要财务共享、人力资源共享，是否需要升级客户服务中心，是否需要启动 OKR、人才盘点、员工积分激励计划，是否需要发布灵活的固定资产管理制度，根据不同的业务属性是否需要升级员工激励和晋升制度等。而且这些制度也不是标准化的大而全，对于组织多样化的经营需求，可以根据组织属性、业务属性做多样化、差异化的设计。

未来的组织也不再是简单的扁平化或信息透明化,其核心是如何让员工自然地融入业务和组织体系,既能让机制和流程规则得以有效实施,又能让员工感受不到明显的机制和规则约束。基于数字化管理平台上的组织规模、高频协作场域和面向场景设计,可以让机制、流程和规则成为组织高效、灵活运转背后的那只无形的手,以解决很多组织目前面临的管理难题,打破发展瓶颈。

2. 高频场景带动低频应用

数字化沟通平台整合了即时通信和组织管理功能,将传统管理应用的复杂功能"分解"为碎片化的组件,并无缝集成到平台单聊、群聊等高频场景中。数字化沟通平台颠覆了传统软件的入口路径,实现了多场域融合,支持组织成员在多场景、多应用、多功能中快速切换,提升了信息获取和操作的效率。通过高频场景带动低频应用,数据能自由流转且一致的同时,低代码技术让数字化管理平台成为一个应用开发平台,将加速多场域融合的步伐,并加快组织数字化和产业上下游数字化的进程。

3. 从微服务扩展到微应用

逻辑计算方式有两种思维方式,一种叫自上而下,另一种叫自下而上。自上而下是从最高层开始,一层层分解,最终得出整个蓝图。ToB[①]复杂应用大部分是通过自上而下的方式设计出来的,如ERP[②]里各模块的划分、功能流程的设计;场景化应用则需要采用自下而上的思路。

沟通和业务的深度融合真正实现了沉浸式和高活跃,只是需要把两者有机结合起来,对于中后台的服务,还是需要采用自上而下的方式,做领域服务的设计沉淀。对于群应用交互的设计,一定要采取自下而上的方式,并从用户的实际协作场景出发,群应用终究会驱动中后台服务和端侧交互创新,从而走向截然不同的风格。

---

① ToB 指的是 BtoB(Business to Business),指企业间的服务领域或商务形式。
② ERP(Enterprise Resource Planning)即企业资源计划。

六、案例

智能沟通打造高效能的销售团队

（一）案例背景

某企业端服务公司的主营业务是基于数字化操作系统，为数字化组织的打造提供服务。该企业主要服务对象包含制造、建筑、金融、教育、医疗、餐饮等各类行业，并在服务过程中积累了许多成功经验。近年来，随着公司的快速发展，公司销售部门的业务量逐渐增大，销售人数也不断增多，销售成员的培养和赋能压力也随之增大。

（二）管理痛点

该企业原本以为销售人数的增加可以快速增长销售量，但事实却是销售人数翻倍并没有使销售量明显增长，反而有很多新入职的销售员因为不了解公司产品和服务流程，导致销售过程频频出错，打乱了整个销售部门的工作节奏。而培养一个合格的销售员往往需要经历3~6个月，大量新人加入不但导致团队整体的平均销售能力骤降，而且需原有人员花费时间与精力带新人，但销售培训又很难在短时间内提高销售新人的业务能力。

（三）数字化管理举措和方案

基于过去积累起来的大量成功的服务案例和经验，该公司通过数字化沟通平台为销售部门搭建AI销售助理，通过建立案例和销售经验知识库，对知识库内的信息进行分类和保密设置后，接入AI机器人，以帮助销售新人快速上手。

第一步：搭建知识库。该公司将过去分散各处的服务案例、服务流程、服务方法、邀请经验、常见疑难等知识进行分类打包，上传到企业数字化沟通平台，并在合理编排和安全设置后，形成独属于企业的知识库。

第二步：创建机器人。该企业设计出能与知识库联通的企业机器人，并将机器人添加至客户案例服务群中。当销售部门需要了解某一行业的案例时，销售人员只需输入"@机器人"，即可查看到相关的案例，可以选择并分享或为客户讲解案例，如图2-6所示。

（四）实施效果

企业有了知识库和机器人的支持后，不仅能为客户提供更智能、更个性化的服务，而且能提升整个销售环节的专业性，整体提高销售工作的到单率。当客户要求

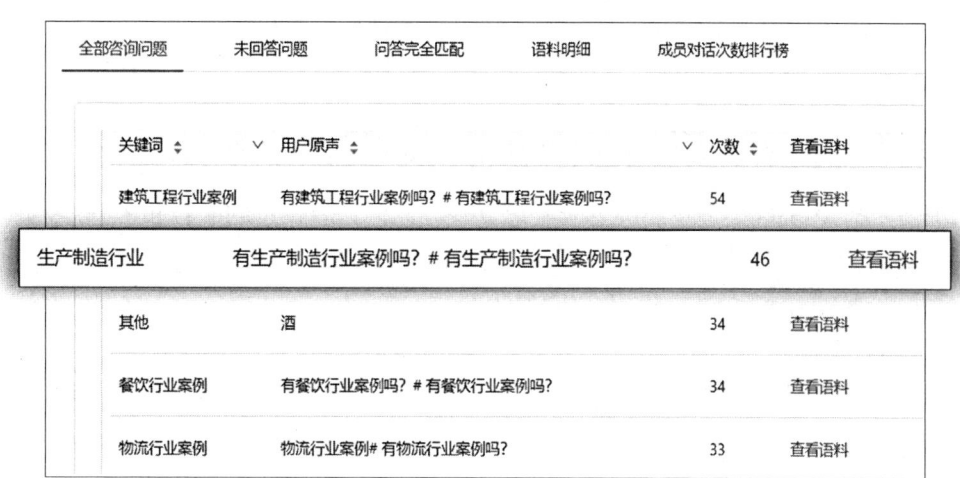

图 2-6 机器人关键词分析

提供过往案例，或者销售员需要了解某一行业的具体特点、情境时，都可以通过@AI机器人提出问题，AI机器人会迅速从知识库中搜集到相应的内容并加以呈现。每周后台人员都会收集一周以来 AI 机器人的访问数据并进行分析，以对内容进行补充和更新。在咨询、反馈和更新中，AI 销售助理总能紧跟业务的发展与变化不断更新知识库，并提供越来越全面和精准的销售建议，从而让销售工作不再有知识盲区。

第四节　数字化沟通安全

一、安全沟通的基础知识

（一）常见的安全隐患

数字化沟通高度依赖互联网，因而互联网存在安全风险因素，如网络安全风险、信息安全风险等，也为数字化沟通带来安全隐患。具体表现在以下几方面：

（1）账号安全

数字化沟通平台和工具一般需要沟通者登录账号才能完成沟通，因此保护好账号和密码是每个人都应牢记在心的安全意识。一方面沟通者设置的账号和密码不要太过简单，另一方面不要随意向他人泄露自己的账号信息和身份信息。

（2）信息内容安全

沟通过程往往伴随数据的传输，如文档、图表、代码，以及其他涉及项目和业务的关键信息，这些都是沟通过程中的数据资产，一旦重要数据被泄露将会给组织带来重大的财产损失。因此，为了保障沟通数据的安全，沟通者要根据沟通对象和环境的不同选择恰当的沟通方式和加密措施，沟通平台负责人也要严格审核沟通者的真实身份。当前，一些主流的沟通平台已经具有信息加密的功能，沟通者要尽量选择正规沟通平台，以最大限度保障数据安全。

（3）网络安全

网络病毒是互联网长期存在的安全风险，非专业技术人员很难解决新型互联网的病毒问题，这就要求网络管理员加强组织内的网络监管。此外，"网络钓鱼"类诈骗无处不在，其通常在网站、App、社交媒体账号，通过邮件、短信等形态散播，会带来很大的网络安全隐患。特别是在跨境沟通中，大部分欺诈对象在海外，即便能够定位，但若要关闭或剔除，则需要企业跟全球各类的服务机构进行沟通维权，沟通成本很高，一般企业很难独立完成，需要第三方专业机构辅助。因此，沟通者要特别关注网络安全风险。

（二）安全机制

1. 加强安全意识培训

近年来一些企业数据泄密事件的发生，其根本原因还在于安全意识的严重缺失，因此加强安全意识方面的培训刻不容缓。

（1）定期进行安全意识宣贯，强化员工对信息安全的认知，引导员工积极执行企业保密制度。

（2）在信息安全培训的同时，不定期进行安全制度考核，激励员工积极关注企业数据安全。

2. 建立文件保密制度

（1）对文件实行分级管理，按照文件重要性进行分类，将其限制在指定的管理层级范围内，避免核心资料的随意传播。

（2）与核心人员签订竞业协议或保密协议，以合同的法律效应，有效防止核心机密被泄露。与离职员工做好工作交接，按照制度流程，全面妥善地接收工作资料，避免信息外泄。

（3）加强对办公设备的监管，必须设置登录密码并定期更换，离席必须锁屏。设置防护措施，限制通过 U 盘、硬盘的拷贝行为及网络传送行为，避免信息外泄。

（4）定期进行信息安全检查，全员参与查漏补缺，逐步完善企业的保密制度。

二、安全沟通的方法

数字化管理对社会产生了重大影响的同时，也带来了许多道德和法律问题，包括隐私问题、犯罪问题、健康问题、工作条件问题、个性问题、雇佣问题等。数字化管理要求既开放又封闭，管理系统需要对顾客、商业合作伙伴开放，也必须对黑客、其他入侵者，以及商业机密进行封闭。

（一）管理员的加密方式

1. 权限控制

沟通群内，管理员对不同级别的成员或内容设置保密权限，实现基于员工角色和内容的权限控制，从而取得保密效果。

以角色为基础，通过划分不同角色的不同功能权限，并将员工添加到对应的角色中，实现员工功能权限的区分和隔离。

在展示信息时增加权限控制，以保证敏感信息的安全性。可为角色配置对应字段的读写、只读或不可见等形式。

2. 文档水印加密

对文档和图片数据进行水印加密，防止内容被非法修改，从而确保数据的真实性和有效性。即便内容被截屏转发，水印保护功能也可以确保文档截图可追溯，避免员工外泄资料。对于重要的合同文件，特别是涉及机密金额信息、合同权益细节等保密规定时，除对合同文档套上电子签章外，还需额外嵌入企业水印，以确保合同不外泄。

（二）个人沟通的加密工具

1. 使用工具防截图、防转发、防录屏

有些沟通信息仅限内部成员讨论与分享，不能外传及转发。为了防止信息外泄，一方面需要沟通人员具有信息安全保护意识，另一方面需要沟通平台从技术上做好对信息保护处理工作。如防截图功能，当从内部沟通切换到外部会话时，截图工具按钮会自动隐藏，截图快捷键按下后也不会有响应，可以有效防止内部信息外泄。当沟通群出现加密员工离职的情况，为降低该离职员工在群内的沟通权限，可以通过设置防转发功能，让其无法拷贝与任何人的聊天内容。

2. 撤回不当言论

在沟通平台上对不良言论或误发的文件进行撤回，可以维护群内秩序，保证沟通安全，防止不当言论在网络传播，从而避免产生不良影响。

3. 消息阅后即焚

一些私密信息和重要信息，如银行账号密码、支付账号密码、某个文件的密码等，信息接收者能够很快理解并记住，不需要进行长时间保存，因此可以通过设置"消息阅后即焚"功能，以防止信息被他人留存、截取和转发。

4. 使用密聊工具

密聊是不留痕迹的私密聊天方式。密聊消息在对方已读后会自动销毁，在任何客户端均不留痕迹，真正实现了无痕聊天。常见商务机密沟通中的密聊形式有消息已读后自动销毁，消息禁止拷贝和转发，消息通知不透出内容，密聊中头像和名字打码以防止截屏，可设置首页中隐藏澡堂会话，密聊可设置安全密码锁，密聊中锁屏时自动离开密聊模式等。

密聊与单聊的区别是密聊双方的姓名均不显示，密聊界面不可截图也不可录屏，密聊消息已读30秒后自动消失，密聊消息不可拷贝也不可转发，密聊私密等级可自定义设置等。

三、信息安全的相关法律法规

为保障互联网信息的安全流动，世界各国都制定了相应的法律法规，或将传统法律延伸到互联网，明确规定哪些信息可以自由流动、哪些信息则不能。中国在维护信息安全，特别是互联网时代网络信息安全与保障方面做了大量工作。

1994 年，《中华人民共和国计算机信息系统安全保护条例》颁布，这是我国第一部关于计算机领域信息安全的法规。之后随着计算机技术，特别是互联网技术的不断发展，新的法律法规不断出现，截至 2021 年 8 月底，我国先后制定了近百部法律法规来保障网络信息安全。从形式上看，有法律相关的决定、司法解释及相关文件、行政法规、法规性文件、部门规章及相关文件、地方性法规与地方政府规章及相关文件等多个层次。与此同时，与信息安全相关的司法和行政管理体系也迅速完善。

近年来，国家对网络信息安全尤为重视。2016 年 11 月，为了保障网络安全，维护网络空间的主权和国家安全、社会公共利益，保护公民、法人和其他组织的合法权益，促进经济社会信息化的健康发展，制定并颁布了《中华人民共和国网络安全法》。2021 年 6 月，为了规范数据处理活动，保障数据安全，促进数据的开发与利用，保护个人、组织的合法权益，维护国家主权、安全和发展利益，制定并颁布了《中华人民共和国数据安全法》。2021 年 8 月，为了保护个人信息权益，规范个人信息处理活动，促进个人信息合理利用，制定并颁布了《中华人民共和国个人信息保护法》。

这三部法律文件的出台全面构筑了中国信息及数据安全领域的法律框架，标志着我国在数据安全领域有法可依，为各行业的数据安全提供了监管依据。

四、案例

保障信息安全，助力企业发展

（一）案例背景

某交易企业依托优质的团队，以及资深的汽车行业背景、线下团队管理经验，近年来发展得壮大且迅速，在全国上百座城市开设了分支机构并开展相关业务。由于各机构间的合作交流频繁，日益壮大的组织对通信及时性提出了更高的要求。同时，出

于对企业内部资料安全的考量，以及对客户资料的保密要求，也为了保存公司发展中的珍贵资料，公司需要对现有数据、文件、人员往来等信息进行加密性存储，可见，公司对沟通安全的需求已日益迫切。

（二）管理痛点

经过调研发现，该交易企业当前阶段的痛点主要有以下两个方面。

1. 内部沟通工具混乱

随着公司规模的日益扩大，员工人数也快速增长，以致企业各部门的内部沟通缺乏统一的工具，存在不同沟通软件并行的状况，不但沟通混乱，而且埋下了安全隐患。

2. 人员分散，埋下信息泄露的隐患

工作人员分散于全国各地，各类文件在不同的沟通平台中传递，在流转环节中很可能会造成信息泄露问题，而如果核心交易数据外泄，就会造成重大的安全事故。

（三）数字化管理举措与实践

针对以上亟待解决的问题，该企业利用数字化管理平台做出如下变革。

1. 统一平台进行工作沟通

统一的沟通软件便于企业进行业务梳理，减少了多种软件并行带来的沟通混乱。同时充分运用平台中的"云文档"功能进行相关文件的传输、编辑，以保证文件前后一致，提升沟通的便利性。

2. 设置群保密

为不同的业务群做相应的安全设置，令最高级别安全的交易数据仅在保密群和密聊群中沟通，从而避免了沟通流转环节中信息泄露、文件散佚的问题。

3. 使用加密云盘存储文件，保障信息安全

该交易企业依据前述所建立的内部群，设置"文件同步至云盘"功能，自动将群内文件保存至对应的云盘群文件夹中，同时仅对权限人员或者授权人员开放对应的访问、下载权限。同时，云盘文件可开启【保密模式】，开启后员工只能预览带水印的文件，且不能进行下载。

对于通过点对点或群组的方式上传的文件，访问控制会细化到个人或企业，其他人在非授权情况下则无法访问或下载文件。同时部分云盘支持专有存储，可将云盘文件存入企业自购的系统。

4. 采用第三方加密功能

开通平台内第三方加密功能，利用国密标准的第三方安全加密软件，以防止第三方破解和查看企业的内部信息。消息经平台加密后再由第三方安全加密软件进行第三方加密，在此过程中，企业发送的信息加密存储在平台的服务器上，而相对应的密钥则存储在第三方安全加密软件的服务器上，由此形成了组织机构内部成员之间点对点的沟通。在此基础上，组织架构群内发送的相关消息，任何第三方（包括该平台）都无法查看，加密内容囊括聊天窗口发送消息、图片、文件、语音等多种信息。

加密后，组织机构内如有员工离职，该员工离职后将无法再查看组织机构内部发送的信息。

（四）实施成效

平台的整体信息整合极大程度地提高了组织内部的沟通安全性，保证往来信息私密且高效地到达对应人员的手中，云端存储技术也极大地保障了企业文件的安全。因人员流动而产生的沟通安全问题也得到了一应解决。另外，信息发出后是否被接收也一目了然，同时可以通过对已读、未读人数的统计灵活调整信息发布的最佳时间，进一步提高了组织沟通的效率。

第五节 综 合 实 训

实训时长：45 分钟。

（一）实训目的

1. 掌握沟通安全的常见管理方式。

2. 掌握常见沟通场景下选择数字化沟通工具的方式和方法。

3. 掌握典型的数字化沟通工具公告、直播的应用。

(二) 实训内容

业务背景

某酒店集团专注酒店业务 30 余年，业务领域涉及酒店投资、运营管理、资产管理、文旅建设等专业板块。企业员工数量过万，分公司遍布全国各地，内部沟通效率低下，信息传递不及时，企业沟通信息容易外泄，公司通知下发难以全面触达，公司会议逐级下达容易造成信息损耗。该公司希望能够将群和公司组织架构关联起来，员工变动后相应的群聊可以实现快速的自动调整，并希望能够有效地保障公司的信息安全。

请帮助该公司搭建基于组织通讯录的全员群、部门群、各种内部场景群，并对群的安全和使用进行相应的配置；帮助企业建立全员公告、全员会议传递通道，以确保企业信息能够全面、及时地触达。

常见错误

（1）用个人社交软件的管理逻辑建立全员的普通群、部门的普通群，这种方式费时又费力，且没有管理后台可以统一管理群成员的出入。

（2）为了防止全员群有人发表不合时宜的言论，便打开全体禁言"一禁了之"，群也就随之失去了沟通交互的意义。

（3）所有的沟通群不做类型区分，不考虑差异化运营管理。

实训操作

1. 创建全员群和部门群

为该酒店公司建立数字化组织，通过【管理后台】的【通讯录】中的【创建群聊】功能，一键生成组织架构中的部门群、全员群。具体操作如下：

打开数字化管理平台，进入电脑端管理后台，点击【通讯录管理】，进行基于组织内部通讯录的设置，可创建全员群和部门群。

全员群创建如图 2-7 所示，选中组织架构的最高一级部门，依次点击【编辑部门】，点击【创建群聊】，点击【确定】。部门群创建的步骤与全员群创建的一致，选中组织架构中需要创建部门群的部门后，其余步骤同前所述。

创建完毕后返回到平台消息页面，可以看到"某酒店集团"的全员群带有【全员群】的标签提醒，销售部等部门群带有【部门】的标签提醒。

通过这种方式创建的全员群和部门群无法通过群管理页解散群，只有管理员可以在管理后台操作，以减少群日常管理的风险。解散部门群需要在管理后台通过【编辑部门】点击【解散该群】进行操作，需要注意的是，解散群意味着该群的聊天记录、文件和图片均被删除。

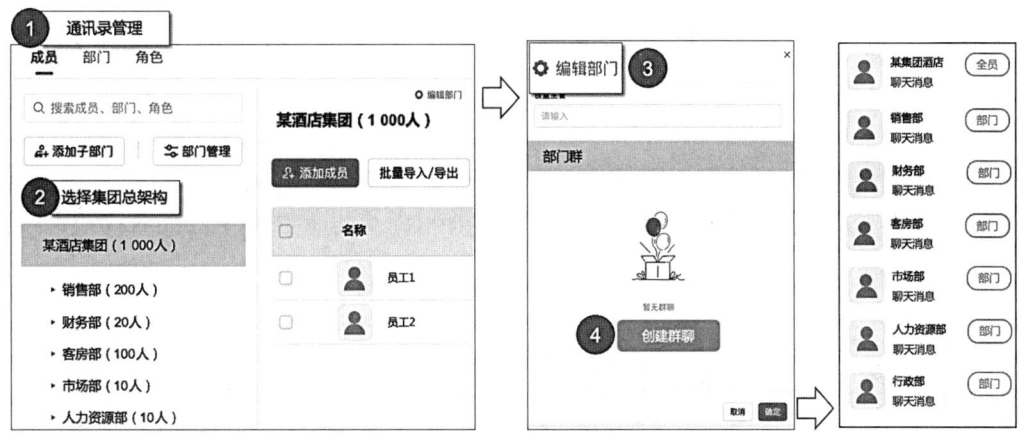

图 2-7　创建全员群

2. 运营场景群

内部群是日常最常用的群，员工可任意创建不限数量的内部群用作内部沟通与协作。

在平台的消息页面右上角点击【+】即可【发起群聊】，平台提供了各类场景的建群入口，用户可以自行选择各类群进行使用，选择各种场景群或者点击【选人建群】即可进入下一步。

3. 安全的沟通环境

在酒店的日常沟通中会涉及房客信息、促销价格、员工薪资等需要保密的信息，为了防止信息被转发、截图，需要设置安全的沟通环境。

（1）群沟通设置

群的创建者为群主，其能够管理群内的全部成员和其他群管理员。群主可以增删群成员、解散群及设置群管理员。群管理员为群主所设置,除不能解散群和设置其他管理员外,其能力与群主相同,群沟通设置由群管理员进行。

设置入群许可和禁止群成员私聊:打开群聊,点击群聊右上角【设置】图标进入群设置,点击【群管理】后将【入群许可】和【禁止群成员私聊】按钮打开,完成设置。

设置群内禁言:在手机端进行操作,进入【群管理】后点击【设置群内禁言】,可设置全员禁言或部分人员禁言。

撤回群消息:当有人在群里发布不合时宜的信息时,管理员点击该条消息后,点击【撤回】即可完成操作,从而维护群沟通的良性运转。

(2)保密群

当内部有重要的信息需要沟通分享时,可以在保密群中进行,保密群中无法进行下载、转发、录屏、截屏等操作,所有文件在预览时均带含有员工信息的自动水印,如图 2-8 所示。

图 2-8 保密模式

4. 进行群应用设置

（1）群插件

每个工作群都是一个复杂的工作场景，一群人在沟通协作时会有很多共同的文档、知识库、常用网址和常用审批，可以通过群插件功能建立快速入口。

打开群聊，在群下方聊天输入框上方有一排群插件，从左往右滑动，会看到【更多】按钮，点击后进入群快捷栏。在这里可以开通、添加、减少各种群插件，以及进行群插件相应参数的设置，如图 2-9 所示。

图 2-9　群插件设置

（2）群机器人

各类群的日常管理工作可以由群机器人执行，点击【群智能助手】可进行群机器人配置，最常用的机器人功能如【新人欢迎】【日程提醒】【群汇总】【天气预报】等。

新人欢迎：点击【群管理】，找到【智能群助手】，点击【新人欢迎】，对自定义欢迎语进行编辑并保存后，新人欢迎机器人便设置完成。如此一来每当有新人进群，机器人就会@新人并发送欢迎语。

天气预报：点击【添加机器人】，选择【天气】，点击【添加】，设置机器人名字、所在城市、推送时间、国家突发事件预警后点击【完成添加】，天气预报机器人便设置完成。如此一来，每到指定时间，群机器人就会推送天气信息。

如此类推，通过各类群机器人可以减少人工运营管理的工作量，提升群的服务感知。群机器人配置如图2-10所示。

图2-10　群机器人配置

（3）群消息记录检索

在群聊天记录中可以检索群沟通记录，包括群文件、群图片和链接的检索等。打开群聊，点击群右上角【聊天记录】，进入检索界面，可以查找全部聊天记录，包括文件、图片或群内发送过的链接等。

5. 进行群分组管理

（1）进行分组管理

滑动到消息页面最底部，可找到【分组设置】，点击后进入【分组管理】。在这里可以对分组进行排序、添加新的自定义分组，以及设置智能分组。

进入分组管理后，可选择【添加新分组】，输入名称后，可以建立自己的自定义分组。

（2）智能分组

智能分组允许用户基于关键字创建智能分组。所有群名中带有关键字的群聊都会自动进入该分组。

一个智能分组叫【名称包含"测试"的群】创建完成后，如果再次创建新的会话，名称中包含"测试"的群聊会自动进入这个智能分组。同样，如果一个群聊名称中本来包含"测试"，一旦被修改名称就会从智能分组中移除。

6. 即时消息

（1）发送图文混排消息

在消息输入框编辑消息发送时，文字消息和图片消息是分开发送的，当希望发送图文混排消息时，需要在富文本编辑器内进行内容编辑。

打开群聊，点击群聊消息输入框右上角的【富文本输入】按钮，在弹出的编辑框内添加文字及图片，编辑完成后，点击【发送】，即完成一条图文混排消息的发送。

（2）消息提醒

有重要信息需要快速通知到相关人员时，可以使用消息提醒功能，提醒方式包含短信、语音、电话等，而且消息发送人能清楚地知道接收人是否收到消息，如图2-11所示。

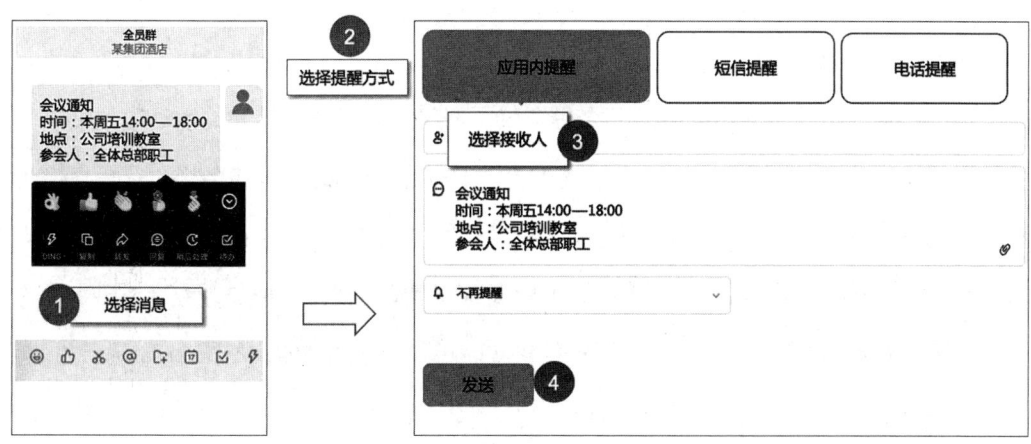

图2-11　提醒消息

7. 企业通知全面触达

（1）企业公告的应用

企业公告可以对企业全员或部分部门、部分人员进行精准通知触达。点击平台的【工作台】，找到【公告】的应用，进入公告编辑页面，编辑公告的标题、主题图片、公告正文（可图文混排）、上传附件、选择公告分类、选择要发送的人或部门、选择要发送的群、设置公告是否置顶、是否新员工可见、是否保密、是否发提醒通知，完成后点击【发送】按钮，即完成公告发布，如图2-12所示。

图2-12 发公告

（2）企业直播的应用

因为企业人员较多，当需要召开全员会议、部门会议或员工培训的活动时，可以采取线上直播形式开展。打开群聊，点击【发起直播】按钮，输入直播名称，选择直播类型，设置是否允许观众连麦，点击【创建直播】。在直播控制台对直播内容及各项设置进行控制，如【添加联播群】，点击【分享】把直播分享给群以外的成员观看，点击【屏幕分享】抓取桌面内容等，有些直播工具还提供实时字幕和翻译功能，如图2-13所示。

在特殊情况下，还需要设置画面叠加的效果，如背景图＋摄像头＋桌面共享内容，通过直播传递更丰富的信息内容。当分享嘉宾与直播主持人不在同一地点时，需要通过【观众连麦】的方式把嘉宾的摄像头画面、桌面画面等设置为主画面。同时，也会有专业设备接入推流信号，如专业摄像机、专业收音麦克风等。

直播完毕后会产生群回放，直播视频可以下载或者直接点击【观看回放】。同时，直播产生的播放数据可以看到观看人名单和对应的观看时长，用于后续数据管理。

图 2-13　群直播

实训总结

1. 管理员通过已经搭建好的组织架构可以开通全员群、部门群，新建各种场景的企业内部群，可以对群进行安全设置、应用设置及群分类管理，从而实现企业内部的沟通安全和高效。

2. 员工通过对即时消息图文混排和消息提醒的应用，提高内部员工之间的沟通触达和反馈效率。

3. 管理者通过企业公告和直播的应用，保障了企业消息在全员的全面覆盖和精准传达，保障了企业信息能够全面、及时地触达和触达确认。

（三）练习

1. 基于已经搭建好的组织架构，开通全员群、部门群，创建内部群，进行群的安全配置及相关群功能的应用。

2. 发布一个全员公告。

3. 发起一个群直播。

思考题

1. 通过一个具体场景，对比传统沟通与数字化沟通在方式、方法，以及结果方面的区别。

2. 按照书中沟通方式的分类，列举对应的 2 个数字化沟通的工具。

3. 对比不同的群组类型的共性需求与个性化需求。

4. 举例说明在实际工作中，个人消息管理遇到的困难与解决办法。

5. 沟通的智能化能够为组织管理带来哪些价值？

6. 群机器人是数字化沟通平台的重要组成部分，请结合书中知识，阐述对群机器人的认识。

7. 对比加密型的沟通与个人社交沟通的功能差异。

第三章
数字化协同管理

数字化协同管理是组织高效办公的必由之路，可以实现人员、文件、会议、工作流和项目等场景的在线协同管理。通过协同能让组织的效率提升、执行力提升、创新力提升，让组织反应快、决策快、落地快、推动快，在面对新市场、新机遇、新挑战时拥有更强的组织能力。

- **职业功能：**（1）制度流程化：智能流程，让制度有温度；（2）流程高效化：流程可以智能关联、组合、流转；（3）知识结构化：萃取、打磨、沉淀知识，构建知识库，为沟通协同提供知识基础；（4）协同数字化：协同从发起、推进、反馈全链路线上化，并生产数据、沉淀数据，服务于业务管理。
- **工作内容：** 使用数字化协同管理工具对组织进行OA审批，对日志、日程、项目、邮箱、云盘、智能文档、智能会议室、员工服务台进行设置、维护。
- **专业能力要求：** 计算机操作能力、Office办公能力、数字化协同管理平台应用设置能力、会议软硬件连接能力、会务保障能力、沟通协调能力、数据分析能力等。
- **相关知识要求：** 计算机基础知识、商务沟通与协同知识、商务办公知识、会议活动管理知识等。

第一节 数字化协同概述

一、协同的概念

"协同"这一概念在我国古已有之,《说文解字》解释了协同的概念。协为众之同和也,同为合会也。协同理论的解释有多个角度,如"各方互相配合或甲方协助乙方做某事""为达成共同目标和任务而与他人进行合作""二者在共同工作时所产生的放大效应"等。这些概念的共性是强调各成员共同工作去创造一个基于参与者知识与经验的最大化的解决方案。

协同是人类特定的一种互动方式,有区别于其他活动的特点。首先,协同起源于个体对自身能力的认知,当个体自身能力难以满足复杂任务的要求时,就会产生协同的需求。其次,协同需要多个主体基于共同目标进行共同行动,且最终结果并非仅是单个个体的贡献总和,而是会带来倍增的价值,这就是协同效应。协同理论认为,通过协同作用,组织获取的结果并不是组织内个体能力的简单数量相加,而是通过个体的主动集成行为,使组织系统的各要素之间,以及各子系统之间可以共同工作,从而使组织要素彼此耦合,产生整体放大的效应,如图 3-1 所示。

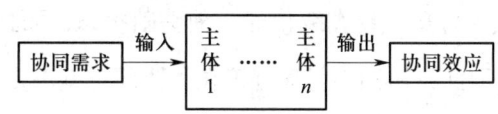

图 3-1 协同与协同效应

获得协同效应是开展协同的核心目标，但协同并非都是有成效的，而有效的协同则往往具有这些特点：成员的观点多样，且意见独立，组织内平等民主，成员的意见输出后能及时获得反馈，最终各成员的意见就会被有效聚合，产生倍增的价值。协同如要在组织中发挥最大化作用，就离不开智能协同、数字化协同。

二、数字化协同的概念

（一）数字化协同的概念

数字化协同是使用数字化技术和手段，协调两个或两个以上的不同资源或者个体，能同频、平等、一致地完成某一目标的过程。

也可以说，数字化协同是在有数字化软件支持的环境下，以"任务"为中心、以"人"为根本、以"效能"为目标，通过技术手段消除或减少人们在推进任务的过程中由时间和空间产生的相互分隔的障碍，从而节省参与者的时间和精力，提高群体工作的质量和效率。

（二）数字化协同的重要性

数字化协同与数字化沟通在组织管理中同等重要，它们共同决定组织成员的工作效率，而且协同与沟通常常相辅相成、互相作用。

数字化协同能让在不同空间、不同时段的成员多频段同时工作，让组织效能倍增；

数字化协同能提高竞争反应速度。5G通信技术的兴起让万物互联成为可能，也预示着一个全新的社会化大协同时代正在来临。如果无法高效协同应对外界的市场挑战，将加快组织被淘汰的步伐。

（三）数字化协同的类型

数字化时代的协同方式正在发生剧烈变化，从前协同的概念只局限于人与人之间，而在数字时代，社会关系、生产资料全部线上化，人、财、物、事能在网络上成为一个符号、一个节点，成为万事万物在线化的一种基础状态，而且任何节点之间都可以相互耦合、交互信息。因此，协同变得无处不在，协同类型也多种多样。

常见的数字化协同类型有任务的数字化协同、文档的数字化协同、会议的数字化协同、工作流的数字化协同和项目的数字化协同。

数字化管理师的职责好比是蜘蛛要结一张网，要不断在任务、文档、会议和工作流中找到合适的数字化工具和方式，并让它们彼此高速连接、快速协同，从而提升协同效率。

（四）数字化协同的优势

数字化协同的本质是让组织内外的成员都可以跨时间、跨空间、跨组织地开展工作协同，以产生更高的组织效能。可见所有组织的协同方式都在朝着跨时间、跨空间、跨组织这三个方向演进。

（1）跨时间协同。当前协同的主要问题是在找人、找资料、达成共识的过程中会消耗大量的时间。在线化的协同工具支持多人同时在线编辑、共享、查看，几乎没有"时差"，可以一边沟通一边协作。

（2）跨空间协同。总部与分公司要协作，在不同城市的不同部门要协作，不同企业在不同的办公地点要协作，以上这些跨空间的办公协同正在高频率地发生在人们的工作活动中。而在线化的文档可以支持多人同时编辑，在线化的视频会议可以实时桌面共享，不在同一空间却能实时协作。

（3）跨组织协同。在传统工作模式下的跨组织鲜有协同，一是不在同一组织架构找人不便，二是没有共同的工作空间。而数字化的协同产品可以把任务推到可信任的外部联系人，在同一线上平台上分工协作，让工具跨越组织运作，真正实现了"无界"的工作方式。

三、数字化协同的工具

工欲善其事，必先利其器。在漫长的历史长河中，人类在不同时代的协同工具具有鲜明的时代特征。

人类社会在工业革命之前的漫长历史时期，协作的场景相对有限，文字、语言在很长时间内都是人们交换信息的主要方式，信件、驿站、烽火、信鸽等则充当主要的协同工具。

工业革命之后，在与机器打交道的同时，人与人之间的关系也发生了重大变化，人类社会开始走入工业时代。这个时期以泰勒为代表的管理思想希望将人际协同变为

精确的"类机械"行为,这是机械思想对协同的变革,而且这种管理思想绵延至今。

电气革命(第二次工业革命)之后,人们发现可以通过"仪表"来调节一个系统,生产元素之间可通过控制的方式连接起来,同时人与人之间也出现了控制与被控制、调节与被调节的协同关系,此时,控制论从技术领域开始走进社会领域。

信息技术革命之后,人们发现不用面对面也可以通信、对话、互动及协作,社会形成一张看不见的"网",每个人都被网罗其中,人际关系变得丰富且复杂,人际协同自此进入信息网络时代。

(一)数字化协同工具的重要性

为什么要发明形形色色的工具来处理人与人之间的协同关系?因为社会需要通过协同追求更大的价值,通过协同工具的改进不断释放团体的生产力,提升劳动总产值。而人与人之间的协同并不是简单叠加,而是寻找每个人能力的最大公约数。但寻找公约数的过程需要消耗很多精力,而且人与人之间的冲突、人与组织之间的冲突、组织之间的冲突等,复杂的社会分工让寻找公约数很可能成为一种"不可能的任务",在当前的很多组织内,跨部门、跨职能协同都是困难重重。

数字化协同工具作为一种更为先进的工具可以调节这种协作障碍。它能通过开放、便捷的功能,让协作双方更加主动和完整地展示"我"的价值和需求,帮助对方做出协作判断,推动人际协同达成。所以,数字化协同工具既是能让双边的想法快速对齐的一款好用的工具,也是让协同关系变得更平等和融洽的助推剂、润滑剂。

(二)数字化协同工具的优势

(1)多端在线

无论是会议、文档、流程、项目等任何一款协同工具,如果想获得最大化的时间效率和组织效能,都必须满足多端登录和在线实时操作的功能需求,这是之所以称其为"数字化"协同的最显著特征。例如,在线文档无须下载即可在线直接访问与编辑,并支持手机、电脑、平板等多终端设备同时登录且内容同步。

(2)云存储

文档能实现在线化实时操作和多端登录且内容同步,这是因为数字化协同工具的数据在云端,包括账号数据、文档数据、操作数据。数据的所有计算过程都在云上,并通过网络同步至手机端、电脑端,最终实现数据实时更新且多终端同步显示的结果。

（3）集成到平台

数字化协同工具需要成员之间协同才能发挥最大化价值,因此成员依托组织架构开展协同是最理想的方式。没有架构或者需要单独管理的组织架构下的协同工具会面临诸多挑战,如找成员难、权限设置难等问题。协同工具还要与IM消息、个人任务待办等打通,以提升组织效能。

这些问题在个人社交软件上非常明显,个人社交软件没有组织架构信息也没有管理功能,在其中运行的在线协同工具更多的是共享编辑,根本无法深度开展组织内的协作。

集成到管理平台的协同工具可以支持各类管理场景,例如,将本地文档/表格发送到部门群,群内的所有成员都可以在线访问、编辑文档,文档内容可以实时更新,无须反复收发文档。需要其他成员协作的事项,在文档内一键@提醒同事,通知其查看文档内容;遇到待办任务,还可以插入【待办】进入待办人的日程;文档权限按部门、按身份设置,并精确考虑各种管理需求。

（三）常见的数字化协同工具

常见的数字化协同工具有邮箱、沟通、日程、会议、文档、存储、汇报、审批和项目等。事实上,这些协同工具在信息化时代也普遍存在,而数字化云端技术让这些工具具备了新的协作共享能力,详见表3-1。

表 3-1　　　　　　　　　　协同新功能

序号	协同工具	数字化新功能
1	邮箱协同	接收新邮件通知到 IM 消息,及时处理邮件 可将邮件转发到群聊,与同事快速讨论
2	沟通协同	发出的消息可以查看对方的已读或未读状态,沟通工作更高效 消息可以一键唤起协同工具,消息直接转为待办事项
3	日程协同	向同事发起日程邀约,直接穿透进入对方日历 日程中统一管理自己的工作安排 支持多终端同步及同步手机系统日历
4	会议协同	可随时随地发起和参与音视频会议 主持人拥有会议管理功能 发言时还可演示文档或电脑屏幕,支持实时标注演示内容

续表

序号	协同工具	数字化新功能
5	文档协同	可个人创作或与同事共同编辑文档和表格 可设置文档的内外部访问权限、文档水印 文档修改实时更新,同事间共享无须多次传输
6	存储协同	统一存储的共享空间 文件修改实时同步,方便成员随时访问 管理端支持成员操作审计,安全管理组织内数据
7	汇报协同	员工通过日报、周报、月报模板可便捷填写 可在手机端查看、回复、批注
8	审批协同	随时随地审批,还可用消息、短信等提醒 可自定义审批模板,便于管理流程固化 支持会签、或签、上级审批、条件审批等审批方式
9	项目协同	项目与任务打通,项目进展责任到人 让彼此清楚地了解项目整体情况及事项优先级,从而完成目标

第二节 文档的数字化协同

一、传统文档与在线文档

文档的主体信息形态是文字,这决定了文档在各类协同工具中是最为普及的一种工具,即便在线办公有音频、视频等更丰富的信息传递手段,但文字仍是办公领域的首要信息形态,因为在单位时间内,文字信息能传达的数据量比语音信息大。这与人类的感知有关，人类的视觉灵敏度比听觉灵敏度高，视觉感知范围比听觉波段感知范围广。文字信息在协同角度有如下优势：

（1）更加标准、简洁、便于识别。

（2）文字信息比语音类、碎片类信息产生的歧义要少，传递的信息更加完整。

（3）文字协同能给彼此留出更多的思考时间。

（4）结构性的文字信息更便于储存、传播与输出，更便于被他人所理解。

文档类软件是计算机办公中常用的软件类型，有文字类、表格类、脑图类等多种形态。随着数字技术的蓬勃发展，在线化文档已经被普遍接受，并产生了团队文档等新形态。

1. 传统文档

传统文档软件的主要功能是进行数据编辑和处理，且功能日臻成熟，其操作流程一般是先编辑生成离线状态的文件，再通过网络传输给接收者或上传至固定位置。该流程揭示出文档协同的三个常见环节，即文档编辑、文档传输、文档反馈。若用传统文档软件执行该流程存在诸多不便，例如，文档编辑环节是个人的本地化操作，如需多人协作只能后期合并文件；发送出去的文档若有更新，则需要反复发送覆盖；文档权限简单，信息安全难以保障。

2. 在线文档

在线文档是包含文档、表格、脑图、知识库等在线创作和文档管理的工具。它的主要特性是无须下载文档，在电脑、手机、平板都可以直接编辑查看，且内容实时保存。同时，文档与管理平台深度整合，可基于组织关系与其他成员高效协同。

在线文档软件不但可以补足传统文档缺失的在线能力、共享编辑能力、权限能力，更是对协同办公流程的一次全新重构。在线文档突破了传统文档的使用边界，文档不仅是知识与经验的承载工具，更是多人协同合作的最佳工具。

在线文档被广泛用于多人协作的办公场景，例如，产品研发利用在线文档多人编辑产品说明书；项目管理用在线文档形成随时可更新的知识库；在线会议使用在线文档做会议纪要和会议共创；业务汇报使用在线文档，并将图、文、表混合展示工作成果。

需要说明的是，一些个人独立性质的工作如图书排版、论文撰写等，协同需求相对较小且对排版格式要求高，这些场景仍更多的选择本地化的文档编纂。

二、在线文档的使用

（一）在线文档

文字类文档工具在日常使用中被简称为文档，因为数据表格、脑图、图片、白板、日程等都可以插入到文字文档里面，成为一篇图、文、表兼具的文档。因此，人们也习惯把文字类的文档直接称作文档。

1. 在线文档的操作方法

在线文档工具支持多人在线实时协同编辑，能高效地完成内容创作、方案讨论输出工作。同时文档支持插入图片、表格、视频、地理位置等内容，与数字化管理平台深度整合后，文档中还可以插入名片、项目、待办、群聊等内容。

常见的在线文档功能如下：

（1）在文档内插入图片、视频、文件、名片、地图等丰富的内容，将所有信息汇集一处，智能动态更新，让文档活起来。

（2）在文档内@同事，提醒其他成员快速查看。

（3）会议中产生的行动项，还可以在文档中插入【待办】，并提醒同事完成。

（4）在文档中插入项目看板，直观展示项目进展。

（5）针对文档全文或者指定段落内容可以直接评论沟通，并在开会前可完成大部分细节的沟通。

（6）一键开启演示模式，将文档变幻灯片。

（7）生成长图分享，创作的文档变长图海报，内容分享的形式更多样。

（8）语音速记，可将会议中的讨论过程实时转为文字，以方便后续整理纪要。

2. 日志文档的操作方法

从某种意义上来说，日志属于一种模板化的文字工具，在组织内中主要承担工作结果汇报的作用，常见的有日报、周报、月报、进度报告等。日志管理者为了统一汇报格式，在日志里设置统一的文档主题、二级标题，并通过管理机制固化日志的发送时间、接收人、接收群组，其他文字编辑功能与在线文档的功能保持一致。

日志的主要价值是实现标准化管理汇报，而在线日志更具有数字化时代下的管理特色。传统的日志只能通过邮件等方式传输，发送者很少收到反馈。而在线化的日志基于组织架构的通讯能力，不再局限单一点对点的发送，还可以发送到部门群、项目群内，让更多协同人了解发送者的工作情况，在日志内可以点评、点赞、打赏，这让日志不再只是"向上沟通协作"，还具有"横向沟通协作"的意义。

日志可以按同一部门日志、同一模板日志做集中查阅和管理，从而提高日志文档的浏览效率。这种主题化展示能力让日志也可以做群体知识沉淀的工具，例如，生成公司大事记的日志模板，每周的轮值人员可在这个日志中撰写当周公司的重要事件，持续累积之后在该日志模板中就可以查阅公司历史中所有的大事件。

（二）数据表格

1. 在线数据表格

在线化的数据工具更方便呈现表格类的信息，结合在线的组织架构、协同、权限等功能，可以实现数据精准到人，数据安全精准到单元格。

事实上，采用在线化数据文档的常见情形是多人填写表格信息和数据结果多人查阅，因为传统数据处理工具的功能非常强大，在线化的数据工具在某些功能上暂时还无法实现传统表格工具的专业功能，所以，分析处理专业数据的一些环节普遍使用本地化的数据表格工具。

在线数据文档作为多人填表工具拥有得天独厚的优势，为此还推出各类场景化的表格模板，如入职档案表格、年度绩效表格、物品领取表格等。这些丰富的模板化表格让数据表格类工作得以更标准、更美观、更便捷。

在线数据表格的常见功能如下：

（1）多人编辑时，可以互相独立地筛选视图，并保障可多人筛选数据，结果却互不干扰，数据也能私人定制。

（2）支持锁定单元格，只有指定成员可查看/可编辑，其他成员禁止查看，以保证数据的私密性和安全性。

（3）链接地址／单元格／工作表，一键直达目标数据。

（4）高亮重复项，以便录入信息时可以快速发现重复项，以减少重复录入。

（5）可以插入复选框、下拉列表、日期时间，并配合条件格式，便于搭建任务清单，跟进任务状态。

2. 智能填表

从某种意义上来说智能填表也是一种模板化的数据表格，常用于在移动端需要反复收集、字段简单、需要快速填写的情形，如每日的销售数据、培训报名等。智能填表可以自定义配置字段，设置简单的函数计算规则，制表人可以实时看到填写结果、数据统计情况。

不过，可以预见在未来会有更多的数据采集小工具出现，数据表格的应用场景会收缩，数据分析的场景也可能会被专业的数据看板类工具取代。在新一代职场人心目中数据表格的价值是否还如同当年那么重要？数据协同工具的进化方向又是什么？相信很多根深蒂固的工作习惯会在下一个时代内被重塑。

（三）知识库与云盘

1. 知识库

知识库是各类文档被结构化、知识化后的集中呈现，通常默认为在线状态，以便于同步更新。知识库以文件集为主要形态，包括文档、电子表格、脑图等多种形态，可以作为结构化的知识成果沉淀下来，以方便团队查阅、存储、共同编辑、分类和检索。

每个文件集都记录了作者、文档描述、建立日期和目录等信息，而且文件集可以转交管理人、设置访问权限、编排展示顺序。

常见的知识库有企业规章制度知识库、部门项目知识库、产品手册知识库等，这些知识库就像一本沉淀后的内部书籍手册，供相关人员系统性查阅检索，且这些内容可实时更新、共享编辑。同时知识库可以设置公开访问链接，真正成为对外展示的一本"活手册"。

知识库有很多应用的想象空间，例如，编辑内部的百科词条，不断收录并更新专属于这个组织的名词事件；编写产品说明书，公开给外部客户访问，可以随时更新产品的最新功能。

2. 云盘

云盘是解决文档的存储、文档的安全管理、文档的归类、文档的查找、文档的在线查看等问题的存储空间。云盘与知识库的显著不同在于其按文件存入时间直接存储，云盘不方便做结构化的知识呈现和编辑加工，更偏向于基础信息。

企业云盘与个人云盘不同，数据资产是数字化时代企业最重要的资产。企业存储需要具备数据同步、协同办公、快速搜索、分权管理、深度集成等能力，而且需要考虑存储的安全性，并设置访问权限、提取码、有效期，以保证文件安全。

云盘管理也遵循事前预防、事中管控、事后追溯的原则。从文件的访问权限、文档的水印到操作日志和安全警报都有相关功能的精细化管理，从而确保企业数据资产管理能够安全有序。

（四）脑图

脑图又名心智导图、思维导图，其是表达发散性思维的有效的图形思维工具，可作为学习、生活、工作的实用与效率兼具的工具。在线化的脑图支持多人协同编辑，常见模式有大纲笔记模式、思维导图模式等，以方便多人协同时能够高效地梳理思维结构。

三、安全与权限

在线文档拥有非常强大且完善的权限与安全设置，可细化到具体的个人授予权限。同时支持对部门/群聊的授予权限，当部门/群聊新增成员时，可以自动给新成员授予权限。

1. 内容安全

（1）文档防复制，防止内容被传播。

（2）一旦发生信息外泄，可通过访客水印溯源。

2. 权限控制

（1）权限支持给用户、部门、群聊添加权限。

（2）部门/群聊的成员发生变化时，自动给新成员添加对应的权限。

（3）智能赋权，当系统发现对方无权限时，会自动提示可快速赋予权限。

（4）群聊/单聊中都可以添加或修改权限。

第三节　会议的数字化协同

一、会议与在线会议

会议是生产力工具，是组织中日常最高频的管理协同行为。

会议是指有组织、有领导、有目的的议事活动，它是在限定的时间和地点，按照一定程序进行的。其一般包括议论、决定、行动3个要素。因此，会议必须做到会而有议、议而有决、决而有行。会议是一种普遍的社会现象，几乎有组织的地方都会有会议，其主要功能包括决策、控制、协调和教育等。

（一）会议管理的难点

在实际工作场景下，会议组织、会议决策、行动跟进等环节都面临诸多问题，例如：

（1）议题不明确：为什么要开会？会上要讨论什么内容？达成哪些共识？

（2）准备不充分：会议材料未提前转发至参会人，会上临时阅读材料。

（3）时间不把控：预定一小时的会议最后开到三小时，导致筋疲力尽。

（4）协作太低效：一份文档在会议中来回转发，多个人发言一个人记，手忙脚乱。

（5）会议无记录："开完即止"，会后写纪要，无法参会的人员只能通过纪要简单了解会议信息。

（6）结论无跟进：会中形成的待办事项如何才能不散落在群聊中，并集中呈现？

（7）前后不连贯：上次会议遗留了哪些待办？有没有跟进？跟进情况如何？

在数字化时代，线上与线下联动的会议模式已经成为常态，而在线会议不只是线下会议的备选，它极可能会演变为新的工作形态，通过线上的方式会重塑会议场景。可见，线上化已是不可逆的趋势。

（二）在线会议的管理优势

经过新冠疫情的冲击，在线会议将成为大部分组织一种常态化的选择。在线会议降低了会议组织的复杂度和参与门槛，对企业组织来说是一种更经济、更轻便、更灵活的选择。与传统的线下会议相比，在线会议的筹备周期短、成本低、传播性好，几乎不受时间与空间的制约。比起线下会议动辄 3 个月以上的筹备期，在线会议一般只需 1~2 周的筹备期，也无须考虑场地、餐饮、差旅、交通、接待等问题，且线上内容与生俱来的传播便利性、分享便利性，更便于扩大会议的影响力。除此之外，在线会议还有以下几个优点：

1. 超越时空界限，沟通灵活自由

远程化和灵活性是在线会议的基本特征。在线会议通过互联网帮助组织实现了内部和外部的远程沟通交流，参会者不再局限于传统的会议室中，而是可以自由选择开会地点和方式，即使相隔万里也可以顺利参加会议。新冠疫情期间，疫情限制了人员的大规模流动，许多组织者使用在线会议产品成功举办了多种不同类型的会议。而且，在线会议允许用户合理安排工作时间，节约了通勤成本，提高了工作效率，也帮助员工协调了工作和家庭之间的关系。

2. 音视频同步交流，增强会议"临场感"

传统会议是人们面对面沟通交流解决问题的一种形式。在日常生活中，人们更倾向于面对面交流而不是文字交流，因为文字总会让交流双方存在一些理解上的障碍，而面对面交流，语言加上语调、表情、肢体动作的配合能够进一步促进双方有效表达和理解。在线会议的软件和硬件都在不断迭代，发展出自动捕捉识别发言者声音和画面等技术，参会者仿佛置身于同一个会议室内，增强了会议的"临场感"，优化了远程会议的沟通效果。

3. 多人协作共享，提升协同效率

参与会议时，既看资料，又听内容，在线会议的技术需要满足多人协作共享的需求,直接共享桌面,分享幻灯片报告、文档材料、图片、软件实操等。例如,在线会议的专属文档有跟随主讲人的功能,既能拿到共享资料自由浏览,又能快速跟上主讲人的思路进度。

二、在线会议的全流程管理

一场会议离不开"会前准备""会中决策""会后执行"三部分内容。如何实现在线会议的全流程管理呢?这就需要配合日程及视频会议协同等工具一起进行,从而实现有准备、有主题、有议程、有结果、有落实的高效开会方式。

1. 会前准备

一场会议最初的准备工作非常重要,目前组织中经常遇到的一些情况,如会前准备不充分、议题不明确等都会导致成员在参会中浪费大量时间。

通过日程功能,正确填写会议的时间、地点、参会人、会议主题后一键发起会议,参会人结合自己的实际情况接受日程或拒绝日程。会议都要有通知、有准备,不开无准备的会议。

发起人通常可以看到参会日程的闲忙时段,以方便组织发起者能否进行日程安排。同时也可以让参会人提前了解到会议内容,从而开有准备的高效会议。在会议开始前,使用日程的二维码签到功能,以方便参会人扫码签到。扫码签到替代了传统的纸质签到,其更方便、更快捷、更环保,而且可以用手机和电脑扫码签到。

本环节所需产品的功能举例:

(1)与日程联动,参会人协同完成【会前议题填写】。

(2)【会议签到】,实时统计到场情况。

2. 会中决策

不开低效、拖时的会议。组织者可以通过日程中的发起会议,邀约参会人通过视频会议的方式快速参会,或者通过视频会议,选择相应的参会人加入会议,这样成员就可以通过视频的方式进行会议讨论。

视频会议支持共享文档资料,让每个参会人都能清晰直观地看到会议内容。同时,视频会议中的录制及记录功能,更是方便把整个会议的内容全部记录下来。而且部分软件还支持多种语言的翻译功能,以让跨国、跨语言的会议能快速沉淀。可见,所有的会议内容均会被记录。同时,会议记录还可以根据会议议题及发言人设置发言时间,从而让会议变得更高效。

本环节所需产品的功能举例:

(1)【回顾】同步上次会议待办。

(2)会议【时间控制】每一环节均设计倒计时并超时通晒。

(3)参会人可自由浏览正在共享的文档,也可选择【跟随共享人】。

(4)会中共享文档【穿屏协作】,在会议界面即可多人协作编辑,实时评论同步。

(5)会中【成为共享人】,同一个文档可多人协作,共享不间断。

3. 会后执行

不开无落实、无沉淀的会议。会议中的所有决议及会后任务,可以通过会议纪要记录下来,并通过@功能,责任到人,以确保会后执行能够分工明确。

会议之后,有价值的文档可以导出并上传至团队空间进行沉淀,以便于后期的参考或复盘,也有助于下一次召开同主题会议时进行快速回顾。

本环节所需产品的功能举例:

(1)会议【云录制】,不必存储在本地,在线视频方便查看、分享和管理。

(2)会后【音视频自动转文字】记录,可以按关键词搜索、发言人筛选。

(3)导出文字,生成【智能会议纪要】。

(4)文字内容直接翻译【翻译国家语言】。

(5)【共享文档】后所有参会人在会议界面直接打开文档。

(6)【跟进待办】落实会后行动计划。

(7)生成会议实时记录,语音转化文字,并抓取高频关键词。

三、案例

(一)案例背景

这是一个新品发布会的项目组周会,多个部门需要向项目组汇报分享上周的发布会筹备进展,会议时长1小时,会议组织人小冯。

会议特殊情况：

（1）项目组成员分布在杭州、北京多地。

（2）有个别成员因日程冲突无法参会。

（二）数字化管理举措与实践

1. 会前：约日程 + 定议题

日程中添加参会人，查看成员的闲忙时间，并约好会议时间。

从日程卡片中的"会前准备"入口，进入会议文档界面，开始会前准备工作。

@ 相关成员进行本次会议议题的填报，并给每个议题设置好了分享时长，同时导入上次周会的待办内容。

2. 会中：交流 + 控时

会议开始后，小冯跟同样在北京的成员，发起会议室投屏，同时为了避免坐在后排的人员看不到屏幕，在会议文档界面开启了线下分享。

每个议题分享人开讲时，小冯都打开了议程计时器进行会议时间的把控。

3. 线上：接入 + 共享

因为团队还有在北京的成员，因此小冯同步开启了视频会议。会议开始后，小冯发起视频会议，接入北京的成员，共享当前的会议文档，让线上成员可以一起跟随主讲人的节奏。

同时，为了让会议更好地被记录，小冯在视频会议中开启了云录制。

4. 会后：沉淀 + 跟进

会中大家的结论和需要落实的事项小冯都在会议文档中生成待办。

同时，为了让会议更好地被记录，小冯将文档沉淀在了项目组的团队空间中，以方便之后的追溯。

针对一些未参会的成员，小冯将生成的会议录制内容（含音、画、字）一并转发给了未参会的成员，从而让他们能够对会议内容进行整体回顾。

第四节 流程的数字化协同

工作流的概念起源于生产型组织和办公自动化领域,是针对工作中具有固定活动程序而提出的概念,目的是通过将工作分解成定义好的任务或角色,按照一定的规则和过程执行这些任务并对其进行监控,从而达到提高工作效率、更好控制过程、增强对客户的服务、有效管理业务流程等目的。

与之相关的概念是"审批流"和"业务流程":审批流的概念小于工作流,更侧重每个环节的审批控制;业务流程的概念大于工作流,更侧重业务流程的不断优化和重塑,以驱动绩效改进。

一、审批流概述

(一)审批流的定义

审批流是一种工作流程,也是成员协同时的一种信息确认模式,其本质是待审信息在各职能岗位的信息流转及决策过程。发起者可能是人,也可能是系统自动触发,它提供待审信息传递给相关审批者进行处理,每个审批者会基于自己的岗位职责与权限分工对待审信息进行核对、判断及协商,直至抵达最终审批权限者,流程结束。

(二)审批流的价值

在前面几节讲到的任务、文档、会议等协同,实质上都是在推动事项达成共识,而审批流则是把环节固化,并在每个环节由指定的角色行使确定职责或做出决策,最终生成的审批结果通常会触发财务、采购、资产、资料、人员等相关动作的执行。

总体而言，审批流的价值就是风控合规、固化机制。风控合规是引导申请者遵循正确的流程规范，避免违规操作；固化机制是帮助管理者规范团队的运转流程，防范决策失误。

（三）在线审批的新思想

在传统的管理场景中存在大量的纸质审批行为，但传统的纸质审批表单不方便进行数据统计与通晒，于是有些管理者为了防控风险，杜绝工作中发生"跑冒滴漏"的小概率事件，哪怕领取一件办公物品都要进行审批。产生这种管理行为是因为管理者遵循的管理理念是"控制"。

在线化后的审批不只是流程在线，更要将管理思想从"控制"改变成"协同"。因为在数字化的工作方式下，大部分行为和动作都可以产生数据，而通过数据留痕、数据回溯、数据通晒，如过程中有异常情况则可以快速追踪到有问题的环节和人，所以，在线化可以让工作方式更"简单"、更"透明"，可以事后"追溯"，而不必事事审批。

二、搭建审批流

（一）设置基础信息

设置表单的基础信息包括图标、表单名称、归类、表单说明，以及谁可以填写这个表单等基础权限信息。

在默认情况下，只有组织架构内的人才可以访问审批单、发起审批。

（二）设计表单

表单是审批中要检核和决策的主体信息，表单页面的设计过程基本实现了低代码拖拉拽的方式，表单要填写的字段可以从控件库、套件库中拖拽到表单画布中，所见即所得。字段一般需要设置必填与非必填，该字段打印与不打印等，其余属性值根据套件和控件则有所不同。

控件是标准格式的字段，系统会自动识别并限制该字段所对应的属性，例如，用金额控件做的字段，不能填写文字等其他信息；用省市区控件做的字段直接默认配置全国行政信息的下拉菜单。控件可以让表格的填写信息变得更加规范，以便于后期数据的统一管理，从而更能体现表单的智能化。常见控件见表3-2。

表 3–2　　　　　　　　　　　常见控件

控件类型	控件名称
基础控件	单行输入、多行输入、单选、多选、日期、说明文字、电话、身份证
增强控件	图片、附件、表格、金额、手写签名、部门、省市区、电子发票、账号
智能识别控件	身份证识别、通用文字识别

套件是为了满足用户在不同办公场景而提供的组合"控件",可以将一些常用的字段组合在一起解决各种问题,如解决员工入职、转正、调岗、离职的人事相关套件,解决员工外出、加班等的出勤套件,解决日常报销、收付款等的财务套件。

关联表单是指在设计流程的过程中,可以把控件设置为其他表单中的内容,通过引用的方式,帮助填写人、审批人更好地了解关联数据的过程,并给决策判断提供更多的参考依据。通常可以关联全部表单字段或部分表单字段。

(三)设计流程规则

审批的流程规则是指不同权限与分工的审批人按一个或多个审批条件进行审批,可以通过可视化流程点击相应的模块做配置,主要配置信息是审批人类型和审批条件。

1. 审批规则

(1)串行审批

串行审批是最常见、最基础的审批规则,是指各个审核节点依次逐级进行,每个节点上只能设置一个审核岗位或审核人,若审核过程中任意一个节点审核不通过就会被驳回,也就不能再进行到下一个节点。

(2)分支条件

分支条件也是实际工作中高频遇到的一种审批规则,是指某个审核节点需要根据一个条件值判断下一步的审批流向。例如,请假 3 天以内,1 级部门主管审批;请假 4 ~ 10 天,2 级主管审批;请假 10 天以上,总经理审批,这时就需要分支条件。

(3)并行分支条件

并行分支条件较为特殊,是指某个审核节点需要同时满足 2 个及以上的条件值时,才能再执行下一步,但这些条件值的流程可以并行进行,没有先后关系。例如,离职

流程。离职时需要薪酬、固定资产、假期几个流程各自完成且最终全部核对通过后，离职流程方可通过。

2. 审批人

每一个审批节点上都需要设置审批人，因受限于权限与分工，其可能是特定的审批人，也可能是具有某种角色的多个用户。常见的有发起人、审批人、抄送人等几种身份类型。

（1）发起人

通常是某个用户，也可能是系统自动触发。

（2）审批人

可能是特定的审批人，也可能是具有某种角色的多个用户。在复杂流程中还可以设置更为详细的审批人身份。

1）指定人员：指定具体人，但流程指定到具体人的问题有两个。一是复用性变差；二是一旦有人离职，容易造成流程环节的丢失。

2）发起人自选：发起人提交申请时，自行选择一个人审批。如在请假、休假流程中需要指定一名工作交接人。

3）连续多级主管：选择多级主管时，级数选择 2，那么审批会顺着组织架构的岗位层级关系连续执行。如财务费用超过 5 万元，需要连续 2 级主管连续审批。

4）部门主管：指定某个部门里的设置为"主管"这个角色的人。

5）角色：角色的本质是一种抽象，如财务角色、主管角色。抽象的好处就在于能够解耦用户和权限，解耦用户和审批人。抽象会带来更多的复用性。

6）发起人自己：表单在流转过程中会有某个时刻需要流回到发起人自己的环节确认。

7）表单内的联系人：这是一个灵活性比较高的功能，是指表单内有控件出现了联系人，在这个位置可以选为当前节点的执行人。

（3）执行人

在流程中收到的是"办理"通知，提交的时候通过意见、图片、附件确认办理，操作的动作有退回、转交等，但没有同意和拒绝操作。

（4）抄送人

流程的最后一个节点可以是结束，也可以是抄送人，抄送人是流程进度信息需要告知的人，但不要求对方产生任何操作动作。

3. 多个审批人

当审批节点出现多个审批人时，就存在多种审批结果的可能性，如全部同意、全部不同意、部分同意、部分不同意等，此时就需要设置多人审批人的规则，常见的是会签和或签规则。

（1）多人会签

审核节点需要多名人员参与审核，并且这些审核人需要全部给出审批动作，没有先后之分，全部人员审核通过之后，流程才会到下一个审核节点；这个节点上的任何一个人不同意，都会导致审核被驳回，而不再流转到下一个节点。

（2）多人或签

审核节点需要多名人员参与审核，但只需要审核人中的任意一人进行审核并通过，就视为这个节点同意，而不再需要其余人员审核，流程直接流转到下一个节点；这个节点上的任何一个人不同意，都会导致审核被驳回，而不再流转到下一个节点。

4. 审批操作

（1）发起人可以操作撤回、重新编辑、打印审批表单、下载审批表格。

（2）审批人在审批节点可以操作通过、拒绝、驳回、加签等动作，其中拒绝会导致整个流程结束，而驳回到某一审批节点、驳回至发起人、加签其他人，都可以让流程保持继续运行。

（四）高级设置

（1）自动去重。审批流程中审批人重复出现时，只需审批一次，其余则自动通过。

（2）自动通过。审批人和发起人是同一人时，审批自动通过。

（3）允许加签。开启后审批单可以新增临时审批人。

（4）审批撤销。开启后发起人可以撤销审批单。

（5）限时审批。设置审批时间限制，自动提醒、转交、同意。

（6）手写签名。开启后审批人必须手写签名方可同意审批。

（7）审批意见。设置审批功能是否必填、评语可见范围。

（8）允许代他人提交。开启后指定人员可代他人提交审批。

通过上述步骤的设置，就可以搭建并生成一个新的审批流，可直接发布到工作台、群组里供成员使用。

但在实际工作中，审批表单还需要更多的高级功能来适配复杂的工作逻辑，如"数据联动""动态流程""规则触发"等。其实，在某种意义上，这已经不再是一个审批流，更接近一个业务应用。

三、管理审批流

在搭建审批流前，首先要评估其必要性。一般来说，组织内重复发生的事情，需要多部门协同，并需要相关人员提供决策或意见时，都可以通过流程来进行管理。如人事相关的各种假勤申请、员工岗位变动调整，行政相关物品的领用、福利采购等。这些都存在需求方发起、决策方判断、执行方落实的情况，因此都可以设计成审批流，每个组织都可以根据自己的经营发展情况进行流程梳理，并对审批流程进行分类管理，既方便员工查询使用，又方便统筹管理。

事实上，并非每一个审批流程搭建完成后都能得到顺利推广。有的流程会被员工反馈不会用、不好用、起不到效果。一个好的审批流可以促进协作效率，促进信息更准确传达，让决策链路更清晰；而糟糕的审批流最终会被员工逐渐冷落，不再使用。

设计一个好的流程需要关注这三个关键点：第一，利用说明文字将关键制度、要求、标准罗列出来，让员工快速知晓；第二，准确选择控件，让员工在填写表单时更高效、更准确；第三，标注清楚流程审批节点的描述文字，明确该环节责任人的工作。通过这三部分的合理设计与管理，能够解决员工不会用、用不好的常见问题，从而让流程真正跑起来。

流程被推广后，还需要持续关注和检核流程效率，即治理流程。审批表单的创建者和相关权限的管理者都拥有审批流的管理权限。审批表单被填写提交一次，就会产生一个"实例"，这些"实例"包含的表单数据和审批数据都会自动汇总统计成为数据报表。

数字化管理师对审批流需要定期进行检核，检核内容包括审批平均完成时间、审批节点异常等待时间、审批完成率、闲置审批单、流程节点丢失等情况。数字化管理师利用这些信息,提醒、督促表单内的审批人改进审批方式,也可以检核优化表单,消除阻塞点,提高流程效率。

第五节　项目和任务的数字化协同

人与人之间的智能协同贯通着"任务",要完成任务闭环,第一步是要找到协同人,第二步是通过如会议、文档、流程等沟通协同方式进行协同信息的交互,第三步是达成共识后将产生的任务分配给相关人直到任务或项目完成。所以,任务数字化协同的关键点是任务找到人,人找到任务。

一、任务与人

在任务中寻找协同人实质上是寻找该任务的责任人需要其部门、姓名、职责等信息,这些信息分散在各处需要综合判断后才能锁定人员。如果组织规模较小且在本地办公,那么"找人"并非难事甚至可以靠记忆做判断。但现如今随着移动办公、5G通信技术的兴起,远程协作和跨组织协作日益普及,彼此完全不相识的成员之间就能开展高频沟通协作,一些大型集团组织、平台型组织的成员规模更是超过万人,这些情况都会让"找人"事件变得困难重重。那么如何快速找到人、快速了解人员的工作职责?如何快速建立人与人之间相互信任的协同关系?这是协同的主要难点。

(一) 搜索

数字化管理平台一般具有聚合搜索功能。

聚合搜索的原定义是提供一站式的实用工具——综合查询入口，除了能够对网页、图像、音频、多媒体、新闻、购物等大分类进行检索外，小至日常生活的方方面面，如天气、快递单号、手机号码、邮编、彩票、股票等信息，都可以非常快速和精准地获得查询结果。

将这一概念缩小至管理平台，聚合搜索的定义为通过综合搜索入口，可查找平台内所有与搜索条件相关的内容，包括但不限于通讯录信息、功能应用、聊天信息、云盘存储信息等，能快速、精准地找到自身权限以内所能查看到的所有关联内容。

1. 姓名模糊搜索

如果明确知晓协同人的姓名、部门、岗位，那么通过搜索栏就可以快速找到这个人。为提升搜索效率，平台的搜索普遍支持模糊搜索，不必是100%正确的姓名，可以是拼音、相似字，系统会通过算法做出推荐，与搜索条件相关的部门的人、最近联系过的人会优先展示。

2. 职能模糊搜索

某些情况下，想要找寻同事却又没有具体信息，如"我们只知道这件事需要某一业务部门协同，但不清楚具体应该找谁"。此时，可通过一种有规律的查找方式即针对某一群体进行多轮查找。由于组织架构内包含着搜索人权限范围内可见的所有成员信息，又具备极强的规则性，所以基于组织架构查找是一个常见的选择。如某会议组织者需要为参会者发放餐券，那么该如何找到行政部负责餐券发放的人呢？然而，发放餐券并不是一个专职的岗位，仅属于某岗位的一项职能，因此可通过架构搜索"行政"或"食堂"等关键词，先找到行政部的人，再通过沟通或者查看个人展示页的介绍并最终得出判断。

3. 标签搜索

组织架构的某一类人可以加上标签，搜索关键词时这些带有对应标签的人也能被推荐出来。如各部门的物品领用人、活动联络人，都可以通过这种方式被成员快速找到。

（二）设置标签

日常生活中将身边的人或事标签化已成为越来越普遍的行为。使用标签可以更加便捷地将身边的人或事进行分类、归纳、总结,在管理平台中也需如此。灵活创建标签并将对应的人员打上独特的标签,能有效地提升找人时搜索查询的准确度。

1. 设置自我标签

个人设置标签的作用就是方便被识别和被搜索。

(1)设置个人标签可以让个人特征更为明显,从而有利于特点展示,表达个性。

(2)通过浏览他人标签,协作者可以分析对方的特点、行为、喜好,从而更有利于开展沟通协作。

个人标签甚至可以是一篇文档附在自己的通讯录卡片中,叫作个人说明书,可以写一篇自己岗位职能和行事风格的个性化说明。其他寻求协作前,先浏览其个人说明书,了解其职责和风格。目前,这种模式受到了很多年轻人的青睐。

2. 设置他人备注

除了设置自己的个人标签外,还可以为他人设置备注,这种备注一般仅对自己可见。

在消息界面找到要添加标签的联系人,在其个人信息页面找到备注栏或者标签栏,填写备注信息,以便于下次快速搜索定位。

3. 设置客户标签

客户的标签更多用于客户画像及营销管理,当添加客户为好友关系后,需要通过标签来识别客户的个性化身份信息。这些标签是开展营销管理的重要辅助手段,所以,在各类平台的组织架构中,经常把外部联系人和 CRM 客户独立做标签管理。

二、任务管理

在大规模协同的工作氛围下,每位成员每天都会发送和接收到大量需要协作完成的任务、事项。根据协同闭环管理的要求,必须将这些沟通协作后的结果落实完成才视为有效协作。当只有少量任务时仅通过沟通反馈就能确认结果,但在大规模协作的情况下,人没有办法记录超量的信息,此时就需要用一个双边都可以见到的日程、任务待办来获得时间、进度和结果反馈。

在传统的办公场景中,这些功能可以用纸质列表来记录,也有人用独立小应用来管理。但在数字化管理平台中，日程和待办都属于重要的协同信息，是了解协同人时间、精力、进度的重要途径，所以这些个人时间与精力分配的信息必须与组织架构互通，并预留平台底层接口，以便于日后调用至其他应用。

1. 待办任务管理

待办任务包含的基本信息有任务描述、截止时间、任务发起人、任务执行人等。待办任务一般具有自动提醒功能，结果可以反馈到其他项目管理软件、项目群等。

2. 日程管理

个人日程表是综合会议、任务、提醒功能的时间管理工具，能够减少通知提醒的工作量，便于协同成员顺畅了解相互的时间计划。日程以日历方式呈现，通过日视图、周视图、月视图等显示方式，可以有效、便捷地规划时间。

三、项目协同

当同一时期的相关任务集中出现时，就需要考虑用项目的方式进行更高效的管理和协同。

项目管理是在项目活动中运用专门的知识、技能、工具和方法，使项目能够在有限资源的限定条件下，实现或超过设定的需求和期望的过程。项目管理是对一些成功达到一系列目标相关活动（譬如任务）的整体监测和管控，包括策划、进度计划和维护组成项目的活动的进展。项目管理包括整合管理、范围管理、时间管理、成本管理、质量管理、采购管理、人力资源管理、沟通管理、风险管理、相关方管理等。

在实际的项目管理工作中，项目周期长、员工易怠慢、进度积压等情况时有发生。因此，需考虑项目中的每一个环节并做好各种问题的备案，可以利用数字化管理手段，对现有的项目管理模式进行优化和改善。

（一）项目协同的关键环节

项目的数字化协同使内部沟通变得更快捷，从而有利于进度的监控，助力成员间互相关联与协同，同时为项目中知识的完整沉淀与储备提供了空间和便利。

1. 沟通管理

(1) 存在的问题

项目成员之间需要开展高频而有效的沟通,在未借助数字化软件的情形下,很多项目会议缺席、参会人信息遗漏、找不到关键人、信息传达不到位。即使分工足够完善清晰,也无法真正将任务落地执行。

沟通不及时。工作任务不能及时得到相关员工的回馈,无法及时得知工作进度、是否产生损失、期限是否宽裕,以致项目很容易失控;与此同时,项目工作中出现问题时下级也不能及时向上级反馈,从而导致工作停滞、进度拖慢。

(2) 数字化的解决方案

1) 沟通闭环。项目主管可以在线上设置会议纪要,重要内容逐点罗列,并在相应的分工内容下直接@相应负责人进行提醒、告知。每个成员都需要当场逐一确认内容,并确保沟通内容完整且能够清晰传达。

2) 沟通及时性。所有项目成员均在架构内关联,项目主管可设置待办,指定每个环节的期限,成员完成后打钩,从而使沟通变得简单高效;项目主管能够及时得知进度和具体情况,并及时进行处理或催促。

3) 沟通回溯。在应用数字化项目管理软件后,每次沟通都会留下完整的文本记录,包括具体日期、时间点均被清晰保留,并多设备同步,可方便随时回溯和查找。

2. 进度管理

(1) 存在的问题

目标及计划不明确。项目管理的根本任务就是目标和进度管理,但将目标分解到人,子任务跟进、催办是项目任务负责人的主要工作。

过程进度追踪难。在传统项目的运作过程中,高层管理者不可能逐一查看每个员工都具体做了哪些事,而只言片语的层层汇报根本无法得知细处工作的进度且难以验证真实性。

(2) 数字化的解决方案

1) 目标对齐。数字化工具可以帮助成员进行目标拆分和管理,并跟踪和记录目标的全部内容,支持多人在线协作编辑、实时同步、实时共享,并直观、透明地设置和展示到每个层级的目标。当得以随时看到细处拆分的目标,以及同时看到全局、整体的目标时,员工更可以保证自己的方向不会偏离。

2)过程进度追踪。数字化工具的环节指标清晰可衡量,可线上自动流转与记录,便于管理者随时查询与监控,如成员的工作状态、效率,以及任务的总体进展和细节等。可见,数字化工具具备更全面和更直接的观察渠道,能让管理者不需经手他人而承担被误导和片面化的风险。

3. 团队分工

(1)存在的问题

一个项目被分解为数十个上百个子任务,每个成员的任务量是多少?分配是否合理?关于人的产能很难量化统计。

成员获得分工任务后需要具备对应的权限和资源,这些细节管理信息对项目管理者而言很难面面俱到,因而会导致资源不足、权限不足、成员懈怠等情况。

(2)数字化的解决方案

1)量化任务。成员承担的任务个数、任务时长等数据及时统计并展示,新任务分配时可以综合考虑人员的产能情况。

2)分工和权限。项目最初启动时,借助数字化项目管理工具,线上分工可在相应任务文本下直接@相关负责人,并由其当场确认待办。同时授予其相应权限,数字化架构中权限的设置步骤非常简单,且权限明确,并保证权责匹配。

4. 知识沉淀

(1)存在的问题

项目资料整理与归档难。对项目资料的整理、归档需要花费大量的人工成本与时间精力,还容易出错。而且纸质资料需要大量储存空间,却很少被再次利用。

(2)数字化的解决方案

1)过程留痕。项目流程中各环节所涉及的沟通过程、经验等隐性知识会通过数字化线上空间直接沉淀留存,不需要占据大量的储存空间,同时保证了知识经验的完整性和及时性,有利于回溯与复盘。

2)云端存储。线上文件存储在云盘、网络空间等位置,且不再受设备限制,安全性更高；线上线下同步协同，保证了文档类型和格式的统一，而且数字化工具可一键归档或分类、排序，并能进行快捷检索，节省了大量的时间和人力成本。

（二）数字化项目协同的方式

以工程实施场景为例，利用数字化项目协同工具开展项目管理，在线的工作流程和操作方法如下：

1. 创建项目

创建一个新的项目并命名为"工程实施"，按工程实施的步骤分解为立项、方案设计、标书制作、投标阶段、深化阶段、合同签订及移交、施工、验收和项目收尾等任务模块。各个任务模块再拆解出若干子任务，如图3-2所示。

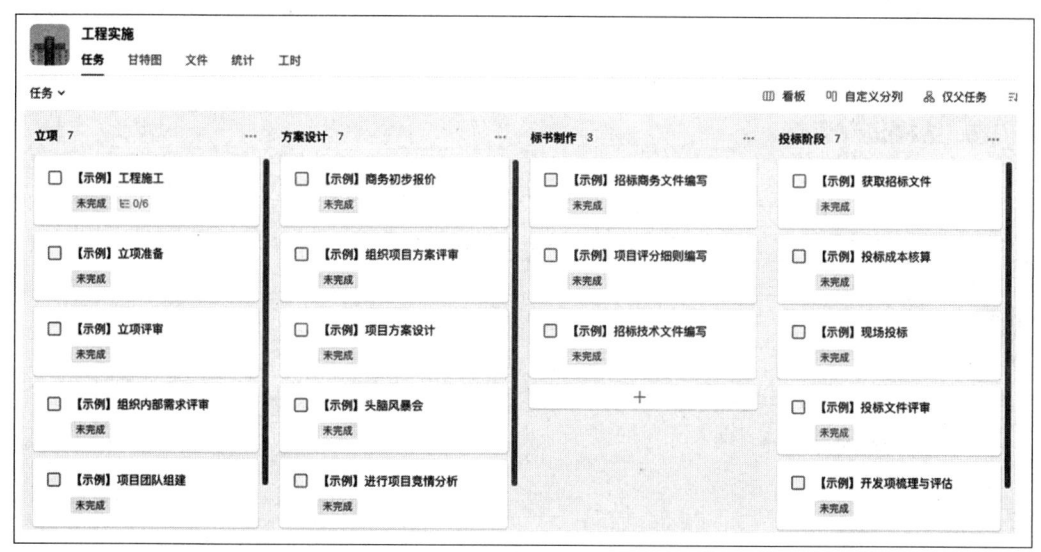

图3-2 工程实施的项目和任务

2. 添加成员

添加相关成员进入本项目，且相关人员具有对项目进行查看、编辑等权限。

3. 任务指派

每项任务均需要逐一设置任务名称、起止时间、任务责任人等基本信息，不同的项目需要的任务管理字段有所不同，可以统一配置本项目的字段名称。

4. 任务跟进

在任务推进过程中，可将补充信息写在字段里，成果文件关联到任务中，复杂度高的任务还需要进一步拆分出子任务。除此之外，各任务可能还需要添加参与人员，可针对任务聚焦讨论。

在项目推进过程中，可根据情况需要，将看板视图切换为列表视图、表格视图、甘特图等呈现方式。其中，甘特图能从时间维度显示项目的整体进度，并通过不同颜色标明了任务状态，如是否逾期、完成等，非常适合在进行项目规划和管理项目时使用。

表格视图类似一个动态的 Excel 表，其支持自定义表头，可调整表头顺序，以及对表格进行排序及导入与导出，适合批量阅览和修改等操作。

5. 关联资源

任务在推进过程中往往不是独立存在的，会不可避免地产生很多过程，以及相应的结果文件。可以把相关的文档、图片等资料关联到任务，甚至可以关联其他任务、项目或第三方应用等信息。

6. 结构化沟通

讨论框是基于某个任务 @ 相关人员所进行的聚焦式沟通和讨论，可查看任务的历史记录和动态日志，这些都将作为项目的过程资产被留存，如图 3-3 所示。

图 3-3　任务指派与沟通

7. 完成任务

当完成了某个任务，可以直接在看板页将任务打钩，表示完成任务，也可以在任务页将状态调整成【已完成】。

8. 统计数据

项目的拥有者/管理员需要查看某个具体项目的明细数据时，可以用项目统计查看项目概览、任务分布、任务走势、项目进展等数据。

需要查看具体成员的工作饱和程度时，可以查看团队成员工作的负荷情况，并合理的排兵布阵、协调资源。

第六节 综 合 实 训

实训时长：45分钟。

（一）实训目的

1. 掌握任务、文档、会议、流程、项目等数字化协同的工具特色。

2. 掌握以上各数字化协同工具的设置和应用。

3. 能解读并分析实际的管理场景，通过科学的管理方式，在数字化工具上进行搭建和实施，并推动组织数字化协同转型和落地。

（二）实训内容

业务背景

某连锁托育机构于2019年成立，目前在北京、上海、广州、深圳、杭州等多个城市设有全日托中心，共有员工300多人，专门为1～3岁学龄前儿童提供一站式托管解决方案。

企业在运营管理过程中存在以下问题：育婴师分类管理，信息收集、登记、汇总耗时又耗力，文件存档难以查阅；会议组织效率低、跨地区开会费时费力，业务申请全靠"人工"；业务流程不清晰、不透明，各个校区每月的销售完成进度无法实时统计查看，导致无法实时调整方针战略。校区运营负责人希望知道如何通过改善现状，让校区运转更高效、更便捷。

实训操作

1. 标签管理

场景1：根据家长的需求，主管需要安排相应等级的育婴师为宝宝提供在线一对一的服务，但不同级别的育婴师所具备的能力不同，那么该如何通过搜索标签找到合适的人员呢？

（1）新建标签

主管可在手机端进行人员标签的设置。找到任意一个育婴师，点击该育婴师头像，依次点击右上角【…】符号，【备注】和【标签】，标签可以进行管理和新建。

点击【+】新建标签，新建育婴师等级即特级、高级、中级、初级。找到需要添加标签的育婴师，如图3-4所示，可将每个育婴师的能力标签进行打标。

图3-4 标签设置

（2）标签调用

在标签管理界面，点击相应的标签，即可查看该标签下的人员信息，或通过搜索查看。

2. 文档管理

场景2：多部门同时编辑资料，为确保信息的准确，需要发起一个在线编辑文档（或表格、PPT），应该如何操作？

场景3：公司要在云盘里设置一个新的"公司制度规范"文件夹，并且希望这个文件夹里面的资料，员工只能看不能下载或发送给别人，请问管理员要如何设置？

（1）在线编辑

以群内发布在线编辑文档为例：打开需要创建在线编辑文档的群聊，点击群聊天控件栏中【文件】符号，可上传已经编辑好的文件或新建表格（或文档、脑图、白板），如图3-5所示。

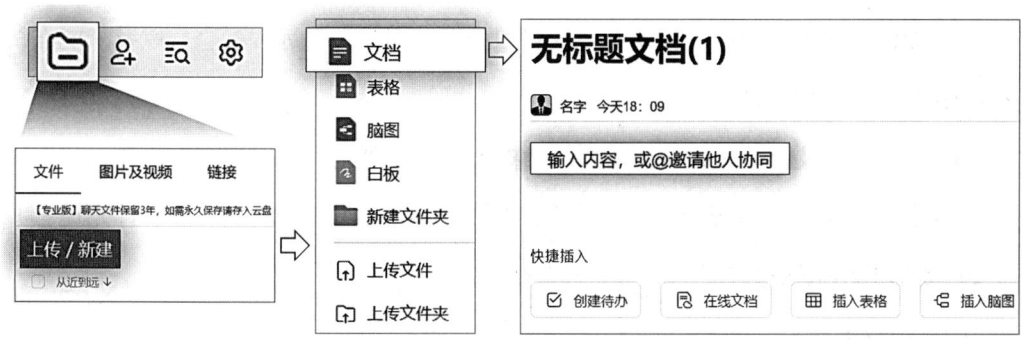

图3-5 新建在线编辑文档

（2）云盘管理

在数字化管理平台中打开【云盘】，并切换到正确的架构。依次点击【团队文件】【新建】，输入新建文件夹名称"公司制度规范"。在跳出的界面设置文件夹权限，选择可查看文件夹的人员，点击【全选】，点击【确定】，在跳出的界面设置相应人员的权限为"仅可查看"，如图3-6所示。

3. 日程管理

场景4：校长希望召开一个临时管理决策会议，第二天早上10点要开会讨论方案，部分参会人员需要远程参与，校长让秘书小毛提醒大家开会，请协助小毛完成以下操作：

图 3-6　云盘管理

1）请问小毛如何发起一个会议通知？

2）会议通知发出后，因为临时业务调整，要改到今天晚上 20:30 开始，会议室改到 207，请问小毛可以怎么操作？

3）如何开启视频会议，会议需要录制和分享，那些需要远程参会，以及未能在线参会的同事，可以怎么操作？

4）会议马上要开始了，小毛需要统计参会者的签到情况，可以怎么操作？

5）会议决定，项目规划方案交给企划部的小陈操刀，需要在 3 月 10 日完成，并需要市场部的小张知道进展，请问要怎么操作？

（1）会议通知

在数字化工具中找到日历，打开后点击【+】新建一个会议日程，编辑会议标题、会议时间、会议地点、选择参会人、编辑会议详情描述后，点击【确认】即完成会议日程创建，如图 3-7 所示。

（2）修改会议内容

打开刚刚创建的会议日程，点击上面的【编辑】按钮，修改会议日程的时间和地点，点击【确认】，完成会议日程修改。

（3）开启视频会议

在数字化管理平台中找到【会议】，打开后点击【发起会议】，点击【邀请】按钮将参会人员邀请进入会议。点击【开始会议】，即可进入视频会议。进入会议后如需添加新的参会人员，点击会议控制台下方【邀请】按钮，可继续将新的参会人员邀请进入会议。

图 3-7　新建会议日程

会议可进行录制和分享，在会议控制台下方，点击【会议录制】，可选择会议本地录制或云录制；在会议控制台左上角，点击【会议名称】，可获取会议信息，可将入会信息复制并分享给其他人或将会议直接分享到聊天。如图 3-8 所示。

（4）会议签到

打开刚刚创建的会议日程，点击【签到/签退】按钮，将弹出窗口中的二维码展示给参会人，参会人扫码签到即可。

（5）会议纪要

打开刚刚创建的会议日程，点击【会前准备】按钮，可以编辑会议记录并安排会后任务，在【会议小结】中@企划部的小陈和市场部的小张，并添加相应任务。

4. 日志管理

场景 5：市场部的销售人员需要每天打电话或面访跟进客户，公司想规范他们的客户跟进记录，请市场部经理操作。

A. 设置日志模板，日志模板的格式见表 3-3。

B. 上述日报表设置好后，总经理以后可以在哪里看到这个报表的实时数据？

C. 部门主管如何自动提醒员工填写，并获取统计结果？

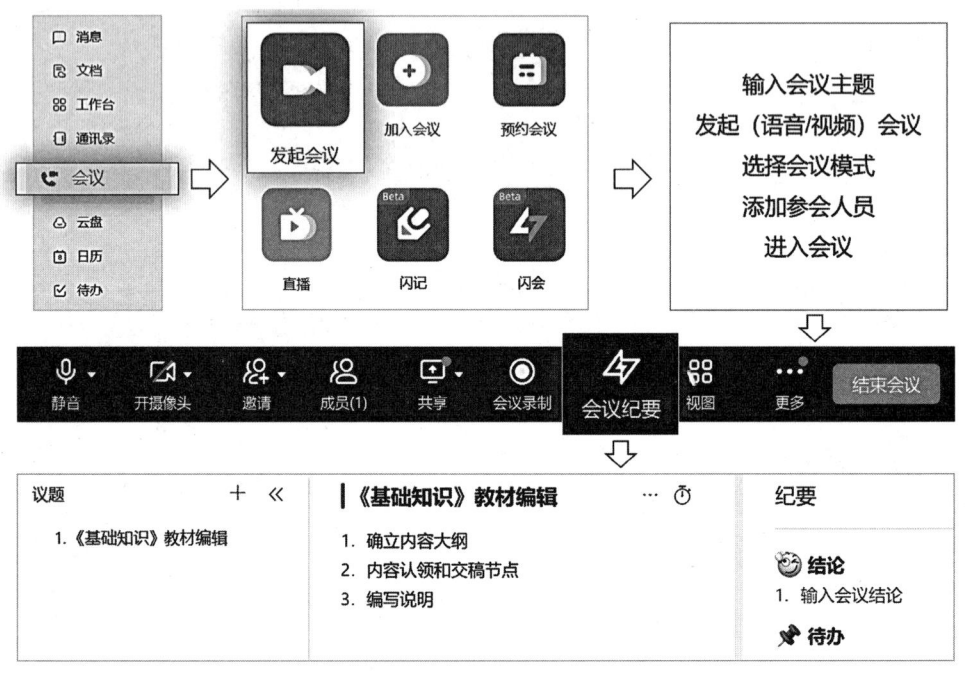

图 3-8　开启视频会议

表 3-3　　　　　　　　　　　　　日志模板

市场部　年　月　日

客户姓名	联系方式	跟进进展（陌拜、洽谈、已付定金、已付全款）	金额（元）（非必填）	负责人	我的目标	完成进度（%）
发现问题						
解决方案						
需要协调						

（1）设置日志模板

在数字化管理平台中找到【工作台】，打开后切换到正确的组织架构。找到【日志】应用并打开，进入日志管理界面。依次点击【模板管理】【创建新模板】，进入模板编辑页面，按照上述表格样式在日志模板编辑器内找到合适的空间拖拽到编辑框内，并对相应的参数进行修改和设置，如图3-9所示。

图 3-9　日志模板设置

（2）查看统计报表

在日志管理界面中，点击【统计导出】，再点击【日志查询导出】可对有管理权限的日志进行筛选，查看报表和报表下载。

（3）设置提交提醒

点击【提交结果统计】，可对员工填写提醒进行设置，设置完成后将会在响应时间自动提醒员工提交日志。

5. 流程管理

场景6：公司出台了新的请假制度，如陪产假过去是按天请假，现在可以按半天请，请问怎么调整请假条件？

场景7：公司出台了新的出差审批政策，要求提交出差时也要填写出差费用，需把这一项增加在出差审批单上，原有的审批单中没有这一项，请问出差审批单要怎么修改？

出差预算小于等于1 000元，直接主管审批；1 000 ~ 5 000元，总经理审批；5 000元以上，董事长审批。审批通过最后要同步到行政部的行政助理，请问如何设置审批流程？

（1）假期条件设置

打开数字化管理平台的管理后台，点击【通讯录】按钮，选择【智能人事】，点击【假期管理】【假期规则】，选择【陪产假】，在陪产假设置中，将最小请假单位设置为【按半天请假】。如图 3-10 所示。

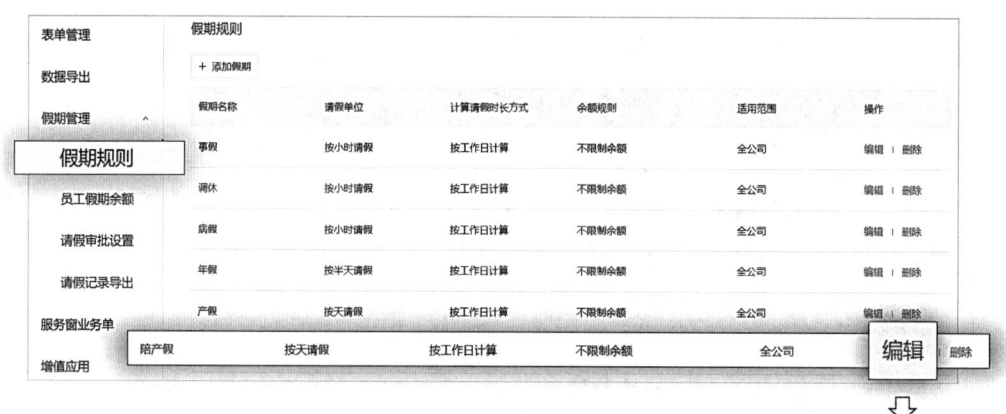

图 3-10　陪产假设置

（2）出差审批修改

在数字化平台中找到工作台，切换正确的组织架构，找到【OA 审批】应用，找到【出差审批】（没有可新建一张出差审批表单）。打开该审批表单，点击表单右上角的【编辑】按钮，在表单编辑器中对表单进行修改，如图 3-11 所示。

图 3-11　出差审批修改

（3）出差审批流程设置

完成审批表单修改后，点击【流程设计】，进入审批流程设计器。点击【添加条件】按钮增加两个分支条件，分别点击【条件1】【条件2】【条件3】进行三个分支条件的设置，完成后点击【+】号选择【审批人】，分别设置好每个分支的审批人，如图 3-12 所示。

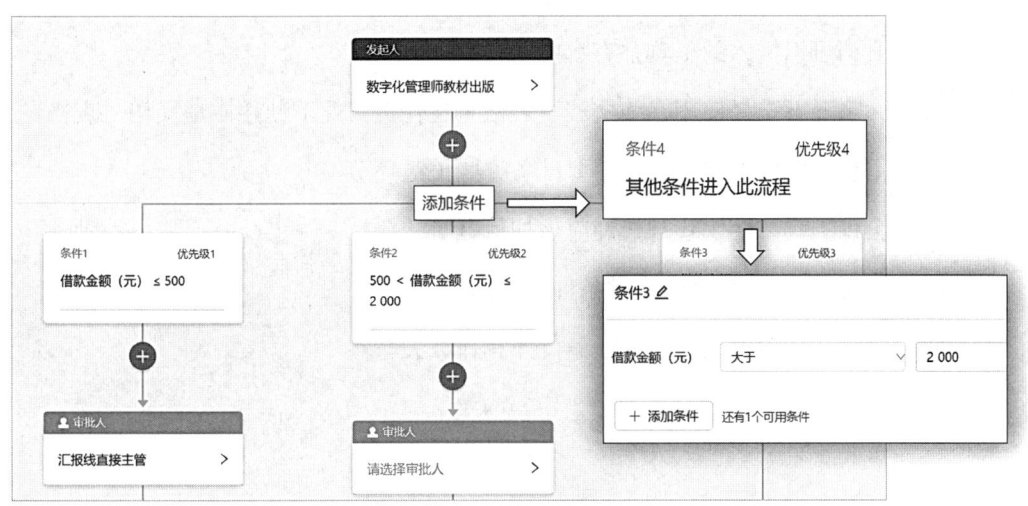

图 3-12　审批流程设置

实训总结

（1）通过对标签的分类管理、多人在线编辑、云盘的权限分配实现了企业内部与不同人员之间的高效协同。

（2）通过会议全流程应用、在线视频会议的录制和分享，实现了随时可发起并参与会议，实现了线上线下的无缝连接，从而让上传下达更及时、更有效。

（3）通过日志模板的应用便于员工工作总结、沉淀工作成果，领导也可以及时了解项目进展、业主反馈等情况。

（4）通过对在线审批流程的应用，实现所有管理流程无纸化、在线化管理，提升整体的办公效率。

（三）练习

1. 基于已经搭建好的组织架构，按照以上场景进行模拟实训操作。

2.通过这节课学到的内容展开思考，在我们自己的工作岗位上，还可以用以上数字化协同工具完成哪些在线协作场景呢？

思考题

1. 数字化协同在当前时代下的必要性有哪些？
2. 促进数字化协同被广泛接受的因素有哪些？
3. 在线文档可以插入的工具都有哪些？
4. 在什么情况下选择使用在线文档、表格？在什么情况下使用本地文档、表格？
5. 开展一次有成效的在线会议需要准备哪些关键环节？
6. 在线会议工具与会议管理机制应该如何有机结合？
7. 举例说明一种超过 10 个审批条件分支的情况。
8. 项目管理的任务看板和个人任务待办有什么关联？

第四章
数字化应用开发管理

数字化离不开一个功能完备且运营稳定的数字化系统平台,搭载在平台软件上发挥主要作用的便是各类应用。如果说平台是统一管理组织数字化和业务数字化的大脑,那应用就是真正运行和执行组织数字化、业务数字化的手和脚,它们共同为组织的管理提效和业务增长发挥作用。然而,数字化应用的构建却不是简单的事情,数字化应用的构建往往涉及非常多的维度,需要结合企业实际经营情况选择合适的产品,并基于业务现状进行数字化应用开发。

需要注意的是,本章所涉及内容都需要平台和应用的管理员权限。

- **职业功能:** 数字化服务方案的选择;提供合适的数字化产品解决业务管理问题;建立数字化业务平台服务组织发展;保障业务软件有效使用。
- **工作内容:** 基于现状选择合适的数字化解决方案,能够选择合适的 SaaS 或低代码工具完成数字化平台的搭建。能够和业务岗位的管理人员有效协同,完成数字化管理工作。对数字化平台进行运维管理,保障数字化业务软件正常运转。
- **专业能力要求:** 计算机操作能力、Office 办公能力、SaaS 软件学习能力、低代码搭建能力、数字化协同能力、业务软件运维能力等。
- **相关知识要求:** 计算机基础知识、数字化应用相关知识、商务办公知识、SaaS 软件相关知识、低代码相关知识、运维管理知识等。

第一节　应用的基础知识

不同于 IT[①] 技术人员，数字化管理师更多关注于应用和业务的匹配，发挥数字化管理平台的价值助力管理目标达成。IT 技术人员的主要工作职责侧重于网络、计算机硬件设备、软件技术开发。复杂应用开发，需要与技术研发人员合作完成。

一、应用的概念

应用是计算机软件的主要分类之一，是指为针对用户的某种特殊应用目的所撰写的软件。应用软件一般运行在各类操作系统之上。在数字化管理工作中，应用特指是运行在数字化管理平台上针对某种工作场景的专业软件，在移动端和电脑端有独立的图标入口，如考勤应用、CRM 应用、智能报表应用等。

应用如何产生？第一种方式是数字化管理平台自带应用，主要是组织管理类、沟通类和协作类等日常办公所需软件。第二种方式是从应用市场下载，一键启动的 SaaS 类标准化软件。第三种方式是通过低代码平台自建的应用，可以结合管理需求完全自定义的个性化软件。第四种方式是通过全代码开发、购买的软件通过数字化管理平台集成，生成一个图标入口，也可以视为一个应用。

---

① IT 指的是信息技术，全称为 Internet Technology，主要用于管理和处理信息所采用的各种技术的总称。

二、SaaS、PaaS 和 IaaS 的区别

数字化管理平台上有几种形态的管理软件，如 SaaS 应用、低代码平台及应用、第三方独立部署软件、企业独立开发软件等，基于它们开发逻辑不同，特点不同，各有优势。下面简要介绍 SaaS、PaaS 和 IaaS 应用及三者的比较。

（一）SaaS

SaaS，软件即服务，英文全称为 Software as a Service，代表了云市场中企业最常用的选项。SaaS 利用互联网向其用户提供应用程序，这些应用程序由第三方供应商管理，并不属于数字化管理平台所在公司。SaaS 的特点如下：

1. 在统一的地方管理。

2. 托管在远程服务器上。

3. 可通过互联网访问。

4. 用户不负责硬件或软件更新。

（二）PaaS

PaaS，平台即服务，英文全称为 Platform as a Service，为某些软件提供云组件，这些组件主要用于应用程序。PaaS 为开发人员提供了一个框架，使他们可以基于它创建自定义应用程序。所有服务器，存储和网络都可以由企业或第三方提供商进行管理，而开发人员可以负责应用程序的管理。PaaS 的特点如下：

1. 基于虚拟化技术，这意味着随着业务的变化，资源可以轻松扩展或缩小。

2. 提供各种服务以协助开发，测试和部署应用程序。

3. 许多用户可以访问相同的开发应用程序。

4. Web 服务和数据库是集成的。

aPaaS，应用程序平台即服务，英文全称为 application Platform as a Services，它是一种云服务，可为应用程序服务提供开发和部署环境。目前常见的是各类低代码开发平台。

数字化管理平台本质上属于 PaaS 层，但在实际应用中，它无形中承担了组织内数字化操作系统的角色，能承载含 SaaS 软件、aPaaS 软件等多种形态，是组织开展数字化管理的底层保障。

（三）IaaS

IaaS，基础设施即服务，英文全称为 Infrastructure as a Service，由高度可扩展和自动化的计算资源组成。IaaS 是完全自助服务，用于访问和监控计算机、网络，存储和其他服务等内容，它允许企业按需求购买资源，而不必购买全部硬件。IaaS 的特点如下：

1. 资源可作为服务提供。
2. 费用因消费而异。
3. 服务高度可扩展。
4. 通常在单个硬件上包括多个用户。
5. 为组织提供对基础架构的完全控制。
6. 动态灵活。

（四）SaaS、PaaS、IaaS 三者的比较

这三种技术方案从数据层到应用层，也需要相应的技术能力做保障，三者的比较见表 4-1。

表 4-1　　　　　　　　SaaS、PaaS、IaaS 三者的比较

标准写法		SaaS	PaaS	IaaS
英文全称		Software as a Service	Platform as a Service	Infrastructure as a Service
词语释义		软件即服务	平台即服务	基础设施即服务
提供服务	产品方	SaaS 公司提供完整可直接使用的应用程序	PaaS 公司提供应用开发的环境或部分应用	IaaS 公司提供场外服务器、存储和网络硬件等
	用户方	通常用户登录浏览器即可打开软件	用户自行开发部分或全部的应用程序	所有的环境设备、应用程序开发都由自己完成

软件服务的分层体现在以下九个内容项的提供方的差别：应用（Application）、数据（Data）、运行库（Runtime）、中间件（Middleware）、操作系统（OS）、虚拟化技术（Virtualization）、服务器（Servers）、存储（Storage）、网络（Networking）。

IaaS、PaaS、SaaS 三者的比较如图 4-1 所示。

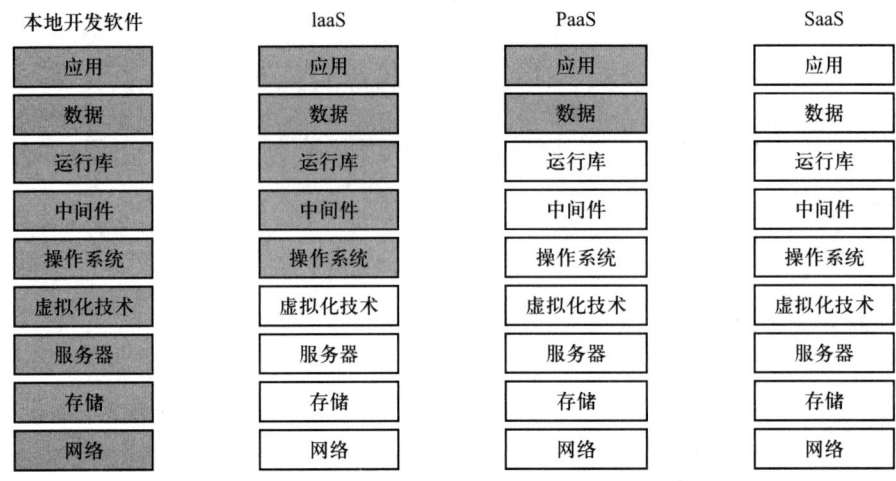

图 4-1 IaaS、PaaS、SaaS 三者的比较

三、选择应用

一个好的软件解决方案既取决于软件本身,也取决于企业情况。所以不只要评估产品能力,更要评估企业的发展阶段所能承载的软件复杂程度、资金投入程度等。

(一) IT 的成熟度

根据目前企业的实际经验,IT 团队规模与企业规模相关,选择解决方案的倾向性也会不同,见表 4-2。

表 4-2　IT 团队规模、解决方案和企业规模对比

IT 团队规模	解决方案	企业规模
0 人	沟通即业务 协同即业务	0~50 人
0 人	SaaS	0~100 人
5 人以内	SaaS+PaaS+ 第三方	200~500 人
5 人以上	SaaS+PaaS+IaaS+ 第三方	1 000 人以上

(二) ROI 要求

应用的开通与使用前需要确定代价和所获得价值的对比,也就是 ROI(Return on

Investment），一旦确定需要使用，就需要安排一系列的资源来支撑这个应用的后续服务。

（1）购买成本。费用是很多管理者的重要决策依据，免费应用一般会有人数限制、功能限制，需要多人协作的功能、高级功能通常都需要付费。某些垂直领域的专业应用，一般只提供15天的试用，后续开通应用均需要付费。如果需要开通软件接口服务或者本地化部署，都需要购买更多的专属服务。

（2）学习成本。复杂软件需要投入更多的精力学习，相关岗位职能人员才能学会操作使用，否则再多的功能也会被闲置状态。

（3）推广成本。专业应用需要对现有流程进行改造和适配，涉及大量流程梳理和再造工作。而轻量应用相对简单，但也只能满足部分需求。

各应用的价格及复杂度对比见表4-3。

表4-3　　　　　　　　　　各应用的价格及复杂度对比

	免费应用	SaaS应用	低代码开发应用	集成开发应用
费用	★	★★	★★★	★★★★★
复杂度	★	★★	★★★	★★★★★

举例：

A是一家50人的餐饮企业，有3家门店；B是一家大型知名服装企业，有10 000人、近1 000家门店。两家企业有日常给员工培训的需求，但所面临的问题复杂度不同、选择也不同。

A企业没有专门的IT人员，A企业的人事专员选择一款功能免费、视频课收费的应用，能实现基本的在线课程学习和考试积分排名功能，如果需要在线直播培训，他会选择借助群直播功能再借助报表功能收集满意度调研表，事实上培训也是他兼任的职责，这名人事专员还负责薪酬、行政等工作。

B企业每天都有大量门店在开展培训，培训由专门的部门负责，培训课程体系是自己研发的，需要统筹所有的培训课时数、培训反馈、自动指派学习，所以他们选择付费的专业SaaS培训软件，并邀请公司的IT部门对接应用开发商，定制一个通过任职考试后客户管理库容增加的功能。

A 和 B 都能解决自己的问题，且实现管理目标，他们的选择却不同，所以应用的选择是一个综合考量的结果，不存在绝对的优劣评价。

四、评估功能

企业应用是用于企业组织内部实现管理和业务目标的数字化工具，一般情况下企业应用的入口集成在企业系统平台上，不独立安装运营。

随着开放平台的蓬勃发展，这些企业应用普遍上架在各类开放平台的应用市场，企业组织可以从应用市场上选择所需应用，一键安装在本企业系统平台的工作台上，应用管理的重点不是做底层代码开发，而是如何把这些应用具有的工具功能与企业的管理场景做设置和配置，最终获得管理结果。

选择企业应用的首要考虑因素是该应用是否能实现管理目标。技术普惠让企业应用价格大幅度下降，应用场景、行业性也越发精细，选择开通使用任何一个应用，都应该回归本质——管理价值，让应用帮助决策者获取数据决策，最终实现管理提效或业务增长。

明确管理目标后，具体衡量一个应用是否为最佳选择，还需要综合考虑这个应用的数据连通性，以及应用与当前企业组织发展阶段的适配性。

（一）连通性

一个应用能否最终被企业组织内的绝大多数员工高频使用，数据连通性至关重要。随着开放平台应用市场的繁荣，企业可以很容易选择一个系统平台，并将应用开通在这个平台上，系统平台天然就具备这些优势：入口统一在工作台、调用统一组织架构、云端一体化。换言之，只要选择的是基于平台的应用方案，几乎天然就能解决数据连通性的大部分问题。但因为这些应用的成熟度不同，仍有部分问题需要关注，例如：

1. 穿透 IM 和 OA

应用的待办任务、进度提醒、数据报表推送要集成在这个数字化管理平台的消息页面，甚至自动穿透到平台的日程、待办列表等。

举例：A 是一款培训应用，培训部门的管理员计划在周二下午 5 点发起一项全员数据安全考试，A 应用具有这些功能可以提高考试管理效率：把考试链接作为工作通知推送到每个人的消息 IM 页面；在个人的日程表里下午 5 点自动生成一个"全员数据考试"日程；在待办任务清单里，自动新增这个任务。这些功能可以提升这次考试的管理效率。

2. 链接相关应用数据

每个部门都会有 3～5 个不同的应用，但一项工作通常是贯穿各个部门，也就是数据会在各个应用中"各管一段"，但如果数据也要人工导出导入，一定会带来大量的延时甚至出错。如果这个应用能链接其他应用的能力或者接口，会大幅度提升管理效率。

情景举例：B 是一款差旅预订管理应用，它的差旅管理功能很强大，员工发起差旅申请，主管审批通过后，员工可以用对公结算的账户预订机票、酒店，差旅结束后报销也在应用上直接提单报销。但差旅工作会牵扯人力资源部和财务部的工作，人力资源部核准员工考勤时，需要识别当天的考勤异常是员工出差；财务部需要根据差旅报销的科目来做账。所以 B 应用实现了差旅日期同步到员工的考勤应用，考勤状态被识别为出差，且考勤为正常。报销信息同步到财务系统，财务系统根据同步过来的数据快速做账。

（二）适配性

数据连通性是影响应用推广使用的重要因素，但最好的不一定是最合适的，还要综合考虑企业组织发展的适配性，如 IT 成熟度、复杂度、价格等相对容易得出判断。

企业应用伴随管理进步功能也不断迭代升级，解决方案甚至跨出了 SaaS 应用层，涉及 PaaS 层面甚至 IaaS 层面。需要自有 IT 团队提供日常运维保障，越是专业的应用价格越高，功能也会越复杂。

五、案例

新零售排头兵——某家居建材企业的数字化建设

（一）案例背景

某家居建材企业是中国家居建材流通行业的龙头企业，2018 年市场销售额超过

750亿元。企业经过20多年的持续发展，目前全国设有20余家分公司、300余家分店，设立各类部门组织1 800多个，管理直营及加盟店员工超14 000人。为支撑业务的快速发展，该家居建材企业从未停止建设IT系统的步伐，一方面斥巨资打造内部大ERP，建立前、中、后台架构的"智汇家"系统；另一方面引入先进公司理念与技术，建设了新零售平台，成了家居新零售的排头兵。

相较于该家居建材企业不断创新与完善的业务系统，企业内部协同系统的建设水平却相对滞后。庞大的组织带来了企业内部沟通不便、信息上传下达链路过长等问题。为使企业管理更加扁平化，组织协同更加高效，2017年底该家居建材企业使用了数字化管理平台，从组织在线入手开启了企业数字化转型之路。

（二）管理痛点

数字化管理平台的产品能力很好地解决组织在线、沟通在线的问题，但在企业流程协同、应用搭建及业务集成方面需要更专业的产品来支持，以满足集团型企业下的复杂表单及流程场景需求。比如，审批不仅仅是文件的上传下达，而是作为整个业务流程中的重要一环，需要与各个业务系统集成并实现在线化。因此，大型企业亟需一套能满足复杂场景且能低成本使用的低代码表单流程搭建工具。

基于以上痛点，该家居建材企业信息化部门开始寻找合适的OA产品，但后来发现传统OA系统虽然能满足场景需要，但产品一般较为复杂。另外，集团正在打造以数字化管理平台为统一入口的移动办公门户，这就要求所有应用和流程搭建能快速发布在该平台上，而传统的OA系统需要额外投入资源来打通产品与该平台的组织人员权限，因此传统的OA系统并不是最优选择。

（三）数字化管理举措与实践

低代码开发平台的出现为上述问题提供了全新解决方案。高度可配置的表单和流程；天然"长"在数字化管理平台上的组织人员数据；PC和移动双端适配的开发平台；强大的接口能力及可配置化的服务调用等，大幅降低了系统集成难度，减少了开发量，满足了大型企业面对复杂业务场景的应用开发需求。

企业技术架构如图4-2所示。

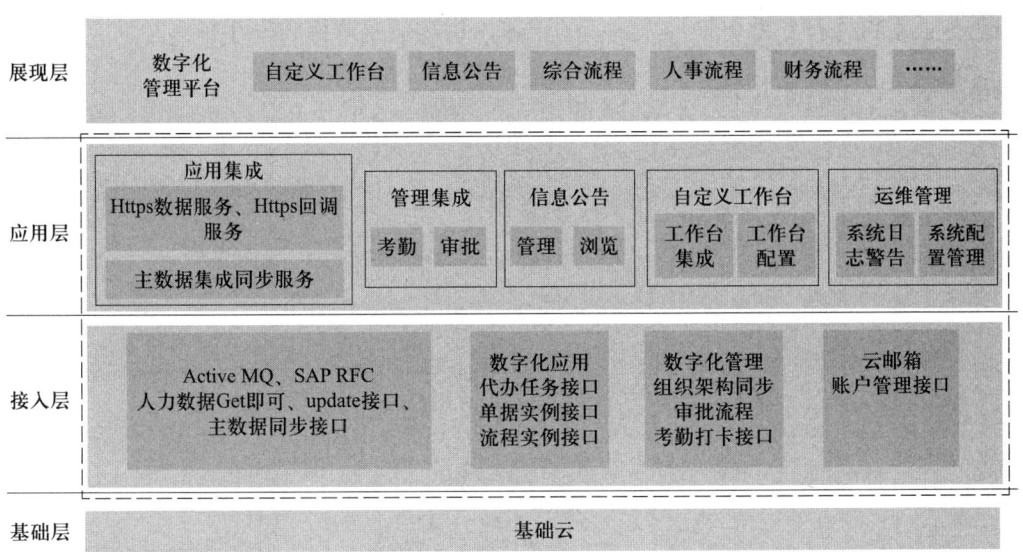

图 4-2 企业技术架构

1. 搭建行政办公流程

行政办公流程应用中包含办公和物资的相关审批流程。根据使用用户视角分为集团家居连锁流程类、外埠分公司及分店流程类、设计家网络公司流程类。行政办公应用主要搭建了刻印公章申请流程、单位间盖章流程、公文发布申请流程、借用公章申请流程、借用营业执照申请流程等。

2. 搭建办公门户

通过低代码开发平台搭建的流程展示页是 PC 端用户进入相关流程的入口。根据使用视角对所有展示页进行分组展现，分为集团展示页、北京分店展示页、外埠分店展示页、外埠分公司展示页、设计家网络公司展示页和矩阵维护展示页。

3. 数据集成

通过数字化管理平台处理人力资源、综合、行政、财务的审批流程，为了保持平台与人力资源数据的一致性，将基于 active MQ、RFC 接口将人力资源系统和财务系统与平台进行同步。同时进行定时任务同步，通过配置同步时间及频率，自动检查并同步人力资源系统至平台数据单据中，同步平台中审批实例至集成方。

（四）实施成效

该企业使用低代码应用开发的审批流程与财务系统、支付系统打通，使企业员工只需通过手机进行一键审批,而后续的记账、付款数据都将自动生成,帮助企业大幅提高了效率,节约了人工成本。

第二节 数字化管理平台

一、数字化管理平台

(一)数字化管理平台的概念

数字化管理平台是利用计算机、通信、网络等技术,把组织数字化和业务数字化相融合,实现研发、计划、组织、生产、协调、销售、服务、创新等全面在线、数据互联互通的一个量化管理平台。

数字化管理平台的目标是提高效率、激发创新、提升生产力。

数字化管理平台的发展趋势是在线化、协同化、智能化。

数字化管理平台的衡量要素是统一平台、统一账号、统一数据。按此标准衡量,多套账号、多个业务平台、多种数据孤岛等状态的平台不能称为数字化管理平台。

数字化管理平台必备功能见表4-4。

表4-4　　　　　　　　数字化管理平台必备功能

分类	数字化平台	必备功能
组织数字化	统一数字化组织	通讯录、架构、权限、账号体系、人员管理、内外连接
	统一数字化沟通	消息、群、电话、视频、直播、机器人
	统一数字化协同	文档、会议、工作流、任务、待办、日历、项目

续表

分类	数字化平台	必备功能
业务数字化	自建应用	低代码应用开发平台
	SaaS应用	应用市场、SaaS应用、人事、财务、项目、供应链
	平台管理	工作台、开放能力、集成组织功能、集成沟通功能、集成协同功能、API、连接器
	数据管理	数据分析、数据大屏、数据安全

(二) 平台的开发方式

数字化平台开发方式有多种，企业组织应根据其资源情况、技术力量、外部环境等因素选择。

(1) 自行开发。通过自行开发可以得到适合本单位需要的、满意的系统，在系统开发过程中还可以培养自己的技术力量。缺点是开发周期往往较长。自行开发需要强有力的领导，有足够的技术力量，需要进行调研和咨询。

(2) 委托服务商开发。委托开发从用户角度最省事，但必须配备精通业务的管理人员参加，经常检查和督促。这种开发方式一般费用较高，系统维护比较困难。

(3) 低代码开发。联合开发对培养自己的技术力量最有利，系统维护也比较方便。条件是企业组织有一定的系统分析和设计力量，合作双方要精密协作和配合。

(4) 购买平台软件。购买成品软件省时省力，但很难买到完全适合本企业的软件。购买软件需要有较强的鉴别能力。

以上四种开发方式中，需要根据企业发展阶段来做组合策略。

(三) 平台建设的问题与挑战

1. 集成是普遍难点

就像企业普遍需要一个固定化的场地作为办公场所，数字化组织也需要一个全员在线的平台作为日常沟通、协作、开展业务的阵地。如果沟通在A平台，文件在B平台，业务数据在C平台，这并不利于组织管理，但因为历史原因，集成是各国在数字化进程中普遍面临的问题，见表4-5。

表 4-5　　　　　　　　中国、德国和美国的系统集成难点

中国	德国	美国
两化融合四个阶段： ☐ 基础建设 ☐ 单项应用 ☐ 综合集成 ☐ 创新引领	德国工业4.0： ☐ 纵向集成 ☐ 横向集成 ☐ 端到端集成	☐ 无法快速实验 ☐ 遗留系统 ☐ 信息/数据孤岛 ☐ IT与业务线之间的合作不足 ☐ 风险厌恶文化

造成这种原因本质上是技术演进过程的遗留问题。数字化的前身是信息化阶段，信息化实现数据从纸质到计算机数据的转变，围绕单一业务的核心场景出现一大批优秀的专业性软件，这些软件由于技术底层原因，以本地化部署、电脑端操作为主，所以，各部门、各系统分批建设、分散管理，跨部门数据信息流通不畅。

2. 数据孤岛是普遍痛点

以生产制造行业为例，有数据表明在产品设计和工艺设计两个环节能够实现数据互通的企业比例达45.7%，但仅有18.7%的企业能够实现覆盖产品生命周期的数据互通。数据孤岛问题，大幅提高企业使用数据的成本，并且成本将随着孤岛持续存在时间增加而持续上升。《人民日报》曾就数据孤岛问题刊发的社论指出，消除数据孤岛、拔掉数据烟囱、补齐数据管理短板，对提升科技创新水平和效率、促进协同创新具有重大意义。

3. 技术与成本是门槛

集成的平台重要性不言而喻，但真正意义的集成平台面临大量开发工作，而开发难度高、投入成本大、时间周期长等因素让绝大多数组织无力承担转型。数字化平台建设是庞大、复杂的工程，资金投入需求大。从软硬件购买到系统运维，从基础设备更新到组织人力的培训，覆盖企业生产、运营、营销、人力资源等各个方面，需要持续不断地投入资金，而且很多投入是无形的，无法预知成效，且回报周期长，使管理者产生焦虑。

系统改造、系统接口对接、流程重塑都面临巨大的技术挑战，特别是制造行业、金融业等业务流程极其复杂，技术人员与业务人员难以同频沟通理解彼此真正的需求，进一步加大了难度。

4. 管理观念转变难

落实数字化管理模式必须注重在管理过程中以人为本的原则。数字化管理的主体是人，不要因为数字化就忘记以人为本的原则。一线员工是数字制造者，需要保障原始数字准确、及时记录；基层管理是数字处理者，需要保障原始数字的筛选、加工、上传；中层管理是数字组织者，需要保障数字的分析、判断、处理；高层管理是数字决策者，数字是最好、最公正的参谋。

5. 数字化人才缺乏

数字化最需要兼具业务与 IT 思维的复合型人才，而市场上最缺乏这类人才，具象上看主要缺乏以下三类人才。

（1）可以主导整体规划的人才

主导人往往出身于技术岗位，对数据比较熟悉，但对数据如何支撑、反哺业务缺乏一定的认识和规划。如果主导人出身于业务岗位，那又会对数字化技术、大数据不了解，无法彻底推动整体数字化变革。

（2）数据分析技术人才

数据分析是高技术含量的工作，要求从业人员掌握数据分析软件、统计学、大数据、机器学习等分析手段和工具。从事数据相关工作的人员往往对业务的理解程度不高，业务人员缺乏数据能力。

（3）能够利用数据驱动创新的人才

对数据分析如何支撑业务和驱动业务转型的理解程度不高，缺乏主动利用数据产生业务洞察并指导业务开展的意识。

二、选择平台软件

中国信息化发展进程有其特殊性，在中国并未完成信息化软件的完全普及渗透之时，移动互联网时代就已来临，移动 IM 沟通平台承载大部分原本应由企业平台提供的沟通和协作职能，造成目前数字化经济下部分组织仍习惯于在个人移动社交平台开展组织性的协作和管理。

事实上，个人社交软件无法承载数字化组织所需的管理要求。选择企业级软件而

不是个人社交型软件作为数字化管理的平台,这是基本要求。

(一)社交级软件办公的问题

1. 安全风险

在移动办公时代,安全成为关键词。很多企业和员工在使用个人社交软件进行办公,但并不知道其中存在诸多安全隐患。使用个人社交软件进行办公主要会面临以下四大安全风险:

(1)数据安全问题:内部员工泄密,公私数据混用,个人隐私难以得到保障。

(2)第三方应用安全问题:系统碎片化与兼容性问题,第三方应用质量参差不齐,第三方应用数据和隐私泄露。

(3)移动环境安全问题:服务器崩溃。

(4)设备安全问题:移动设备丢失/损坏,移动设备注册/擦除,移动设备成为病毒攻击企业数据的跳板。

案例:某公司在社交软件里建立几十个与公司业务相关的群组,每天聊着各种各样的业务,包括公司最紧急的生意、客户、竞争对手甚至战略机密。社交软件的属性就是开放的,用户可以随时更改头像和昵称,某财务人员被拉进诈骗团伙精心设置的群里,冒充财务总监的身份,财务人员毫无防备,将百万资金打进诈骗团伙账户。

2. 产品功能不足

在产品功能设计方面,个人社交软件不具备适用于办公场景的安全功能,如延时撤回、私密电话等功能;在产品体验设计上,社交软件更多考虑的是用户在聊天时的体验,不会考虑用户作为工作的一个具体诉求,如会议邀请、即时消息提醒等使用体验;在产品的网络环境中,移动办公软件针对办公使用的特殊环境构建,而社交软件的环境构建中,很难完整考虑用户使用办公的特殊环境需求。

3. 管理功能缺失

社交软件不能承载企业管理的严谨、控制和分工。企业管理的基本元素包括部门设置、权限设置、文件归档保存、业务流程管理等,社交软件的功能和企业实际安全需求相去甚远。

案例:某企业使用社交软件办公,企业群每天都有员工入职,每天都有员工离开。

对于离职员工，只是完成工作交接，收回员工卡，删除门禁信息，关闭ERP账号，但不会也不可以检查他手机里的社交软件，因为手机属于私人物品。某员工离职后，还留在新品开发工作群中，里面有公司的某个机密文件，包括新品参数和价格信息，这些信息由离职员工带到他跳槽的竞争对手公司后，竞品抢先上市，这家企业因为管理失察而错失市场机会。

（二）企业级软件办公的优势

1. 权限管理精细

企业级软件的社交活动需要更精细的权限管理，例如，两个人同属于某一个企业组织，那么，同事之间沟通是否也要添加好友才可以进行？不需要。如果同事之间的社交都需要如此复杂的验证，高效沟通与协同要如何实现？这将极大提高沟通协同难度，提升沟通协同成本，降低沟通协同效率。再如，是否允许员工直接给董事长发消息？答案依然是否定的，当企业体量足够庞大、员工数量众多时，适当避免高层管理人员的社交通路被过多占用是必然选择，部分组织中普通员工甚至没有看到高层管理人员的权限。综上所述，在企业级软件内，工作场景的社交活动将更加严谨、有规律，而呈现这一法则的关键点即是权限配置。

2. 传递效率高

社交最重要的目的就是传递信息，企业级软件内的社交更是如此。工作需要高效，而沟通是所有工作的基础，沟通是否高效决定了整个业务链条的效能高低，这一点是个人社交并不需要达到的程度。例如，个人社交场景中，发送一条消息，对方是否已读是不显示的。这在工作场景中并不实用，因为工作追求效率，所以，在企业级软件中经常会看到已读未读功能，发送的消息对方是否查看一目了然。但已读状态是否代表要立即给予回复，这需要组织内达成文化共识。

3. 云数据存储成本低

在个人社交场景下，社交过程产生的数据多数是庞杂、低价值、难归纳的，所以当前个人交产品采用的数据存储模式多数为本地存储，即将数据存储在本地终端内，这可以在一定程度上提高数据留存率，因为数据的确存在于我们自己手中。有利便会有弊，本地存储方式占用个人终端存储资源，而一部手机存储资源是有限的，定期清理手机存储空间必不可少，这就可能出现严重的数据丢失问题；而企业级软件内，部分情况下企业甚至需要追溯两三年前的沟通数据，这种情况下如果沿用本地存储方式，无疑会极大提升成本。毕竟，当前很少有企业可以实现工作手机、工作电脑完全由企业配置，手机还是使用员工自有居多，所以，企业级软件的数据存储一定是在云上，如果需要查看这些数据，便需要实现云端数据高速下载、在线查看。

4. 数据安全系数高

数据安全分为两个部分，一部分为基础存储端，另一部分为数据展现端。个人社交软件的基础存储段完全依赖软件厂商，而企业级软件则不然。当前市面主流企业级软件基本均可实现数据存储在自有云服务器上，也就是说，企业级软件的数据安全在基础存储段会出现多种可能，中小企业基本依赖软件厂商，而中大型企业可能出现数据自我运维、自我加密、自我防护的情形；个人社交软件在展现端的数据安全完全依赖于个人配置，当前主流的个人社交软件多数已经实现了展现端数据加密功能，常见的功能表现为加密空间，但是否开启这些功能完全依赖个人操作。而企业级软件的展现端往往可以实现由企业组织统一管理，常见功能有页面水印、消息透出加密、真实姓名等，这在一定程度上让数据更安全。

（三）优先选择社会化 PaaS 平台软件

随着数字经济来临，为组织提供各类软件和服务的企业越来越多，分工和职能也更加专业，建设数字化管理平台是绝大多数组织的需求，PaaS 类软件成为数字化管理平台成为主流的方案，相较于自研开发平台、单一功能管理平台，社会化 PaaS 平台软件的优势非常明显，主要有以下几个方面：

（1）成本低，实施快。PaaS 具备强大的平台底层架构，技术架构统一，自动化运维，各类组织几乎不需要再额外投入人力在基础架构搭建与维护，可以更加聚焦在企业核心特色的功能应用研发上。

（2）敏捷开发，业务热启动。相较于传统开发模式，PaaS 平台提供大量的 API 接口能力、低代码开发能力，业务方甚至可以自己动手搭建基础表单和应用模型。

（3）弹性扩展，以用户/客户运营为导向。PaaS 天然基于云端技术的存储和计算能力，具备良好的移动化属性、弹性扩展性，没有明显的技术和组织边界，真正让各类业务互联互通，甚至未来会出现跨组织、全产业链共同协作的可能。

三、启动平台软件

（一）平台的实名认证

启动数字化管理平台，首先要完成组织与个人实名认证，实名不仅能够帮助企业打造真实、有效的使用环境，而且通过相应的认证体系、企业信用体系搭建，帮助企业实现不同的权益体系。认证内容主要是营业执照以及其他证明企业真实运营的材料。

（1）登录数字化管理系统平台的 PC 版管理后台，点击【申请企业认证】。

（2）进入申请页面，点击相应的认证级别，如果满足条件，可以选择高级认证。

经过认证的组织更有利于企业间的诚信合作，也便于员工对外沟通协作，用实名制的组织印证身份。例如，企业进行招聘时，应聘者可以查询企业名片，直接确认面试者身份、了解企业情况。

（二）平台的启动配置

平台的启动配置从工作台开始。工作台又叫门户首页，是组织业务数字化转型的第一门户，是平台上正在运营和使用的应用聚合阵地，概念接近于智能手机的应用桌面、网页端的首页。可以拖拽排序、分组，便于用户快速找到应用，如审批、日志、考勤打卡等；也可以添加新闻、图片、通知等，凸显重要信息。

工作台可以帮助企业宣传组织文化、集成各类应用流程、提高员工效率的一站式组织数字化选用平台。工作台不仅集成了考勤、审批、日志、视频会议等官方工具，而且提供了丰富的第三方应用，同时还能通过 API 接入自建应用。

1. 工作台的类型

（1）标准工作台

PaaS 平台默认的工作台是标准工作台，即开即用，包含常见应用、Banner[①]等基础功能。

---

① Banner 中文意思为"横幅"，是指一种特殊类型的在线广告资源或广告图片，通常显示在网页的顶部或侧面。

(2)自定义工作台

PaaS 平台的工作台预置常用的管理应用虽然便于用户即开即用,但各个组织业务模式不同,所需常用功能也不同,这时就需要通过自定义把工作台个性化配置成一个组织专属的门户。

自定义工作台适合没有门户、对工作台体验和性能有较高要求的组织。工作台普遍采用设计器自定义的方式,PaaS 平台提供强大的低代码设计器,通过简单拖拉拽即可定制工作台。

自定义工作台面向已有门户、希望快速与平台软件集成的组织,PaaS 底座可以全开放,移动和桌面端可以将工作台导航直接内嵌 H5[①] 门户地址。

2. 工作台的价值

面向决策者:打造能宣传企业文化、提高员工效率、降本增效的一站式组织工作台。

面向管理者:通过整合组织应用和文化打造专属门户,实现向上有交代,向下有口碑。

面向使用者:解决找应用、用应用的便利性问题,满足角色、员工个性化的使用诉求。

3. 工作台的配置步骤

工作台的配置步骤主要包括以下几项:

(1)布局控件

可以按照场景、部门为启用的所有应用做分组和排序,如常用应用、人力资源、行政财务、生产制造等。这些分组目前有以下几种呈现方法。

第一,分栏式。基础方案是按部门和功能分类做分栏,好处是分类清晰,一目了然,但这种方式会导致应用类别过多时需要下滑很久才能找到应用。

第二,标签式。借助【Tab 分栏】可以实现标签式导航,可以在同一屏通过切换 Tab 标签的方式见到下一分栏的内容;使用【我的】标签,成员可以根据自己的使用需求添加常用应用。

第三,宫格卡片式。同一类型的应用组合在一个宫格卡片下,形成应用组成的二

---

① H5 是指第 5 代 HTML,是一系列制作网页互动效果的技术集合,即 H5 就是移动端的 Web 页面。

级页面。用户进入一个入口之后,只处理与此入口相关的应用,如果要跳转至其他入口,必须回到入口汇总界面。这种导航方式在工具类中比较适用,带来的问题是用户需要更多的操作路径。

第四,千人千面。多个工作台首页按部门架构指派给不同部门成员,实现"千人千面",看到各自专属的工作台布局,减少不必要应用对用户的干扰因素。

(2)功能组件

工作台是一个线上化组织的公共办公区,参照传统线下办公的功能分区,会有宣传、通知、综合入口等功能需求,工作台配置也是可视化低代码的模式,可以通过拖拉拽不同的功能组件,组合一个专属于组织的工作台。常见的功能组件有 Banner 轮播图、搜索、通知公告、资讯新闻、日志、数据看板套件等。

(3)美化

通过美化设计可以让工作台更具整体性、特色性,彰显企业文化。美化设计是工作台的高级功能,需要进入高级自定义模式,而后通过宫格、分栏等布局组件添加设计处理好的图片、图标,并添加图标对应的网络链接、应用、页面。取得更加丰富的交互效果。

工作台配置如图 4-3 所示。

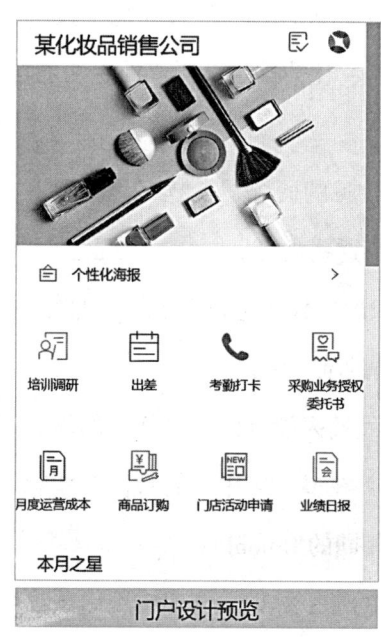
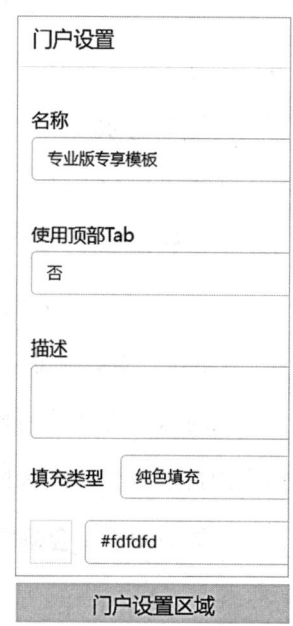

图 4-3　工作台配置

四、建立应用间的连接

(一)基本概念

1. 连接器

连接器是触发事件和执行动作的集合,能解决异构系统之间的数据孤岛问题,实现数据互通和集成。连接器是数字化管理平台实现业务数字化的重要方式,数字化管理师通过拖拉拽和订阅配置等方式,可以完成业务系统与管理平台的沟通和协同功能的连接互通。

(1)触发事件

外部系统以某种方式告诉连接平台发生了某个事件,支持定义事件的触发方式和数据格式,如通讯录新增用户的事件、CRM 新增客户事件等。

(2)执行动作

连接平台调用外部系统 API 来实现某个操作,连接平台定义操作的协议类型和数据格式,如发送工作通知、生成报销凭证等。

2. 连接流

连接流表示一个数据流转的过程,通过可视化拖拽配置、一键订阅等高效简单的低代码方式连接多个应用系统,让数据自动同步或者功能自动执行。

3. 身份标识

各类身份标识是开发时常见的概念,在数字化管理平台上成员、组织、应用有不同的身份标识名称,需要厘清这些概念。

CorpId:每个企业或组织的在数字化管理平台上的唯一标识。

UserId:组织内每位成员的唯一标识。

UnionId:是围绕应用开发商来设计的,其解决的核心问题是让应用开发商可以把同个用户(以 UserId 为标识)在多个应用中的身份关联起来。同一用户在同一个开发商的不同应用中,会被标识相同的 UnionId。

AgentId:AgentId 是应用的唯一标识。创建应用后系统会自动生成一个 AgentId。

AppKey/AppSecret:创建组织内部应用后,系统会自动生成一对 AppKey 和

AppSecret。AppKey 是应用的唯一身份标识，AppSecret 是对应的调用密钥。

SuiteKey/SuiteSecret：创建第三方的应用后，系统会自动生成一对 SuiteKey/SuiteSecret，SuiteKey 是应用的唯一身份标识；SuiteSecret 是对应的调用密钥。

AppId/AppSecret：每一个个人应用都会分配一个 AppId 和 AppSecret，该 AppId 和 AppSecret 是个人应用开发过程中的唯一性标识，用来获取登录用户授权的 access_token。

access_token：access_token 是通过数字化管理平台的接口获取信息的重要凭据。调用接口时必须携带 access_token，用于验证接口的访问权限。

（二）连接器的种类

根据连接器的提供方不同分为三类，不同种类连接器的使用范围不同。

1. 官方连接器

由数字化管理平台提供的连接器，目的是便于各系统能简单快速地接入数字化管理平台的沟通协作场景，如视频会议、日程、通讯录、审批流、云盘、低代码等，企业和 SaaS 厂商可以充分利用这些官方应用的事件构建企业级的应用系统，也可以将平台的官方数据流与其他系统进行深度集成。

2. 三方连接器

由第三方系统平台提供的连接器，目的是便于该三方系统的高频场景与平台数据互通或者与其他三方系统集成，如 CRM 提供客户数据相关连接器，财务软件提供与报销相关数据的连接器。

3. 自建连接器

如果官方连接器和三方连接器不能满足定制场景，企业可以自定义触发事件和执行动作来生成连接器。

（三）连接器的场景

连接器可以出现若干种连接场景，常见的有以下几种：

（1）官方应用与三方应用之间互通

例如，当在出差审批通过后，生成审批凭证自动流转到商旅管理应用中。

（2）第三方企业应用与第三方企业应用之间互通

例如，在应用市场上购买的 CRM 应用和财务应用数据互通，在 CRM 中管理客户，在财务软件中管理收入支出，解决企业财务决策和业务进展脱节等问题。

（3）第三方企业应用与企业自有系统互通

第三方企业提供的应用与企业自有系统互通，实现与企业自有系统的数据相互流转。例如，在 CRM 中新增一个客户时，将客户数据、订单数据同步保存到企业自己的 ERP 系统中。

（4）与 OA 审批实现互通

通过连接平台，快速实现企业自建系统、第三方系统和 OA 审批的互联互通。

数字化管理师会非常高频地操作与 OA 相关的连接器，OA 表单配置数据字段方便，而且有可视化搭建的流程环节，这些条件让连接器的执行变得简单清晰。

常见的连接器需求见表 4-6，本书主要介绍与 OA 相关的连接器需求。

表 4-6　　　　　　　　　　常见的连接器需求

功能	需求	需求场景
日程	新人入职自动发送培训日程	当企业新人入职后向入职人员发送培训日程
日志	创建日志并通过机器人同步到群	通过日志连接器，当日志创建成功后通过机器人把日志同步到群
审批	OA 审批通过后发布企业公告	通过 OA 管理后台配置公告连接器后，实现 OA 表单审批通过后发布公告
	OA 审批数据同步至企业系统	通过 OA 管理后台配置连接器后，实现 OA 表单审批通过后自动把审批数据同步到企业内部系统
	OA 审批通过后发布工作通知	通过 OA 管理后台配置工作通知连接器，实现 OA 审批通过后发布工作通知
	OA 审批通过后自动创建会话群	通过会话群连接器，当 OA 审批通过后自动创建会话群
AI	通过 AI 能力自动识别增值税发票	通过 OA 管理后台的审批单中配置 AI 能力连接器后，通过 AI 能力自动识别增值税发票，并将识别结果填充到对应表单控件中
机器人	企业系统通过机器人发送预警消息到群	基于连接器的触发事件、官方执行动作和连接流，通过机器人发送预警消息到群
会议室	会议室预定成功后发送消息	绑定会议室事件，预定会议室后发送预定信息到群内
视频会议	自动创建视频会议	通过视频会议连接器，实现自动创建视频会议
待办	给员工制定待办任务	使用待办事项连接器，通过待办给企业员工制定待办任务

（四）官方连接器与 OA 审批

初级数字化管理师需要掌握通过 OA 调用官方连接器的能力，实现企业自建系统、第三方系统和平台软件 OA 审批的互联互通。流程互通让各个系统中需要处理的流程统一到 OA 系统门户中来，一站式处理所有待办工作。

表单数据集成：通过连接器可以连接应用或系统，实现数字化平台上应用与应用、数字化平台上应用与企业内部系统的数据互通，服务互连。

流程待办集成：流程互通让各个系统中需要处理的流程统一到 OA 系统门户中来，一站式处理所有待办工作。

连接平台与企业系统关系图如图 4-4 所示。

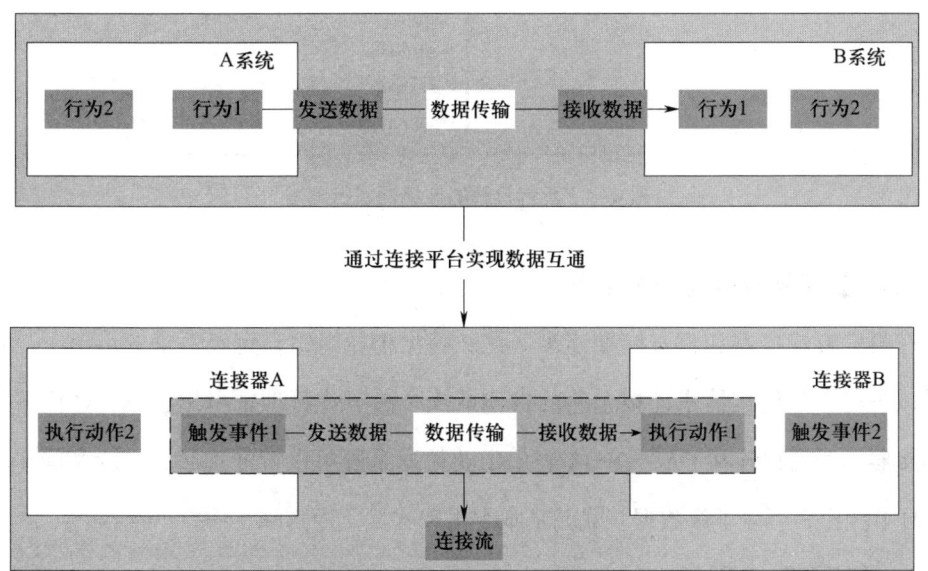

图 4-4　连接平台与企业系统关系图

例如，某组织希望在会议申请审批完成后，将该会议情况添加到相关人员的日程中。具体操作如下：

（1）数字化管理平台的管理后台进入 OA 审批管理后台，创建一个"发起会议"审批流，表单字段包括会议主题、日期、参会联系人、会议附件等。

（2）流程设计中选择【审批人】与【抄送人】，流程抄送人后，点击加号选择【连接器】，在弹出的界面中选择官方内置的【日程连接器】，连接器执行动作选择

【创建日程】。

（3）配置这个连接器执行动作的日程相关参数信息。日程标题为会议主题，选择参与人、开始时间、结束时间、创建人等，其他信息可以默认不填。

配置日程的连接器执行参数如图4-5所示。

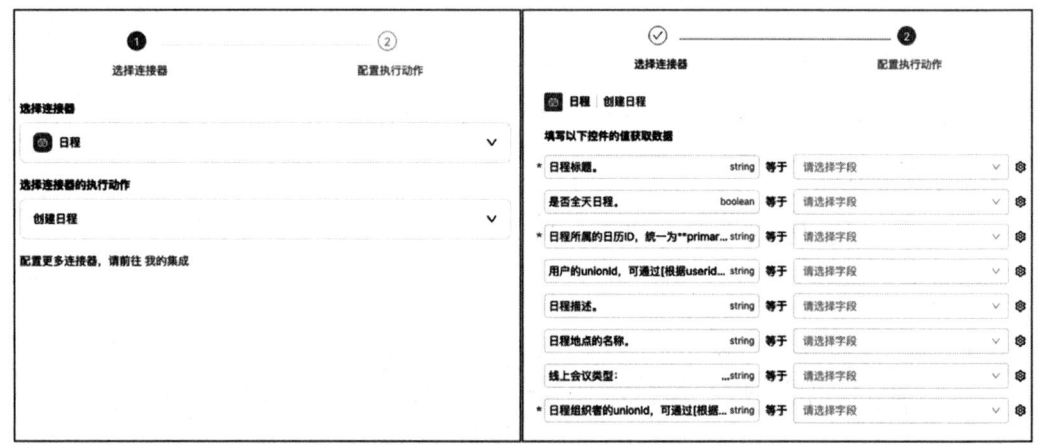

图 4-5　配置日程的连接器执行参数

（五）自建连接器与 OA 审批

在第三方连接器和官方标准连接器无法满足企业组织自定义诉求的情况下，企业也可以进行自建连接器来连接企业的自建系统。数字化管理师可以尝试自建简单的一个连接器，而后再连接 OA，让 OA 表单中的数据字段可以智能加载、校验和同步。通过本环节操作，可以了解数据互联的基本逻辑和方式，为实际工作打下基础。

1. 典型场景

OA 审批的数据可以按数据来源和去向分为三种典型场景，分别是表单的数据从外部系统加载、表单数据提交时校验、表单数据提交后同步到外部系统。这三种场景引入连接器后可以提高表单输入效率，减少差错，也可以让多系统间数据流转更高效，减少人工二次录入的动作。

（1）表单加载外部数据

典型场景：企业内部往往存在多个 IT 系统，如 ERP、CRM 等，员工在 OA 提交表单时，往往需要从外部系统加载数据，如提交订单时从 CRM 加载客户列表、从

ERP加载价目表等。在使用连接器之前，员工往往需要在系统间手动拷贝数据，降低了办公效率，同时带来了业务数据不一致的风险。

连接器方案：可以在表单上配置表单组件的数据映射规则，表单在加载时可以基于连接器的规则进行数据自动填充，这样既提高了表单输入效率，也降低了由于误输入导致的业务数据不一致的风险。

（2）表单提交时校验

典型场景：员工提交预算、订单类审批单时，有时需要在财务系统查询预算或者在供应链系统查询库存，在使用连接器前，管理员需要将第一个审批人设置成财务或者仓库管理员，这无疑增加了员工负担，并降低了流程执行效率。

连接器方案：可以配置表单提交时的数据校验规则，员工提交表单时，连接器会连接外部系统进行预算、库存类校验，并可以定制化提示文案。

（3）表单数据同步到外部系统

典型场景：员工完成OA审批后，有时需要将审批单同步到外部系统，比如出库审批单通过后在ERP系统生成出库单。使用连接器之前，需要通过开放接口接收审批数据回调，通过自定义开发将审批单数据转换成ERP表单数据，甚至是手动同步。

其中开放接口方案开发成本较高，且审批单数据变更以后，相关代码需要同步变更。手动同步效率较低，而且存在人为失误的风险。

连接器方案：可以在审批流添加连接器节点，并通过配置化方式自定义需要同步到外部系统的数据，当审批流执行到该节点时，可以按照映射规则向外部系统同步数据。

2. 自建连接器

自建连接器并应用于OA审批的步骤如图4-6所示。

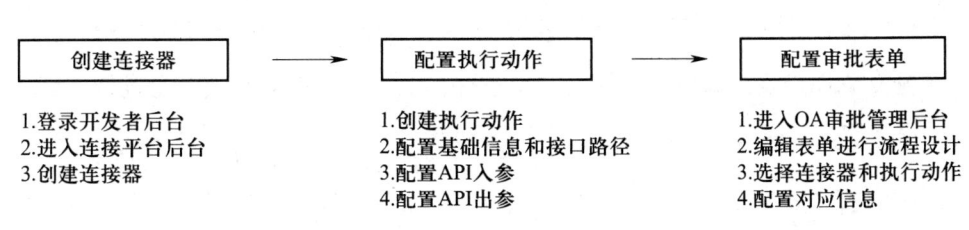

图4-6　自建连接器并应用于OA审批的步骤

（1）创建连接器

登录开发者平台，点击新建连接器，填写连接器名称即可。

（2）配置连接器

一个连接器至少包含一个触发事件或一个执行动作，并定义使用的模型数据。

1）配置触发事件。选择创建的连接器进入详情页面，单击触发事件，进入触发事件页面。

点击【创建触发事件】，填写触发事件的名称和描述，例如，采购单，选择是否加入主数据联盟。

选择加入主数据联盟，而后选择需要的主数据模型。使用直接拖拽的方式连接接口出参和主数据模型，如图4-7所示，单击保存。

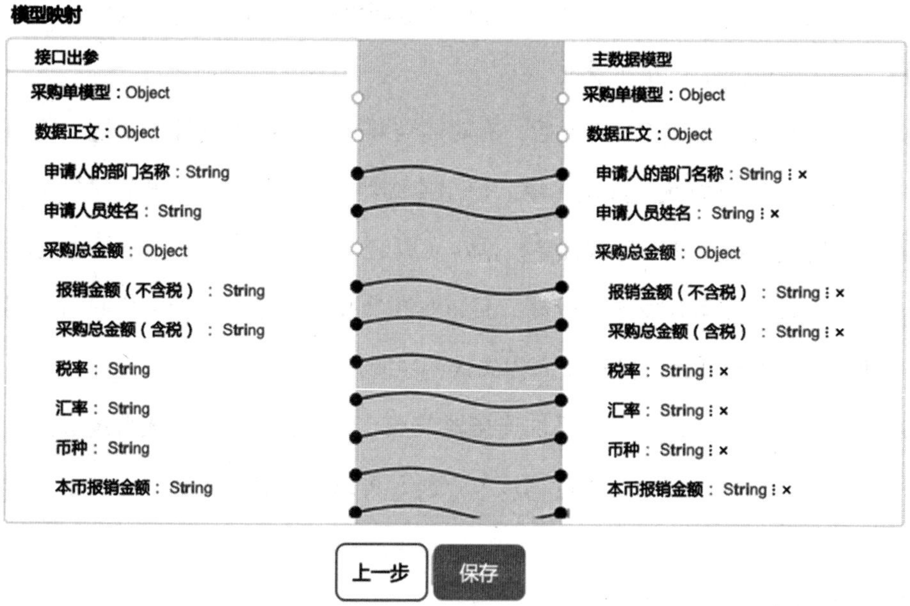

图4-7 配置映射关系

选择不加入主数据联盟，以如下方式配置触发事件数据模型，如图4-8所示。

在触发事件列表，选择创建好的触发事件，依次单击更多调试按钮进行调试，如图4-9所示。

调用发送连接器事件将本地业务系统产生的事件发送到连接器服务中，平台会将这些事件再广播转发给订阅了此事件的其他业务系统。

图 4-8　配置触发事件数据模型

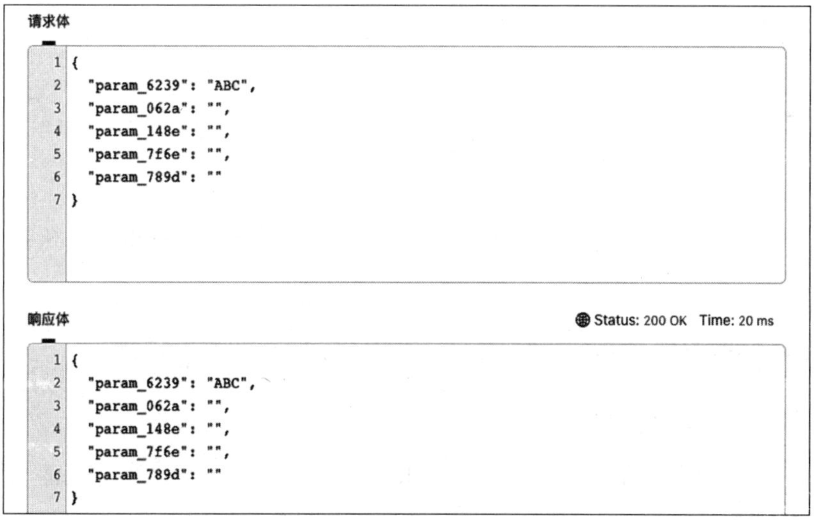

图 4-9　调试

2）配置执行动作。单击已创建的连接器进入详情页面，然后单击【执行动作】，进入执行动作配置页面。单击【创建执行动作】。

①输入执行动作的名称和描述。

②输入 API 类型请求地址。

③输入 APISecret 和动作类型。

④配置 API 入参数据模型。

⑤启用入参映射（可选。在不改变 API 入参的情况下，重新定义该执行动作对外的入参模型）。

⑥配置 API 出参数据模型。

⑦配置调用成功规范，对 API 出参进行校验，符合规范为成功调用。

– HTTP 状态码，默认 IN200，202。

– 可选择 API 出参数据模型参数进行校验，如图 4–10 所示。

图 4–10　出参校验

⑧启用出参映射（可选。在不改变 API 出参的情况下，重新定义该执行动作对外的出参模型）。

在执行动作列表，选择创建好的执行动作，单击调试按钮进行调试。

（3）配置触发事件。

选择创建的连接器进入详情页面，单击触发事件，进入触发事件页面。填写触发事件的名称和描述，如采购单等。

3. 连接器配置到 OA 审批

OA 审批调用自建连接器与官方链接器的位置和逻辑一致，在流程中添加自建的连接器，三种表单场景的配置连接器的步骤稍有不同。

（1）表单加载外部数据

举例场景：表单自动加载 CRM 客户列表，并自动填充客户信息功能。员工提交表单时，通过输入客户名称关键字实现客户检索，客户列表将填充到表单的单选列表，用户选择某一具体客户后，到 CRM 中查询该客户的详细信息，并将信息填充到当前表单的相应字段。

连接器位置：加载外部数据这个动作需要发生在表单未提交之前，所以需要在表单内容页面添加连接器。

连接器配置方法如下：

①配置连接器页面，选择【控件值发生变化】时，然后选择控件中"搜索的客户名称"，如图 4-11 所示，单击下一步。

图 4-11　连接器的触发条件

②选择对应的自建连接器和该连接器包括的执行动作，如"客户接口"，然后单击下一步。

③配置执行动作，如图 4-12 所示。

配置入参：搜索客户列表接口有一个入参"客户名称关键字"，在该实例中，该值为"搜索的客户值"组件内容。

配置出参：客户列表信息需要填充到单选框时，需要选择单选组件客户列表的后面带选项列表 ID、选项列表名称这两个字段。

选项列表 ID：表示选项的 key，类似于身份证号码，每一个选项的 key 唯一，不展示。

图 4-12 连接器的执行动作

选项列表名称：表示选项展示的值，可重复。

将获取到列表信息的客户 id 映射到选项列表 id 上，将获取到列表信息的客户名映射到选项列表名称上。

（2）表单提交时校验

举例场景：员工提交表单时自动到 ERP 校验库存功能，如果仓库没有足够的库存，将阻断员工提交审批单。

连接器位置：实现用户提交表单时到外部系统校验，所以连接器仍在表单页面配置。

连接器配置方法如下：

①设置触发条件，"表单提交时验证"。

②选择自建连接器，选择【连接器的执行动作】，点击"查询库存"，单击下一步。

③配置执行动作，首先配置入参，选择表单字段中的出库数量，表示查询库存这个执行动作，入参为"出库数量"控件的内容。接下来配置出参，选择出参字

段填充到校验结果和校验错误信息，校验结果和校验错误信息是系统默认的两个字段。

（3）表单数据同步到外部系统

举例场景：在入库审批单中添加数据同步连接器节点，入库审批单完成审批后，在 ERP 对应仓库、商品条目下实现商品数目变更。

连接器位置：表单提交甚至是审批完成后才能将数据同步到外部系统，所以连接器的位置在审批流里设置。

连接器配置方法：在流程中新建连接器，如图 4-13 所示，选择自建的连接器，选择【连接器的执行动作】为"商品入库"。

配置数据映射：根据前述接口规范，将商品数量、商品编号、商品名、仓库等接口参数与表单字段完成映射配置，如图 4-14 所示。

关闭同步调用：本示例中流程引擎无须等待数据同步结果，可以关闭是否开启同步调用。

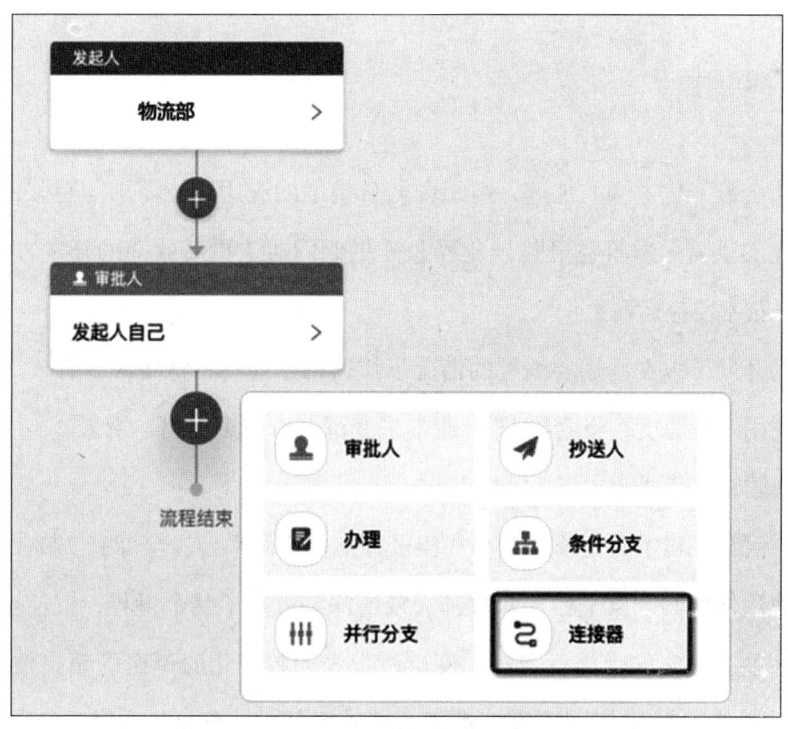

图 4-13　流程中添加连接器

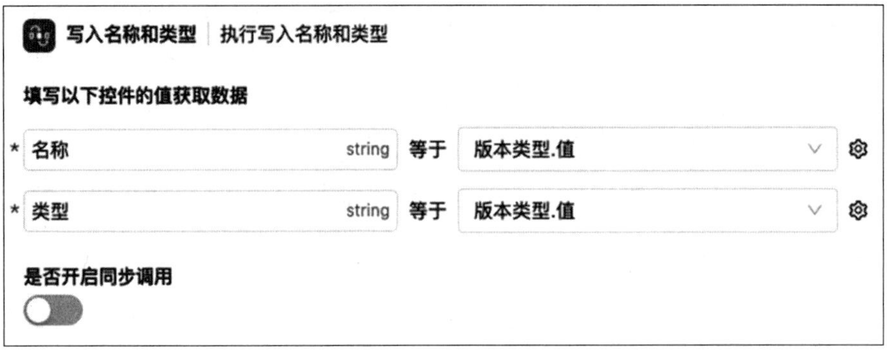

图 4-14　配置数据映射

第三节　低代码应用开发概述

随着社会数字化进程的加速，组织内与日俱增的应用开发需求与有限的技术服务供给，形成的供需矛盾日益显著，业界急需更低门槛、更高效率的开发方法和工具，由此低代码技术便应运而生。

低代码开发可以在不需要编程的情况下快速构建应用，这将减少开发人员工作时间并加快应用开发速度，将会给 IT 行业带来变革。有专家提出，未来 2～5 年，低代码平台在中国将逐步成为主流。

相关调研结果显示，全球企业都在积极拥抱低代码平台。全球有 77% 的受访企业已经开始使用低代码开发平台。新冠肺炎疫情深刻影响了整个世界，促使企业积极探索数字化转型。59% 的受访者表示，疫情所带来的数字化变革速度超出他们的预期，企业逐渐意识到，曾经习以为常的软件开发模式已经无法满足日益增长的需求。因此，积极拥抱低代码开发技术成为共识，85% 的 IT 决策者表示，低代码是不容错过的趋势。中国市场中 86% 的受访者表示,企业对开发人员的需求已经达到白热化程度。另外,78% 的受访企业表示会依靠非技术人员来缓解 IT 部门的压力。

一、零代码和低代码的概念

1. 零代码的概念

零代码是通过编写少量代码或几乎不需要写代码,就可以快速生成应用程序的一种方法和工具,借助低代码开发可以快速完成企业系统的常用功能开发,并可以快速配置和部署。

2. 低代码的概念

低代码和零代码有一个关键的区别:零代码旨在提供所有预期的功能和特性,并消除了添加或修改组件的需要,这意味着用户不需要编程知识或应用程序设计。低代码和零代码虽然在概念上有所区别,但是在实际使用工具平台方面差别并不大。目前主流开发平台基本同时涵盖低代码和零代码方式,零代码系统通常被视为低代码平台的子集。

二、低代码开发平台的概念

低代码开发平台(LCDP)的英文全称为 Low-Code Development Platform,是指围绕企业数据和业务管理需求,通过可视化方式设计数据结构、用户交互形式、设置访问权限和定义工作流程,不需要专业开发人员就可以完成应用程序开发工作的平台。

1. 低代码开发平台的功能

(1)可视化建模工具

低代码平台由内置组件提供支持,这些组件能够以任何人都能理解的格式呈现任何信息,无论他们的技术培训或专业知识水平如何。与基于代码的开发相比,这些可视化建模工具和方法不仅在为任何人提供开发能力方面发挥至关重要的作用,而且在加快创建软件应用程序方面发挥至关重要的作用。

(2)开箱即用

领先的低代码平台都配备了开箱即用功能,无须从头开始构建应用程序核心模块。

这些平台已经有一系列应用程序开发所需的模块，从数据管理到面向客户的应用程序所需的销售流程管理或服务管理。

（3）拖放界面

低代码平台一个突出的特点是它们的拖放功能，它是简化开发过程的核心要素之一。这些界面允许用户拖放应用程序的不同组件，而不必自己构建所有组件。拖放功能的好处不仅被业余开发人员利用，而且该功能对专业开发人员也同样有用。

（4）可重用性

低代码开发平台的开箱即用特性带来了可重用性元素，允许针对不同应用程序重复使用预配置的模块、组件和功能。例如，预先配置的模块包括某些核心功能，这些功能对多种应用是通用的。这些功能可以在适用的地方简单地使用，从而使应用程序开发过程更快。可重用性是这种开发方法的核心原则之一，没有它，低代码的本质就会丢失。

（5）安全

如果没有足够的安全功能，无论用户友好性或功能性如何，低代码工具都不能被视为软件开发的充分解决方案。拥有足够的安全协议可确保使用低代码平台构建的应用程序始终安全并受到保护。同时，安全功能对整个平台的安全至关重要。

（6）跨平台可访问性

强大的低代码平台配备了多设备兼容性。此功能支持在运行主要操作系统之一的任何设备上使用低代码开发平台的能力。同时，它有助于构建跨核心平台和设备兼容的应用程序。

（7）可扩展性

可扩展性是低代码系统不可协商的特性之一。此功能可以确保使用低代码方法构建的应用程序轻松适应不断增长或不断变化的业务需求，无缝地满足20名或200名用户的需求。

（8）报告和监控

低代码平台的报告和监控功能可用于监控应用程序的流程和工作流，进而跟踪其每一步的有效性。这对评估应用程序性能和分析至关重要。低代码系统具有比较监控的范围，使用户能够跟踪其他应用程序。

（9）生命周期管理

低代码工具中应用程序的生命周期管理简化了开发过程的不同阶段，从测试到调试和部署。此功能允许用户访问与应用程序及其开发过程有关的所有信息，并在必要时恢复到旧版本，以实现更好的功能和生命周期管理。

2. 低代码开发平台的特征

（1）场景化

针对越来越多以及更细化的企业管理场景，低代码应用平台为通用场景提供丰富的解决方案，例如，在疫情防控期间，员工的每日健康打卡是高频需求，通过表单收集可以完成当下员工填写时间、填写情况等的记录和收集，如此便可快速完成员工的健康管理，帮助企业做好疫情防控工作。

常见的通用场景有行政管理、疫情防控、文化娱乐、HR 助手、财税管家、营销管理、项目管理、高效生产、供应链、家校教务、行业方案等。

（2）模板化

越来越多的场景可以被标准化，这是很多低代码平台的发展趋势。不断降低对代码的能力要求，直至可以实现完全一键启用。

低代码平台发展趋势如图 4–15 所示。

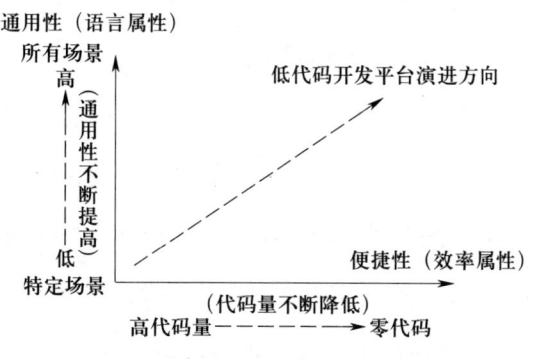

图 4–15　低代码平台发展趋势

三、传统开发与低代码开发模式对比

低代码与传统代码 IDE（集成开发环境）不同的是，低代码开发平台提供的是更高维、易用的可视化 IDE。大多数情况下，低代码开发者不需要使用传统的手写代码方式进行编程，而是通过图形化拖拽、参数配置等更高效的方式完成开发工作。

1. 传统开发的问题

传统开发的流程，从业务需求到开发测试，到最终上线，普遍需要 8 个步骤：需求提报—需求变更—系统开发—功能测试—联调测试—需求方确认—停机部署—生产验证。全流程的开发周期时间长，技术门槛高。但对于大型企业或者极其专业、复杂的业务场景，传统开发仍旧是必需的方式。

2. 低代码开发的优势

（1）能够实现业务应用的快速交付。也就是说，不只是像传统开发平台一样"能"开发应用而已，低代码开发平台的重点是开发应用更"快"。可视化页面、标准化组件等大幅度减少开发周期。更重要的是，这个快的程度是颠覆性的。根据专业公司调研，大部分公司反馈低代码平台帮助他们把开发效率提升了 5～10 倍，而且随着低代码技术、产品和行业的不断成熟，这个提升倍数还能继续上涨。

（2）能够降低业务应用的开发成本。一方面，低代码开发在软件全生命周期流程上的投入都要更低，代码编写更少，环境设置和部署成本也更简单；另一方面，低代码开发可显著降低开发人员的使用门槛，非专业开发者经过简单的 IT 基础培训就能快速上岗，既能充分调动和利用企业现有的人力资源，也能大幅降低对昂贵专业开发者资源的依赖。

（3）能够协同需求方。传统开发模式下，业务、产品、设计、开发、测试与运维人员各司其职，且各有一套领域内的工具和语言，让跨职能的需求沟通变得困难且低效。低代码开发降低应用开发门槛，让人人都能成为开发者，包括完全不懂代码的业务分析师、用户运营，甚至是产品经理，需求方和研发人员在同一个平台上用同一套"语言"沟通。普遍的协同方式是需求方通过低代码拖拉拽方式构建初步的应用程序模型，试跑优化后再与研发协同做深度开发，实现敏捷开发。

（4）能够更稳定。代码开发平台使用自动的方式生成（编译成）可执行代码，代码的整体质量优于业界平均水平。由于采用组件形式，以及面向对象的开发方式，致使代码结构化程度更高，更容易维护。

传统开发和低代码开发如图 4-16 所示。

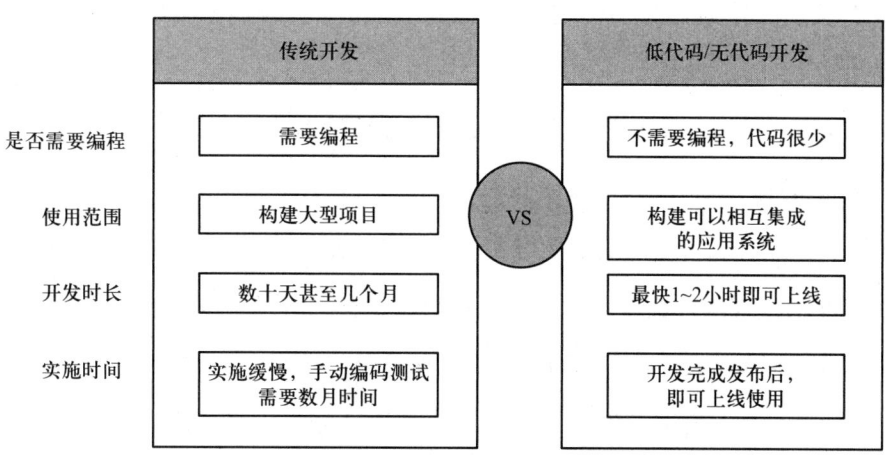

图 4-16 传统开发和低代码开发

第四节 低代码应用开发的方法

一、低代码应用的页面类型

一个应用由若干具有功能属性的页面组成，页面类型有表单页面、流程页面、数据报表页面、数据大屏页面、自定义页面等，数据和操作结果在工作表之间交互关联，最终实现该应用的业务需求。接下来介绍这几种页面的功能和设计方法。

1. 表单页面

表单页面是一种面向用户可以直接填写数据的页面类型，也是一个应用中对用户侧使用的常规页面，表单页面不具有审批、审核等流程功能，主要实现数据协作，如收集、存储、管理、设置权限、导出、删除等。

常用场景有调查统计、在线报名、销售上报、会议预约、采购入库、订单录入、扫码签到等。

表单页面一般包含表单设计、页面设计、数据管理等。

2. 流程页面

流程页面是在表单页面基础上增加了流程和审批能力的页面类型。流程页面按照预先设置好的路线进行流转,实现多人有顺序、有规则完成数据录入;可以理解为,一张表单需要由多个人分步骤共同来完成,如请假、报销、派单等。

流程页面一般包含表单设计、流程设计、页面设计、数据管理。其中的表单设计与表单类页面的操作方法一致,流程设计的方法与审批流程逻辑类似,但低代码的流程页面拥有更强大、更丰富的流程配置规则。

默认的流程由发起—审批人—执行人—抄送人—结束这几个节点组成,这与真实的流程审批逻辑一致,在每个节点可以配置丰富的规则。

3. 数据报表页面

数据报表页面是以数据汇总展示、分析为主要功能的页面类型,它可以由已提交的表单页面直接生成数据报表页面,也可以由本地 Excel 等文件上传数据直接生成,或由第三方系统数据导入生成。

数据报表的页面数据都是来源于这个应用内其他表单、流程等页面的字段,在这里完成数据的分析、可视化呈现。可以通过明细表、数据透视表等查看表单/流程表单数据的明细和汇总;通过柱形、折线、图形等对数据进行处理,显示出数据的发展趋势、分类对比等结果;通过饼图体现数据中每个部分的比例。

4. 数据大屏页面

数据大屏页面也叫数据仓、仪表盘页面,主要以图表方式呈现各类关键数据、指标,数据来源于该应用内其他页面,如表单页面、流程页面、数据报表页面等,通过一定的取数规则,按数据展现格自动呈现。这是一种多维度、图像化、实时的展示方式,可以提升数据的表现力,便于数据被观测。

数据大屏页面可以让更多的人看到数据可视化的魅力,可以让非专业的工程师通过图形化的界面轻松搭建专业水准的可视化应用。各类数据大屏的可视化模板操作更简便,可以满足常见的会议展览、业务监控、风险预警、地理信息分析等多种业务的展示需求。

页面设置在画布编辑器完成。通过画布可以实现页面的布局和配色，各图表的大小位置排布，以及应用的可视化预览，也是通过各类标准化组件完成。

5. 自定义页面

自定义页面可以通过低代码搭建展现或其他任何类型的自定义页，借助数据源或更丰富的组件实现应用 Portal、复杂业务场景页，如带有布局的首页、提示成功页、图文页面、外部链接网页等。

二、低代码应用的页面设计

（一）表单类页面

1. 表单设计

新建一个表单页面或从模板启用应用点击【编辑】，就会看到编辑状态下的表单页面，页面通常被划分为左、中、右三个功能模块，分别对应的是：

（1）组件库

组件库位于表单页面左侧，也叫【控件库】，包含大量预置的常用字段对应的控件。按照页面设计需求选择对应的控件，点击拖拉拽到中间画布即可使用。

（2）表单设计区

表单设计区位于页面中间，是创建一个表单的可视化编辑过程，直接通过拖拽排序、增加组件，且所见即所得，这也是页面最终的呈现效果。

（3）属性区

属性区位于页面右侧，点击选中画布区的任何一个组件，右边就会出现相对应的【编辑栏】，这是它的全部属性信息，可以进行参数调整，通过配置让表格实现特定功能。

2. 表单功能

从概念上理解，表单页面更接近传统办公场景下"填表"这个动作里"表"的概念，但又有所不同。纸质填表里的表内数据需要二次录入到系统，而用 Excel 或 Word 填写的表格很难限制字段格式，且这些数据独立存在，没有关联。表单页面是属于在一个应用里负责数据采集和呈现的页面，所以表单页面里用的字段不是独立存在的，这些由控件生成的字段采集到的数据与其他页面可以发生联动、调用、取数，可以直接作用和关联到后续的其他页面和业务系统。

最基础、最常用的控件包括单行文本、多行文本、单选、复选、数值、评分、下拉单选、下拉复选、级联选择、日期、日期区间、图片上传、附件、成员、子表单等。

还有一些是配置表单的高级控件，包括图文展示、部门、国家/地区、地址、富文本、布局容器、分组、关联表单、定位、手写签名等。

下面选择几个有代表性的组件做介绍。

（1）单行文本

单行文本对应的是一个表格里最常用的字段形态，可用于录入数字，如身份证号、手机号、学号、员工编号、银行卡号、会员号等，也可只输入普通的文字。

单行文本通过属性设置后，具有扫码、格式校验、计数器、一键清除、高级功能页面跳转等功能。

单行文本支持格式校验，如手机号、身份证码、邮箱、密码、网址等。

1）手机号：可录入11位数的手机号，格式会验证1开头的11位数字。

2）身份证号：需要收集身份证号时，可设置控件为身份证格式。身份证号长度为18位，前17位为自然数字；最后一位可以是数字，也可以是字母X，如最后一位是除X之外的其他字母，则不符合身份证校验。

3）邮箱：需要收集邮箱信息时，可以开启邮箱格式，参考格式：×××@×××.com。

4）密码：开启密码格式后，填写页面展示会是保密状态。

5）网址：当需要录入网址时，可开启网址格式，系统会进行校验网址。

单行文本也支持文本计数器，当开启计数器后，可设置该组件的字数上限，超出设置的字数上限后，会进行校验提示。

（2）数值组件

数值组件可用于录入数字类型的相关信息，如金额、年龄、数量等，使用数值组件录入的数字，可以用来做数字计算、统计分析和汇总等。支持设置数字的单位，如【元】【本】【页】等，可根据需求自定义单位；支持设置精确保留的小数位数，适用于金额录入的场景，可以精确金额的小数位。

（3）单选组件

单选组件可用于在有限的相关选项中选择其中一个选项，如选择性别、运动类型等场景。选项关联适用场景：想要实现选择某一选项后，展示该选项所对应的值时，可以使用选项关联，适用于合同管理、物品领用、采购等场景。若选项不确定时，可以开启添加其他功能，遇到不符合的选项时，就可以选择其他这一选项进行手动输入。

（4）下拉单选

从多个下拉选项中选择其中一项，适用于选项较多的时候，可自定义选项内容，也可用于【数据联动】或【关联其他表单】等多个场景，例如，选择请假表单内的请假类型、性别等字段时，可以用下拉单选组件。

如果需要选项来源于其他表，且在选择完选项后，将选项相关的信息填充至表单（数据关联类的场景）。比如合同管理场景中，创建合同/订单时，将关联表单组件的选项与客户表关联，关联出客户信息等。建议使用【关联表单】组件。

允许对选项做搜索，下拉选项内容过多时，可以通过搜索快速定位内容。

（5）成员组件

成员组件可获取通讯录的人员，选择人员时可使用，如设置出差申请人、资产责任人、维护人员等，可和【公式】组合使用，还可在流程表单设置审批人时使用，如发起人自选审批人。

（6）子表单组件

子表单组件是一种高级的容器组件，可以在其内部添加文本、数值、日期等组件，比如，在商品录入时，需要添加多条商品信息等场景可使用。子表单多用于录入数据时，如出库单、入库单、销售单等，其中的商品明细可以用子表单记录，可以根据实际需要录入的数据新增条数。

（7）关联表单组件

关联表单组件提供了关联其他表单数据，填充数据到当前表单组件的功能。获取关联的表单数据时，还提供了过滤筛选的功能。在本表单查看其他表单的数据，直接点击【跳转】。

除了可以选择其他表单的数据，数据填充功能支持将选中的关联数据的字段填充到当前表单的字段中。

（8）手写签名组件

手写签名组件是一个可以在移动设备端快速实现电子手写签名的组件。用手机提交数据时，通过电子签名作为表单凭证进行业务填报，如汽车 4S 店的客户信息确认等；填报正式的公文申报系统，如疫情防控期间的核酸信息申请、返乡申请等。

3. 页面设置

页面设置是对这个表单在实际使用中所涉及一些功能权限等的配置，主要包括表单基础设置、页面发布、权限配置、表单消息通知、关联列表、打印设置等。

（二）流程类页面

1. 审批人设计

（1）什么是审批人

审批人的职责是处理该节点上的审批任务，需要做出【同意】【拒绝】等决策，一个流程至少包含一个审批节点，可以根据需要自行增删审批节点。

（2）使用场景

例如，员工购买了计算机，这时需要走公司流程进行报销，那就可以提交报销申请表单，然后由财务人员决定是否报销，需要决定这个表单是同意还是拒绝或者其他，那么财务人员就是这个工作流场景当中的【审批人】。

（3）添加审批节点

进入编辑页面，选中两个节点连接线上的"+"，添加新节点，选择审批人。

（4）审批人可选类型

审批人可选类型包括指定成员、指定角色、部门主管、连续多级主管、直属主管、部门接口人、发起人本人审批、发起人自选审批人、表单内成员字段、第三方服务。

1）指定成员，指定固定成员作为审批人。

2）指定角色，指定角色审批，将多个人进行标记，可以在管理后台的首页进行设置，点击图中角色管理可以跳转到平台。同时涉及多人审批，可配置多人审批方式。

3）部门主管，指定发起人或页面中成员组件变量的主管，主管可自定义第 N 级主管。

4）连续多级主管审批，发起人提交审批后，由发起人向上的各级主管依次审批，直到审批终点。

5）直属主管，指定发起人或页面中成员组件的直属主管，可自定义第 N 级主管。

6）部门接口人，可以在管理后台的首页设置，点击图中接口人管理跳转到平台可以进行管理。

7）发起人本人审批，由发起人本人作为审批人，且不受自动审批规则影响。

8）发起人自选审批人，设置选择范围，发起人发起时可自行在该范围内选择成员。

9）表单内成员字段，根据表单内成员变量或发起人变量作为审批人。

10）第三方服务，根据第三方服务设置审批人，第三方服务可以在【服务注册】中进行填写，然后可以在流程中直接选择使用。服务在低代码平台的服务注册中进行注册才可以使用。

（5）审批人节点动作

审批人节点的动作设置可以设置【同意】【拒绝】【保存】【转交】【加签】【退回】，支持批量审批。

（6）审批按钮

审批人节点上审批按钮支持自定义配置且可配置批量审批。

（7）字段权限

配置字段权限可控制当前节点权限，可配置为"可操作""只读""隐藏"。

2. 页面设置

流程页面设置主要围绕在流程审批中涉及的功能和权限，包括基础设置、权限设置、自动审批规则、节点提交规则、任务中心、手写签名、流程模拟等。

（三）数据报表页面

1. 数据报表设计

编辑状态下的报表页面叫报表设计器，通常被划为【右侧操作栏】【组件选择区】【页面设置栏】【画布区】，其中画布区包含【筛选区】。

组件选择区提供了图表、指标卡、表格、布局、筛选等类型的组件，拖动到画布区配置数据源，就可以看到图表的显示结果。

2. 报表组件功能

（1）图表

图表组件可以直接将数据源的数据生成柱状图、折线图、饼图、仪表图、漏斗图、热力图、中国地图、柱线混合图、词云、雷达图、日历热力图等。

（2）指标卡

指标卡是显示关键的指标值，支持图标点击下钻。常用的两种形态是普通型与胶囊型，主要用于布局，可以与其他组件一起共用。

（3）基础表格

数据表格不仅展示数据，而且可以实现【动态下钻】【显示行序号】等功能，还可以对样式进行灵活调整，是一个非常强大的可视化数据工具。

动态下钻是为了针对树形结构的数据进行动态展开而出现的一种特殊的下钻形式，和普通下钻的不同在于动态下钻每个节点下到底有几层是不清楚的。例如，【财务总部】下面有一级部门【财务1部】【财务2部】，【财务1部】下有二级部门【一部子部门】；但是【财务2部】下没有二级部门，这时就要使用动态下钻，实现动态展开的效果。

（4）交叉表

交叉表是日常分析中常用的可视化形式之一，类似于 Excel。常用功能是指标计算、合计小计、快捷过滤等。例如，当需要基于时间粒度，在报表中统计一个货物仓库，对每天的收支明细和总计进行多维度的信息分析时，可以使用交叉表来自定义分析业务。

三、低代码应用的创建

（一）应用的创建步骤

创建应用是指为业务匹配一个应用，实现业务目标。所以首先是拆解业务需求，其次是正式创建应用的技术操作环节：基于业务需求创建表单 > 基于业务流程设计流程 > 成员权限管理 > 成员按流程填报数据 > 表单数据展示与分析。具体流程如图4-17所示。

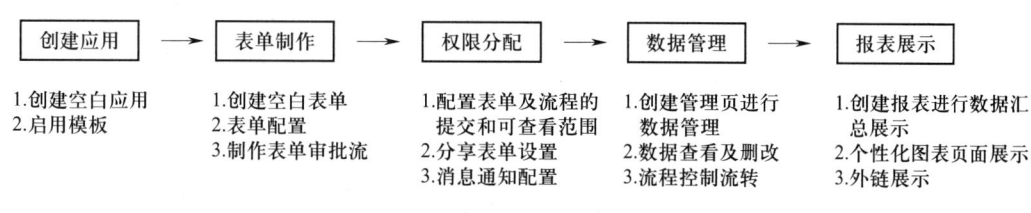

图 4-17 应用开发流程

（二）低代码工作台的管理

低代码应用开发平台的工作台有【创建应用】的入口，如果没有说明未被分配管理员权限。

获得权限后，可以在这个工作台生成、管理、运行控制应用，这也是应用的整个程序生命周期的管理中心。低代码工作台主要包括模板中心、应用中心、我的应用、任务中心、管理设置等功能模块。

（1）模板中心

模板中心展示该平台提供的低代码模板，模板是把高频出现的场景所需的页面标准化封装，通过一键启动模板创建应用，可以在模板的基础上做修改编辑，加快创建应用的速度。

随着低代码开发的普及，越来越多的场景实现了模板化，模板中心提供的模板几乎覆盖全部管理场景，如行政管理、疫情防控、文化娱乐、HR 助手、财税管家、营销管理、项目管理、生产管理、采购供应等。

（2）应用中心

应用中心展示该组织架构在平台上所创建的全部应用，架构成员具有相应的访问权限，平台管理员具有该架构下所有应用的管理权限，包括管理、创建、编辑，查看数据等权限。

（3）我的应用

我的应用展示该用户创建的全部应用，默认创建者具备该应用的编辑、查看数据等权限。

（4）任务中心

创建的应用被使用后，产生的审批任务主要包括待我处理的、我已处理的、我创建的和抄送我的。目前大量低代码平台集成到数字化管理平台后，任务可以统一推送到数字化管理平台的任务列表，不再单独展示。

（5）管理设置

这是平台管理员可见的页面，在这里配置低代码平台的相关权限和看到平台上的信息，包括基本信息、企业效能、角色设置、接口人设置、消息通知、服务注册、连接器工厂、平台权限管理、用户账号授权、应用分发管理等。

（三）从模板生成应用的方法

通过从模板生成应用的流程可以看到一个应用发布最基础的环节。点击【创建应用】，可以选择"从模板创建"，各种业务场景模板已经建好页面，再进行一定程度的自定义修改或者扩展，就可以获得业务所需应用，具体操作如下。

1. 进入模板中心

在模板中心列表中选择符合自己业务场景的应用，点击后，可以看到这个应用预览图片，还可以点击【体验一下】，看到真实的应用页面效果，了解是否能满足需求。

2. 启动模板

选择好模板后，点击右上角的【启用此应用】，就可以进入该页面的编辑设计页面。如果【启用此应用】是灰色的，说明管理员未分配权限。

3. 编辑模板

启用后的应用模板普遍是使用状态，现在这个系统只能填写测试，不能编辑更改，如果修改页面，需要点击该页面的【编辑】按钮。

4. 页面编辑

进入对应的表单页面，编辑完毕后，可以点击预览观看效果。

编辑完页面预览或发布状态，这个状态下可以看到最终页面效果并执行用户侧的操作填写，如果需要编辑，则需要返回编辑状态下的设计页面。

5. 发布

依次找到我的应用＞选择应用＞点击上线。上线的应用不再需要使用时，可以选择将应用下线以停止使用，但不会删除该应用已经提交的数据，数据可以继续在数据管理页查看。已下线的应用可以再次点击上线以恢复使用：我的应用＞选择应用＞点击下线。

以用户的身份填写提交，再以管理者的身份审批，没有流程问题后，这个应用就成功上线，可以推广给同事使用。

6. 发布到工作台

测试应用没有问题后，可以发布到数字化管理平台的工作台，供其他成员一起使用。首先要确认是上线状态，点击【发布到工作台】，选择工作台分组及可见范围，最后点击确认即可。

（1）发布到【全员】的会在【全员】列表中出现，全员可见。

（2）发布到【我的】的会在【我的】列表中出现，只有自己可以看见。

（3）如果发布到其他模块，比如【安全复工】，那也会在对应的模块中出现。

事实上，为了让应用能完全匹配业务需求，不仅需要设置应用来控制详细的执行动作，而且需要在每个表单页面设置规则，甚至为每个字段设置规则。每一个应用设计都是反复多次与业务调试的结果，而低代码丰富的可配置规则让每一次调试用最低的时间成本和沟通成本得到更贴近业务的应用。

第五节　应用管理的方法

一、应用上线与推广

企业内部应用有其特殊性，因为用户就是自己的员工，员工在组织内工作使用岗位应用是必需环节，所以许多人认为内部应用、软件无须推广，直接下达一个全员通知启动即可，无论其体验如何。事实上，内部应用功能虽然是员工工作环境的一部分，但如果应用的体验不好、功能不健全、一样会被员工"冷落",甚至他们会选择用传统的工作方式继续工作,而不是去硬着头皮适应一个不友好的新应用。

无论是推广一个 SaaS 应用还是自建一个应用,都应该遵循设计—测试—上线—培训—迭代的闭环管理方式。

(一)员工参与设计

在应用需求和设计阶段加强用户参与,不断验证设计思路,就避免了直到系统实施完成甚至上线之后参与用户首次亲密接触却"见光死"的情况,保证了系统的价值性、可用性。通过用户参与设计,也让这些用户对参与设计的系统有了感情,在系统上线推广时会得到更多助力。

(二)业务测试

执行业务测试时,要考虑的因素有集中测试还是分散测试,业务测试的时间、地点,参加业务测试的人员,以及业务测试用例和测试数据准备。以集中业务测试为例,共 5 个步骤。①演示待测试系统,介绍测试流程和要求。②参加测试人员开始按照业务测试案例进行测试,记录测试意见。③业务测试意见反馈。④业务部门收集业务测试意见并反馈给信息部,然后双方共同讨论确定哪些是系统 bug 要改正,哪些是需求变更并确定是本期修改还是下期修改。⑤进行系统 bug 修正和验证时,信息部修正系统 bug,然后提交业务部门验证,如果还有问题就重复步骤 3 和步骤 4。业务测试验收通过后,系统符合上线要求。

(三)上线和培训

完成设计和测试环节后,需要上线发布该应用,这个环节按后续软件运维管理的章节具体说明。

二、SaaS 应用管理

随着技术进步,近些年在中国产生大量适配本土管理的场景化应用,以 SaaS、PaaS 模板等方式搭载在数字化平台上。事实上,在企业经营管理中遇到的各类问题几乎都能找到与之配置的应用软件。所以,数字化管理师要对问题做出判断,在不同价格、不同特性的产品中找到与之匹配的服务方案。

（一）选择 SaaS 应用

数字化管理平台的应用市场上的 SaaS 普遍提供试用体验服务，试用时长从 15 天到 1 个月不等，在体验试用时能正常使用相关功能，试用期结束前续费相关数据可以保留。是否选择该应用，需要综合考虑费用、功能、数据等因素。

1. 费用

SaaS 的计费方式分为计量、分级收费、周期性收费等模式，甚至混合几种计费方式，需要提前了解清楚，见表 4-7。

表 4-7　　　　　　　　　　SaaS 计费方式

计费方式	解释	举例
按人数收费	根据可以使用该应用的人数计费，企业需考虑使用人数或者人数区间，可以只授权给架构内指定部门使用	100 人：500 元 / 年 200 人：1 000 元 / 年
分级收费	根据功能不同计费，分为基础版、高级版、旗舰版等。可以按需使用，不必为不需要的功能付费	基础版：免费 高级版：1 000 元 / 年
周期性收费	按时间周期收费，一般时间越长越优惠。到期后随时取消，分摊成本低	15 元 / 连续包月 20 元 / 月
按量收费	按服务的消耗量级收费，如按云盘容量、短信条数、数据提交量。需要提前预估消耗的量级，以防超出预算	1T：5 000 元 2T：8 000 元

2. 功能

同一功能类型的 SaaS 功能仍然会有所差别，选择 SaaS 时需要综合考虑功能能否满足自身需求，如行业、企业规模、功能复杂度、特殊功能要求等。

（二）开通与使用 SaaS 应用

SaaS 应用的开通与使用比较简单，常规操作步骤如下：

（1）打开数字化管理系统平台。

（2）找到这个平台的应用市场（通常在工作台有入口）。

（3）按分类找到所需应用。

（4）点击应用选择【免费开通】或者【联系管理员开通】。

（5）选择开通这个应用的【组织架构】【使用范围】，并选择【显示在工作台】【数据互通】等选项，点击开始使用。

（6）切换回到工作台，找到刚才新开通的应用，全员可以点击这个应用进入具体

工作操作。

通过以上 6 步操作，数字化管理师开通了一个为全员所用的应用，相比于过去购买一个软件的决策，大大缩短了时间。但琳琅满目的应用如何选择，就变成了一个重要能力。

例如，A 企业是一家 2014 年创立的智能汽车公司，刚成立时总共不到 10 个人，在数字化办公管理上既没有专人做开发，也没有预算，但 A 企业全员都希望建立数字化的工作方式和管理方式。所以他们没有购买本地化部署的软件，全部采用免费、SaaS 化的软件，随着业务发展，公司快速发展到 4 000 人，在这个过程中逐步开通一大批应用，如智能通讯录、智能招聘、智能培训、智能绩效、智能薪酬、AI 实时翻译、智能会议室、智能邮局、智能餐券、智能商旅、智能开票、实时数据报表等。后期还在数字化管理平台上逐步开发出智能车辆制造管理的全系统。

A 公司是典型的数字原生企业，这种企业组织没有经历信息化的发展阶段，所采用的解决方案大量基于云存储、移动端、低代码、连接器、SaaS 化等组合方案，快速实现业务场景线上化。

（三）配置 SaaS 应用

SaaS 应用的管理员权限，配置入口位于该 SaaS 应用的前端界面。具有平台管理员权限的人可以在前端界面看到【权限管理】【系统设置】等功能模块。

（1）点击进入后，同步平台的通讯录，也可以同步平台通讯录里的角色和架构。

（2）勾选通讯录的账号，指定 SaaS 的管理组成员。

权限设置完毕后，需要对业务流程进行梳理，做业务上线配置。

（1）先梳理内部的系统使用场景。

（2）基于使用场景整理基础数据。

（3）基础测试（导入数据、调试流程、建立报表）。

目前 SaaS 应用对业务的个性化定制功能逐渐丰富，建议联合业务方一起梳理应用功能和业务流程。SaaS 应用普遍是所见即所得，业务方熟悉软件操作后，更便于独立维护管理应用。

（四）管理 SaaS 应用的数据

SaaS 软件基本用云端服务器。数据存放方式：云端保存（多为公有云）；数据使用：支持导入、导出为主，线上提供数据整理工具（包含图标和透视）；数据期限：保存周期常规为 90 天一次备份，实际有效期到 SaaS 软件版本期当天。

（五）停用 SaaS 应用

以平台管理员身份登录数字化管理平台的【管理后台】，找到工作台中这个应用，点击该应用的可见范围，改为【停用】，用户在工作台仍可见这个应用，但点击会显示该应用已停用。

为了避免员工困惑，还需要在数字化管理平台的前端【工作台】界面点击【管理】，【停用并删除】这个应用。

三、典型应用的类型介绍

在企业组织数字化进程中，管理者会根据企业组织的发展需要为企业组织开通相应应用。常见的企业应用包括财务类应用、OA 类应用、ERP 类应用、CRM 类应用、人力资源管理类应用、数据储存和分析类应用、项目管理类应用等。

随着云计算和移动设备的高速发展，越来越多的企业组织在选择 SaaS 应用、低代码自建应用，不再选择维护费用高昂的本地化部署的软件。因为这类应用成本更低、使用简单，企业组织内各个部门开始广泛使用这些应用为管理提效，所以垂直细分场景的应用开始涌现，如积分管理应用、防疫管理应用等。

（一）财务类应用

财务类应用是指专门用于完成会计工作的应用。主要立足于企业财务账目、企业资金账户、企业收支状况等方面的管理，用途明确，使用很简单。财务软件有助于会计核算的规范化，有助于带动财务管理乃至企业管理的规范化，从而提升企业管理水平，提高企业经济效益和会计核算工作效率，降低会计人员在账务处理方面的工作强度，改变"重核算轻管理"的局面。减少工作差错，便于账务查询。

（二）OA 类应用

OA 的英文全称为 Office Automation，即办公自动化应用，是指人们利用电脑和手机进行全自动办公，目的是提高效率。OA 的核心问题是如何提高日常的办公效率，如文字处理、流程审批、文档处理等。在基础 OA 的应用上，可供企业组织自行灵活定义符合自身需求的管理工作流程、知识目录架构、信息门户框架，以更便捷、更简单、更灵活、更开放地满足日常 OA 办公需求。通过应用将制度更好地规范、执行、监督起来，进而简化办公事务、规范办公流程、提高办公效率、降低办公成本，对企业发展起到积极促进作用。

（三）ERP 类应用

ERP 的英文全称为 Enterprise Resource Planning，就是企业资源规划。ERP 系统是指建立在信息技术基础上，以系统化的管理思想，为企业决策层及员工提供决策运行手段的管理平台。它是从 MRP（物料需求计划）发展而来的新一代集成化管理信息系统，扩展了 MRP 的功能，其核心思想是供应链管理。它跳出了传统企业边界，从供应链范围去优化企业的资源。

（四）CRM 类应用

CRM 的英文全称为 Customer Relationship Management，就是客户关系管理。CRM 就是通过对客户详细资料进行深入分析，以提高客户满意程度，从而提高企业竞争力的一种手段。CRM 最大限度提高了整个客户关系生命周期的绩效。CRM 整合了客户、企业、员工等资源，对资源进行有效、结构化的分配和重组，便于在整个客户关系生命周期内及时了解、使用有关资源和知识；优化了业务流程，使企业和员工能够把注意力集中到改善客户关系、提升绩效的重要方面与核心业务上，提高员工对客户的快速反应能力；也为客户带来了便利，客户能够根据需求迅速获得个性化的产品、方案和服务。

（五）人力资源管理类应用

人力资源管理类应用可以协助管理公司人力资源。它必须包括一些核心的人力资源管理业务功能，如招聘、薪酬管理、培训（或者在线学习）、绩效管理等；它的使用者，除了一般的人力资源从业者外，普通员工、经理及总裁都将与人力资源的基础平台发生相应权限的互动关系。

（六）数据储存和分析类应用

数据存储和分析类应用是指为企业和个人提供海量、非结构化数据的长时间储存、备份能力，并能够随时提供在线数据分析和结果，以帮助企业从层出不穷的大数据中寻找商业机会。

（七）项目管理类应用

项目管理类应用能简化工作流程，提高工作效率，方便团队管理，还能及时沟通反馈信息。项目管理类应用可以轻松且有条理地完成任务指派、提醒和标记已完成工作等任务。

四、典型应用的功能介绍

（一）人力资源管理类应用

1. 人力资源管理类应用的价值

优秀的人力资源管理系统，是汇集了众多成功企业先进的人力资源管理理念、人力资源管理实践、人力资源数字化系统建设的宝贵经验，以先进的信息技术，实现对企业人力资源信息的高度集成化管理。

（1）提升工作效率。

人力资源工作常常涉及大量基础信息的数据统计和分析工作，如员工管理、薪酬计算等，传统的纸质信息、Excel表格信息的处理效率低，人力资源管理系统基于在线化、自动化、智能化的功能，可以大幅度提升人力资源工作者的效率，员工的操作使用效率。例如，发放工资条，传统的方式是用表格逐一截图员工的工资条再通过邮件发送，采用人力资源管理系统后，系统自动匹配组织架构信息和工资信息，定向推送加密的消息给员工，既方便又安全。

（2）提高便利性。

人力资源的很多工作内容与员工的日常工作行为息息相关，如考勤、社保、合同、福利等，这些信息的查询、问询、追溯工作经常占据人力资源工作者的很多时间、精力，使用人力资源管理系统后，员工可以自主在线操作，既能提升员工的工作便利性和幸福感，也减少了人力资源工作者的工作量。

（3）减少差错。

人力资源的管理工作细致琐碎又非常重要，因为涉及很多员工切身的利益关系，因此不能出现丝毫差错，如果仅靠人工进行手工操作，难免会有差错。人力资源管理系统可以通过相关字段的规则控制、算法纠错，自动识别不合理的信息，如身份证信息、时间日期格式，甚至可以通过算法自动识别超出合理范畴的薪酬金额，降低工作失误的概率，也减少审核复核的时间成本。

2. 人力资源管理类应用的核心功能

（1）组织管理

建立组织机构与岗位信息，管理组织岗位编制，设计人力资源规划，建立岗位素质模型，查询历史组织架构图。

（2）人事管理

管理企业人事档案，处理入职、转正、调岗、离职等业务流程，分析人事异动情况，创建人事业务报表。

（3）考勤管理

设置考勤班次，管理考勤排班，调整个人排班，计算出勤明细，审批考勤申请，处理出勤异常，生成考勤日报、月报表。

（4）薪资管理

建立企业薪酬体系，执行工资核算及发放审核，生成多种工资统计报表，进行薪酬结构分析。

（5）招聘管理

审核招聘需求，生成招聘计划，管理应聘简历，安排面试测评，审核录用，完成入职转档，生成统计报表。

（6）培训管理

审核培训申请，制订培训计划，管理培训资源，安排岗位课程，发起培训活动，记录培训结果。

（7）保险福利

管理员工社会保险、公积金及商业保险，生成相关台账及报表。

（8）员工关系

管理员工劳动合同签订、续签、终止过程，管理员工调查问卷。

（9）绩效考核

建立绩效指标库，生成绩效考核方案，发起考核流程，审核修正考核结果，支持强制绩效分布。

（10）考试测评

通过建立考试题库、测评题库、试卷库，实现对员工在线考试及在线测评管理。

（11）劳保用品管理

管理员工用品信息，实现对各类用品的入库、发放、更换、统计报表等功能。

（12）后勤管理

管理员工宿舍及住宿安排，管理宿舍水电费分摊。

（13）员工自助

员工可自行查看个人相关信息、通知、公告，提交申请、审批、打卡等内容。

（二）财务类应用

1. 财务类应用的价值

财务软件是常见的企业管理软件。财务软件立足于企业财务账目、企业资金账户、企业收支状况等方面的管理，用途明确，使用很简单。财务软件以图形化管理界面和提问式操作导航，打破了传统财务软件文字加数字的烦琐模式。

（1）规范会计做账流程

未用财务软件之前，每个会计做账的习惯存在差距，但财务软件中的会计准则、一级科目都是固定的，在标准的做账流程下，规范了会计做账。还有像现金流向一般会计要手动判断一下，但软件能自动分配现金流向，避免了错误。

（2）提高做账效率

从填凭证到出报表，手工做账工作量大，效率低，但财务软件只填制凭证，未审核、未记账也能自动就能出报表，如果报表数据不合适，可以直接从报表中查到明细账及凭证，如果凭证金额有误，直接修改，报表数据是自动更新的，手工账要逐一查询，费时费力。

（3）便于查询

近期的数据还能手工完成，可是时间一长，凭证、报表越垒越高，深陷证山账海。而财务软件只要输入要查的月份，几秒钟就能查财务数据。现在市面上很多财务软件都是网络版，能随时随地做账查账。

（4）财务从核算向管理转型

80%的基础工作财务软件都能轻松完成，使用财务软件，可以把时间节省出来，就可以进行数据分析，出谋划策，从基础会计慢慢转型成核算会计。

2. 财务类应用的核心功能

以数字化平台为基础，进行多账簿切换和自定义报表分析，满足企业对外报告、对内管理的要求，支持资产全生命周期管理和多折旧/摊销方案。可以实现发票税务账与收入账分离的财务处理，为企业提供各种往来款项财务处理及查询统计，实现企业往来款项和经营过程的自动预警。

（1）财务会计/总账/凭证处理。包括凭证录入、凭证查询、凭证过账等功能。

（2）财务会计/总账/账簿。包括总账、明细账，可以在此模块查询各科目的总账及明细账。

（3）财务会计/总账/财务报表。可以在此查询科目余额表、试算平衡表等。

（4）财务会计/总账/结账。可以在此进行结转期末汇兑损益、结转期末损益、设置自动结转制造费用、期末结账等。

（5）财务会计/总账/往来。可以进行往来核销、账龄分析表、坏账明细表管理等。

（6）财务会计/报表模块。可以根据企业性质选择相应的报表模板。设置好相应报表公式，可以自动生成资产负债表、利润表、现金流量表等报表。

（7）财务会计/固定资产管理模块。可以进行固定资产卡片新增、计提折旧、固定资产清理等；期末通过自动对账，核对固定资产模块金额是否和总账金额一致。

（三）项目管理类应用

1. 项目管理类应用的价值

项目管理软件的优势主要体现在优化项目管理流程，提高项目管理效率。

（1）项目计划与执行不脱节

项目计划与执行同步，动态反映项目最新进展，并支持保存多个项目基线以做比较。

（2）一个页面了解动态项目全局

业务地图可使用户通过一个页面即能掌控整个项目的实况，第一时间洞悉项目风险与问题。

(3)进度逾期,预算超支自动预警

系统会自动预警项目进度逾期、超支、资源超负荷等情况,以尽早发现和解决问题。

(4)项目+业务一体化

通过项目管控合同的执行、交付、成本以及收入,一个页面就可清晰显示合同的成本与收入情况。

(5)移动端随时协作

随时随地通过手机审批业务,下派工作,分配资源以及提交项目进展。

2. 项目管理类应用的核心功能

项目管理是项目管理者在有限的资源约束下,运用系统的观点、方法和理论,对项目涉及的全部工作进行有效管理。简而言之,就是"做正确的项目,并把项目做正确"。

项目管理类应用的核心功能如下:

(1)业务场景

项目管理软件可以集协作、即时沟通和移动办公于一体,提供任务管理、日程安排、企业网盘、工作简报等应用。

(2)即时沟通

专为工作场景打造的企业即时沟通工具,成员之间保持联系,协调工作。

(3)项目管理

项目管理模块包括敏捷开发、缺陷管理、管理项目进度与质量。

所有成员均可在工作台规划安排自己负责的任务和待办事项。

在任务详情中,可以设置负责人、项目开始/截止时间等基本信息,还可以进行子任务创建、任务分享等操作,对日常事务进行管理。

(4)办公管理

提供简报、公告、审批应用,办公事务跟踪,进度掌控。

(5)OKR

突出主要目标,量化关键结果,帮助企业管理者实现企业内高效的沟通协作。

(6)管理后台

企业管理后台,帮助企业管理员在企业内部推广落地协作平台。

（7）看板

以看板形式对任务进行展示。匹配多场景的项目模板，以积木化的思维配置出的项目模板，匹配互联网、电子商务、制造、建筑等不同行业调研、市场、运营等不同部门的项目管理需求。

（四）供应链管理常用软件

1. 供应链管理类应用的价值

企业从原材料和零部件采购、运输、加工制造、分销直至最终送到顾客手中的过程被看成一个环环相扣的链条，这就是供应链。

供应链管理的目标是要将顾客所需的正确的产品（Right Product）能够在正确的时间（Right Time）、按照正确的数量（Right Quantity）、正确的质量（Right Quality）和正确的状态（Right Status）送到正确的地点（Right Place）——"6R"，并使总成本最小。供应链管理包括五大基本内容，即计划、采购、制造、配送和退货。

供应链管理软件是基于协同供应链管理的思想，配合供应链中各实体的业务需求，使操作流程和信息系统紧密配合，做到各环节无缝衔接，形成物流、信息流、单证流、商流和资金流五流合一的领先模式。实现整体供应链可视化、管理信息化、整体利益最大化、管理成本最小化，从而提高总体水平。

（1）通过软件操作实现信息贯通，数据流配合物流无损传输，实时监控。

（2）平台全电子化操作打破了原先70%的订单都是手动操作的局面，优化工作流程，订单处理时间缩短至原来的1/3，订单处理成本降至原来的50%，提高产品传输效率。

（3）供应链协同管理使供应链上的各类实体可以实时共享信息，有助于降低整体供应链的库存水平，减少资金积压，加快资金流动。

（4）消除由于信息不连通所造成的误差，为支付结算提供有效依据。

（5）通过供应链管理平台，制造商、供应商、分销商、零售商等供应链上的各类实体都能保持良好的合作关系和共荣关系，围绕平台的核心商业价值，降低运营成本及风险，提高自身的综合实力和核心竞争力，实现商业圈的繁荣。

2. 供应链管理类应用的核心功能

数字化时代，利用新技术整合渠道、供应商等资源，在供应链各个环节做到自动化和可视化，多方共同创造价值。

供应链管理类应用是使企业更好地采购制造产品和提供服务所需原材料、生产产品和服务并将其递送给客户的艺术和科学的结合。供应链管理包括以下五大基本内容。

（1）计划：这是 SCM 的策略性部分。需要有一个策略管理所有的资源，以满足客户对产品的需求。好的计划是建立一系列的方法监控供应链，使它能够有效、低成本地为顾客递送高质量和高价值的产品或服务。

（2）采购：选择能为产品和服务提供货品和服务的供应商，和供应商建立一套定价、配送和付款流程并创造方法监控和改善管理，并把对供应商提供的货品和服务的管理流程结合起来，包括提货、核实货单、转送货物到制造部门并批准对供应商的付款等。

（3）制造：安排生产、测试、打包和准备送货所需的活动，是供应链中测量内容最多的部分，包括质量水平、产品产量和工人生产效率等的测量。

（4）配送：也称为物流，是调整用户的订单收据、建立仓库网络、派递送人员提货并送货到顾客手中、建立货品计价系统、接收付款。

（5）退货：这是供应链中的问题处理部分。建立网络，接收客户退回的次品和多余产品，并在客户应用产品出现问题时提供支持。

第六节　软件的运营推广

数字化管理师除了需要搭建好数字化管理平台，也需要使培训成员使用好这些功能，让数字化工具和平台发挥应有价值，包含培训职能在内的软件运维管理工作至关重要。

例如，某集团公司自 2020 年开始数字化转型，陆续开通了企业组织管理、财务管理、电商管理、销售管理、工厂管理等模块的数字化应用和软件,但员工一直不愿使用这些系统应用。数字化管理师调研发现,用户侧的功能说明文档、使用教程文档偏少,员工无法快速学会操作,有业务需求时不知道使用哪个功能满足,时间久了,员工甚至都不再登录。

一、运营推广的工作内容

软件运维管理是指对数字化平台上的各类软件或硬件提供技术、培训及数据支持的运行维护行为。数字化管理平台的软件运维区别于传统 IT 运维,侧重于保障软件、业务、用户三者之间高效协同的综合运行管理。

在软件运维层面上,数字化管理师要注重平台运作/数据分析的能力,用更全面的运维管理过程保障数字化平台稳定运行。主要工作目的如下:

(1)保障用户能够快速且高效使用业务软件。

(2)保障业务软件正常运行。

(3)保障数据有效沉淀安全可靠。

收集各业务线的软件使用中遇到的共性问题,然后以操作说明文档、操作视频、链接或二维码形式帮助员工更好地使用业务软件,提高工作效率,是数字化管理师的首要工作。

二、软件说明文档

软件说明文档又叫软件使用说明书或软件操作手册,是软件完成后提供给用户一个安装、操作使用说明的文档,一般应包含登录界面、主界面、功能界面截图,截图之间有相应的文字说明,能全面展示软件的主要功能。

(一)软件说明文档的作用

软件说明文档核心作用是提高用户使用平台的操作性,帮助用户更好地操作使用产品;减少运营人员解答不必要问题的时间,提高运维人员的响应速度。

(二)软件说明文档的构成

软件说明文档由系统简介、系统使用前准备、软件安装、人员管理、权限分配、系统操作手册、软件更新、常见问题处理等内容组成。在结构上一般由文档封面、文档目录、文档正文三部分组成。

（1）文档封面作为说明文档的首页，主要说明手册编写目的，阐明编写手册的目的，指明读者对象。

（2）文档目录作为内容提示，主要作为内容指引，指导员工快速找到需要找到的内容。

（3）文档正文是说明文档的主要内容，主要说明软件操作细节，包含软件界面介绍、下载登录说明、功能界面截图、常见问题等能全面展示软件的主要内容。

（三）软件说明文档的编写

1. 编写的基础条件

（1）数字化管理师应充分了解相关的软件产品的功能，熟练操作软件。

（2）数字化管理师应对使用软件业务部门的基础工作有所了解，能够正确、全面编写软件说明文档。

2. 编写的原则

（1）完整性。结合业务软件使用流程，前后逻辑结构完整、不可有缺失。

（2）时效性。结合软件版本更新信息，及时更新图文。

（3）通俗易懂。内容清晰，图文并茂，语言和设计简单明了。

（4）便于查找。方便用户找到所需信息，预见用户可能遇到的问题和解决方法。

3. 编写的思路

第一种编写思路是按照一定顺序编写软件说明文档，适用于操作简单、权限简单的软件产品。

第二种编写思路是根据角色进行划分，使用角色不同，权限不同进行编写；适用于权限较多，界面较复杂的软件，其中的图文内容以不同角色的使用者视角为核心进行编写，例如，某一软件的用户手册。

4. 编写的文件要求

（1）选择合适的文件类型，常见的有 Word、PPT、视频等形式。Word、PPT 较正式，方便编辑及修改，查阅方便，视频形式的说明书更直观，但录制及编辑较复杂。

无论何种形式的软件说明文档，均应确保实时在线，可被使用者便捷查找使用。

（2）避免使用主观人称，如你、我、他、他们等。避免出现真实姓名，可用用户昵称或者职位名称代替，如张三、李四、人力资源主管等。

（3）编写操作步骤时，应以序号说明文字或方向性符号描述操作步骤，例如，【手机端平台】—【头像】—【设置】—【安全中心】。

（4）编写图文时，系统截图应清晰，让员工有直观的感受。

软件运维是数字化管理师的重要工作之一，除了编写软件说明文档外，日常还涉及运维知识沉淀、员工培训等工作，因为要更好地为业务服务，所以在用户、业务、软件三者之间要求有更好的管理和支撑能力，注重用户体验，只有这样才能为业务提供保障和促进业务的发展。

（四）培训文档

根据培训对象的能力和岗位职能，划分培训内容和培训方式，按各岗位在数字化管理体系中需要具备的能力作出能力图谱，制作详细的培训文档，"磨刀不误砍柴工"，培训后能大幅度减少咨询数量，也有助于系统工具的深度使用。具体安排见表4-8和表4-9。

表4-8　　　　　　　　　　　按角色分解培训内容

培训对象	定位	主要培训内容	培训形式
使用者	人力资源、行政、销售、财务等岗位的员工，日常工作需要制作、填报、统计数据 高频使用表单、文档、沟通软件工具	1. 基础功能培训 —群运营管理 —文档使用 —音视频会议使用 —智能硬件操作使用 2. 低代码初级培训 —表单设计 —流程设计 —报表设计 —应用开发 3. 数据安全 —沟通安全、数据安全和权限	1. 资料 —视频课程 —操作手册 —产品说明书 2. 实操培训 基础功能、低代码实操培训 3. 课时 全员培训不低于2小时，新员工培训不低于5小时

续表

培训对象	定位	主要培训内容	培训形式
开发者	IT等技术岗位，日常工作需要在数字化管理平台上搭建流程、应用、报表，高频使用低代码和开发者模式	同"使用者"，增加课程内容 1. 低代码中高级培训 —应用设计与开发 —连接器开发 —接口开发 2. 审批开发者模式 3. 考勤开发者模式 4. 硬件设备网络与接口	1. 典型应用培训和考核 2. 厂家专业技术培训和考核 3. 定期组织交流
管理者	各部门管理者、项目管理者、公司高管等，日常以看报表、看数据、审批流程等动作为主	1. 基础功能培训 2. 数据安全培训 3. 数字化管理理念培训	1. 现场培训 2. 组织对外交流培训
系统管理员	各部门、各应用的关键接口人，拥有数字化管理平台的后台管理权、应用管理权、关键报表管理权、关键文档管理权等	同"使用者"，增加课程 1. 后台管理培训 2. 单一业务软件培训	1. 现场培训和考核 2. 厂家专业培训和考核

表 4-9　　　　　　　　　　低代码课程安排

分级	序号	课程名称	主要内容
初级课程	1	一分钟自建应用	1. 什么是应用 2. 应用的管理与访问 3. 从模板创建应用 4. 从 Excel 创建应用 5. 应用的生命周期 6. 应用的页面类型
初级课程	2	从线下审批到在线审批	1. 表单基础组件 2. 表单基础函数 3. 简易流程 4. 审批动作 5. 数据管理页 6. 数据报表入门
初级课程	3	招聘管理综合实践	1. 应用权限 2. 页面权限 3. 流程字段权限

续表

分级	序号	课程名称	主要内容
初级课程	3	招聘管理综合实践	4. 关联其他表单 5. 数据联动 6. 流程页面设置 7. 审批节点设置
中级课程	4	合同管理实践和资产管理实践	1. 关联表单组件 2. 高级流程编辑 3. 分支节点规则配置 4. 业务关联规则配置 5. 审批规则配置 6. 业务关联规则配置 7. 打印模板
	5	入职自动化实践	1. 子表单 2. 账号免登录 3. 函数进阶 4. 消息通知 5. 集成自动化 6. 连接器、日程、待办、机器人
	6	员工管理系统综合实践	1. 报表函数 2. 跨应用数据集 3. 报表组件 4. 多图表配置 5. 图表下钻 6. 自定义页面组件 7. 自定义页面布局与配置 8. iframe
高级课程	7	项目评选系统实践	1. 自定义页面 2. 循环渲染 3. Open API 4. JS API
	8	资产管理系统实践	1. JS API 专题 1——基本使用 2. JS API 专题 2——常见接口 3. JS API 专题 3——页面实践案例
	9	函数计算实践	1. 需求分析 2. 应用边界 3. 应用推广 4. 常见接口 5. 连接器 6. 集成开发方案

三、管理后台维护

管理后台维护包括应用权限分配、应用功能配置、应用数据维护。

1. 应用权限分配

应用权限管理是应用运维必须完成的内容,权限管理渗透在企业业务和运营的方方面面,如何做到权限的严谨和灵活直接关系应用运行的稳定性和数据安全性。

(1)权限与性能的矛盾:越大的组织越需要对权限的细化控制,但同时细化的信息控制权限必然带来大量运算,大量运算会降低性能。

(2)权限的灵活性:如何做到权限的随时调整。

(3)六维立体权限控制:时间、对象、操作、内容、级别、地点。

(4)每一个应用模块都有权限体系,整个平台也有权限体系,如何让整个平台的权限体系能够控制所有应用的权限,以及更深层次是否能够控制异构系统的数据权限。

(5)随着社交化软件的发展,如何处理好权限控制和自由精神发扬的矛盾是目前系统平台的难题。

(6)系统平台的权限管理必须细化到对每一个字段、每一个操作的控制。

(7)系统平台的权限控制不只是功能信息的权限控制,更重要的是对整个系统部署的分权管理模式的支撑。

(8)赋权和撤权如何在系统方便快速处理、批量处理,且不影响性能。

(9)一个组织的架构发生变化时,已有的信息控制和将来的信息权限控制如何方便快速调整。

2. 应用功能配置

成熟的应用系统一般都具备通过参数调整来适应业务变化的能力,特别是基于低代码开发平台搭建的产品,数字化管理师更应该在现有平台能力上掌握通过配置实现前台功能调整甚至重构的能力。

不同的产品可配置的能力不同,以流程型低代码产品为例,可以基于流程引擎,快速构建财务、人力资源管理、绩效管理等模型,实现了系统跨部门、跨模块、跨单据的多维度、图表化分析。进一步丰富客户的数据分析应用,实现数据的轻量化分析。

以特定专业领域的产品为例,例如办公用品管理系统,主要基于办公用品能够快速配置不同类型的领用管理模板,实现快速适应业务变化。

3. 应用数据维护

后台运维管理的应用数据维护主要包含主数据维护及配置数据,其中主数据维护非常重要。主数据维护直接影响系统运作的健康、有序。常见的主数据包括组织数据、人员数据、业务数据等。主数据维护重点关注源头数据准确性把控、录入操作准确性、录入后业务运作监控。

第七节 综合实训1

实训时长:90分钟。

(一)实训目的

1. 通过场景化实训,掌握管理员登录的方式和方法。

2. 掌握自定义工作台的搭建方法和技巧,学会新建一级页面、二级页面,掌握组件的使用和参数设置。

(二)实训内容

业务背景

某市新建一个智慧园区,由于园区之间的竞争白热化、政策同质化,数字化运营服务成为优秀园区的差异化优势,提高园区内企业员工工作幸福感,提升运营效率。

需求：园区运营方希望搭建一个"互联网+园区服务"平台，该平台除了展示园区风采、公告通知以外，更要给园区内企业入驻、报修、会议室预订、企业招人、金融贷款、政策咨询、项目申报等提供快捷方便的服务入口，搭建银行与企业、学校与企业、政府与企业、企业与企业之间沟通互动的桥梁。

经过需求分析，数字化管理师为企业设计了自定义工作台的效果图，如图4-18所示。

图4-18 智慧园区工作台效果图

实训操作

1. 设置管理员权限

自定义工作台必须是具有工作台管理权限的管理员才能进行相应操作，需要在配置前了解如何进行管理员权限设置。

（1）管理员分类

一个组织中管理员有主管理员、子管理员。

设置主管理员后，仅含有"创建者"标识的主管理员在通讯录显示为"主管理员"，其他主管理员仅显示为"子管理员"；含有创建人标识的主管理员支持转让。

创建者和主管理员可以设置主管理员和子管理员。创建者可以删除任何主管理员和子管理员，主管理员可以删除自己添加的主管理员和删除子管理员，并且为子管理员分配权限。

（2）转让创建者

创建者主管理员进入数字化管理平台的 PC 端管理后台，依次点击【安全与权限】【权限管理】，在弹出的界面中会看到主管理员显示为创建者本人，点击创建者后方的【转让】按钮，点击获取验证码并输入，在跳转后的页面中输入新主管理员的数字化平台绑定的手机号码，并获取验证码填入，点击【确定】，即完成创建者主管理员的转让。

（3）主管理员设置

添加主管理员：主管理员进入权限设置界面后，点击【添加主管理员】按钮，在组织架构中选择相应人员后，点击【确定】即可。

删除主管理员：点击相应主管理员操作处【删除】按钮，即可删除。

（4）子管理员设置

只有主管理员才能添加/修改/删除子管理员，并且为子管理员分配权限。设置子管理员路径如下：

主管理员登录管理后台进入【权限管理】页面，点击【管理组】，点击【添加管理组】，输入该管理组名称。在成员中选择添加一位或多位需要被设定为子管理员的人并设置管理范围和分配权限。

一个管理组中的子管理员管理权限可以相同，也可以不同。相同的管理权限可以进行批量设置，不同管理权限需要单个进行设置。

管理范围可选择全组织所在部门和下级部门或特定部门。

分配权限可逐项勾选，包含基础权限和微应用权限两个模块，每个模块由若干个明细项组成。根据需要分配的权限进行逐项勾选即可。

批量设置完成后，点击每个子管理员后的【编辑】，可修改管理范围和分配的权限；也可删除现有的子管理员重新添加新的人员。

完成本次智慧园区自定义工作台实训操作，需要给相应子管理员添加【开发者权限】。

子管理员设置如图4-19所示。

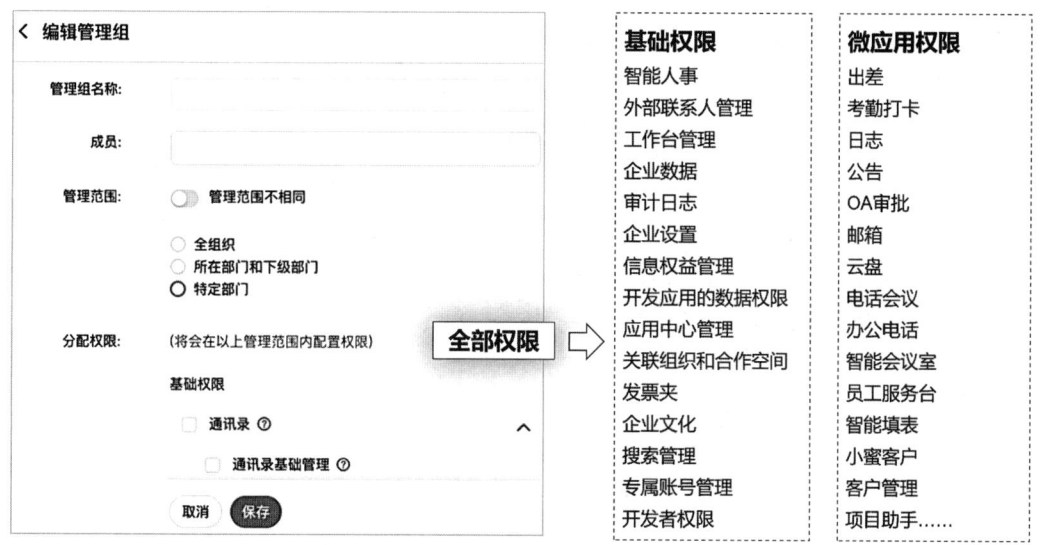

图 4-19　子管理员设置

2. 进入管理后台

管理员打开数字化平台的 PC 端管理后台，依次点击【工作台按钮】【应用管理】，进入工作台的应用管理界面，点击界面右上角【自定义工作台】，在跳出的界面中选择【使用自定义工作台】，并点击【前往自定义工作台】进行设置。

在跳出的网页中选择正确的架构，在新界面中依次点击【应用开发】【工作台管理】【创建自定义工作台】。此时，可以为新建的自定义工作台输入一个名称，并点击【确定】，如图4-20所示。

3. 新建页面

进入工作台后，点击操作台左上角的【新建页面】，可以新建主页面（一级页面）或子页面（二级页面）。输入页面名称，选择页面类型，点击【新建】即可完成主页面或子页面的新建。

图 4–20　进入操作台

4. 页面编辑

完成页面创建后,自动进入到页面编辑器,页面编辑器分为左、中、右三个区块。左边是组件区,中间是画布编辑区,右边是参数设置区,可以通过拖拉拽的形式将左边的组件拖拽到中间的画布中,并在右边的参数设置区进行该组件各项参数的配置。

(1)组件应用

要完成原型图设计的工作台设置,会用到两种类型的组件。一是布局类组件,包含宫格、分栏容器、Tab 容器等;二是内容类组件,包含标题、资讯卡片、Banner 轮播、应用列表等,如图 4-21 所示。

宫格:宫格组件,支持 1、2、3、4、5 及左 1 右 2、左 2 右 1 等布局模式,这些宫格可以配置跳转应用和二级页面。

Banner 轮播:配置的图片可以跳转到外部链接、公告等。

标题:单独标题组件,实现复杂标题样式和布局的定制。

分栏容器:是一个容器,可自由拖入其他组件。

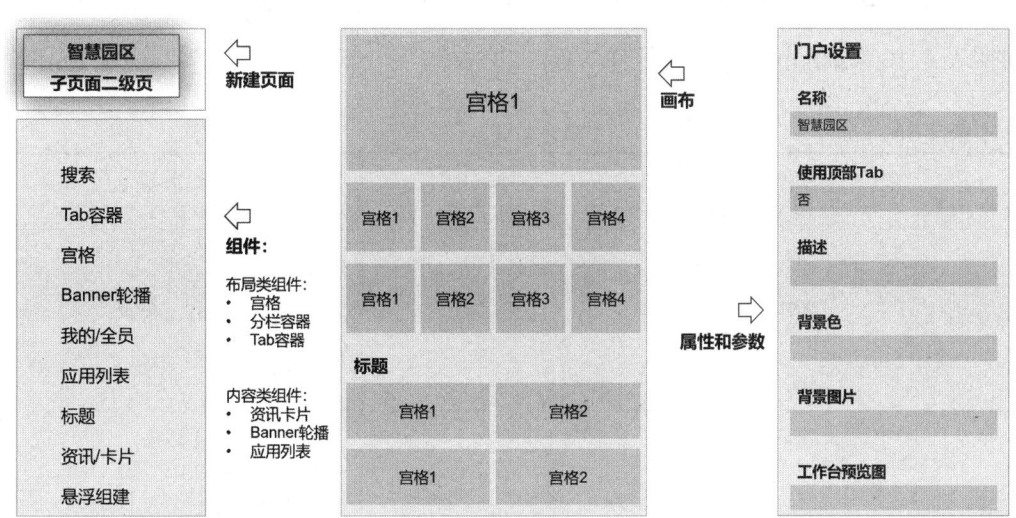

图 4–21　页面编辑器

Tab 容器：Tab 有并列的若干按钮，不需要刷新就可以切换页面内容，是动态组件。Tab 项也可以是一个容器，可以自由拖入其他组件。Tab 容器不支持多层 Tab 嵌套，也就是说不能在 Tab 容器组件中拖入 Tab 容器组件。

资讯列表：资讯组件可以做资讯展示，可选择自定义接口或公告应用数据来源，公告应用数据来源可选择全部公告或在公告应用中自定义的公告分类，以便进行差异化内容运营展示。

应用列表：应用列表组件，可以显示官方应用及审批和日志模板、市场应用、自建应用的添加、排序、自定义图标。

（2）布局参数配置

创建页面后，可在设置板块设置页面的整体样式，包括页面的背景色或背景图片，也可以删除页面。默认背景色为白色，没有背景图片时展示背景色，有背景图片时会将背景图片叠加在背景色上，背景图片的填充方式为按照页面尺寸缩放适配宽度，高度自适应，背景图无法遮盖的部分显示背景色。

将左侧组件栏中的组件直接拖拽到画布区域，进行组件排序和设置，拖拽到画布区域的组件可以按照需要复制或删除，支持背景色、字体颜色设置的组件可按照页面整体风格灵活调整配色。

对照原型图进行布局设置，将左边区域的对应组件依次拖拽到中间的画布中，并对照表 4-10 参数配置设置相应组件参数。

表 4-10　　　　　　　　　　　　　组件参数设置

部位	使用组件	参数配置
宫格1	宫格	宫格布局：1 宫格 宫格高度：150 图像缩放模式：填充 通栏布局：满栏 阴影
宫格1 宫格2 宫格3 宫格4 宫格1 宫格2 宫格3 宫格4	宫格	宫格布局：4 宫格 宫格高度：80*2 图像缩放模式：适应 通栏布局：非满栏 宫格复制
标题 宫格1　宫格2 宫格1　宫格2	分栏容器 标题 宫格	分栏设计：单容器 通栏布局：满栏 宫格布局：2 宫格 *2 宫格高度：60 通栏布局：非满栏 宫格复制
标题 工作台 组织的文化墙 立即前往	分栏容器 标题 Banner 轮播	播放间隔：3 秒 高度：150 图像缩放模式：填充 通栏布局：满栏 默认图片：自定义
tab项1　tab项2　tab项3	Tab 容器	Tab 选项：修改名称
我是资讯内容，请合理控制内容长度	资讯卡片	数据来源：手工配置
标题 宫格1 宫格2 宫格3 宫格4	分栏容器 标题 宫格	宫格布局：4 宫格 宫格高度：110 图像缩放模式：适应 通栏布局：非满栏
标题 宫格1 宫格2 宫格3 宫格1	分栏容器 标题 宫格	分栏设计：单容器 通栏布局：满栏 宫格布局：3 宫格 +1 宫格 宫格高度：60 通栏布局：非满栏

（3）图标及跳转配置

宫格、Banner 轮播、资讯卡片等组件都可以填充相应大小的图片（图标）以及设置点击【跳转】。

宫格的跳转类型可以选择应用、二级页或快捷方式，不需要跳转可以设置为纯图片。应用是指目前所使用的数字化管理平台中的所有应用，设置完成后，点击该图标即可跳转到指定应用；二级页是指此工作台内的二级页面，设置完成后，点击该图标即可跳转到指定二级页面；快捷方式是指可自定义任意链接，设置完成后，点击该图标即可跳转到指定链接。

在图片上传处上传已经设计好的图标或图片，设置完成后，相应组件的呈现变为对应图标或图片，呈现效果如原型图所示。

按照以上方法，完成所有二级页面的设置。

5. 发布上线

设计完成后，点击操作台右上角【保存】，可以保存当前所有设置。点击操作台上方的【移动端预览】按钮，可生成预览二维码，扫码即可预览使用效果，确认设计完成后，点击操作台右上角【发布】按钮即可发布上线。

发布时需要设置每个页面的部门和人员可见范围，默认没有勾选，可以全选整个组织或整个部门，全选整个组织或部门后续新加入组织或部门的员工自动拥有门户页面的权限。

实训总结

1. 通过管理员的权限管理，了解企业组织的管理员类型及不同类型管理员的配置方法。

2. 通过自定义工作台丰富的模块组件、灵活的布局设计为组织量身定制专享工作台界面，通过简单拖拽，快速构建和发布，打造企业特色组织文化阵地，实现千人千面高效快捷的专属数字化工作平台。

3. 通过科学有效的布局配置建立内部统一办公平台，有效引导用户发起高频流程，同时适应百变的场景化展示，组织内重点、高频、独特的应用和流程优先突出展示，聚焦工作重点，办公更高效。

(三)练习

1. 协助你所在企业的主管理员为你自己设置子管理员权限,其中需要包含应用开发权限。

2. 参照上述案例,为该园区设计搭建一个专属工作台,利用智慧园区实训工具包,进行模拟实训操作。

3. 展开思考,不同行业的自定义工作台的设计思路会有哪些不同呢?

第八节 综合实训2

实训时长:120分钟。

(一)实训目的

1. 了解传统开发和低代码开发的区别。
2. 掌握SaaS应用的开通方法。
3. 掌握自建应用的步骤和方法。
4. 实践SaaS应用开通、低代码自建应用完成招聘系统搭建。

(二)实训内容

业务背景

越来越多的企业希望通过数字化办公来替代以往的纸质化办公,从而解决管理难、整理难、保管难、速度慢等问题,提高办公效率,降低工作难度。深圳某互联网企业考虑选择一款合适的招聘管理系统来帮助企业完成招聘面试环节的数字化,人力资源部希望从面试人员信息录入到面试流程环节全部数字化,可以自动化流转,减少纸质办公,提高面试环节的效率，数字化管理师可以选择一款 SaaS 招聘应用，也可以通过低代码搭建实现。

实训操作

1. 选择招聘管理类 SaaS 软件，并开通使用，查看软件是否符合企业需求

（1）打开浏览器，输入【招聘管理软件】搜索，搜索到公开的一些招聘管理软件，点开软件网页，可以看到软件简介，浏览是否符合企业需要。但大部分软件介绍页面仅有功能介绍，无法使用体验。

（2）从数字化平台工作台打开【应用中心】，在搜索框输入【招聘管理】，点击【搜索】，可以看到关于招聘管理的 SaaS 应用已呈现在页面中，点击某一款软件，浏览信息并点击【免费开通】，点击【免费试用】【立即开通】，体验是否符合要求。通过在应用中心搜索并选择某一款软件试用，可以快速且精准筛选 SaaS 应用，通过试用体验即可知道是否能够满足企业所需，如满足所需付费即可，如不满足企业所需，可通过低代码快速搭建应用来满足人力资源部业务要求。

2. 通过低代码工具搭建人员招聘系统

上述试用反馈发现，面试流程管理无法自定义按照企业需求进行灵活修改，接下来通过低代码工具【自建应用】完成招聘管理系统的搭建。

（1）创建人员招聘管理系统应用

进入低代码工具首页，在首页中右上角，点击图中的【创建应用】按钮，选择从【空白创建】，命名为"人员招聘管理系统"，选择【数据保留】，应用即可创建成功，页面跳转至应用编辑后台，如图 4–22 所示。

图 4–22　创建应用

(2)创建《人才信息录入》表单

提前准备一份《人才信息录入》Excel表格,点击【新建普通表单】页面中的【从Excel新建】。点击【上传】按钮,选择《人才信息录入》信息表源文件,点击【确定】后,上传文件即可,文件上传后编辑表单名称为"人才信息录入",点击导入完成即可创建成功,创建成功后,在应用内可见到已创建完成的表单。点击【人才信息录入表】,点击【数据管理】可查看到随表格导入的数据,如图4-23所示。

图4-23 人才信息数据管理

(3)创建《面试流程》流程表单

点击【人员招聘管理系统】应用编辑页面左上角的【+】,点击【新建流程表单】,创建方式选择【从空白表单新建】并命名为《面试流程》,页面跳转至表单边界页面。

编辑页面分为三部分,即组件库(左边)、编辑器(中间)和属性配置(右边)。组件指的是字段数据类型;编辑器是容器,对组件拖拽或者单击可将其添加到编辑器中,进行排列组合完成表单的编辑;组件的属性设计点击组件即可对应变化。

依照以下提示,对应图4-24所示,《面试流程》表单页面,分别拖拽【分组组件】设置名称为人员信息,然后拖拽【布局容器组件】布局设置为两列。将组件库中相应的组件拖到表单设计区中,其他组件类型与命名参考如下。

图 4-24　《面试流程》表单设计

- 选择候选人：关联表单组件。
- 候选人招聘渠道：单行文本组件。
- 选择候选人：单行文本组件。
- 候选人联系方式：数值组件。
- 候选人面试岗位：单行文本组件。
- 候选人 base 地：单行文本组件。
- 候选人推荐时间：单行文本组件。
- 候选人毕业院校：单行文本组件。
- 候选人简历地址：单行文本组件。
- 候选人学历：单行文本组件。
- 候选人出生年份：单行文本组件。
- 跟进人员：成员组件（右侧属性栏中设置为必填）。
- 面试日期：日期组件（右侧属性栏中设置为必填）。
- 个人意愿：下拉单选组件（右侧属性栏中设置为必填）。

- 技术能力：下拉单选组件（右侧属性栏中设置为必填）。
- 沟通能力：下拉单选组件（右侧属性栏中设置为必填）。
- 综合面试评价：下拉单选组件（右侧属性栏中设置为必填）。
- 备注：多行文本组件。

按照同样的方法拖拽【分组组件】设置名称为【面试记录】，组件参数参照上文。

（4）配置《面试流程表业务规则》

1）面试环节中【选择候选人】为《人员信息录入》表单中的"候选人"，候选人已在《人员信息录入》表单中提交，只需关联数据即可，找到名称为"选择候选人"的关联表单组件，在右侧属性栏【关联属性】，关联表单选择《人才信息录入》表单，显示设置主要信息设置为"候选人"字段，次要信息不做任何配置，点击确定。"选择候选人"选择完毕后，需要达到候选人信息自动填充至《面试流程》中的效果，免去二次人工录入的行为，提高效率，点击"选择候选人"的关联表单组件，在右侧属性栏【打开数据填充】（打开时按钮呈绿色），设置填充条件时，在【数据填充面板】逐个添加关联表单字段以及当前表单字段，如图4-25所示。

图4-25 选择候选人组件关联表单

2）"选择候选人"选择完毕后，可以实现候选人信息自动填充至《面试流程》中的效果，免去二次人工录入的行为，提高效率。点击名称为"选择候选人"的关联表单组件,在右侧属性栏【打开数据填充】(打开时按钮呈绿色),设置填充条件时,在【数据填充面板】逐个添加关联表单字段以及当前表单字段即可。

3)设置【数据筛选】,点击打开图中的【数据筛选】按钮(打开时按钮呈绿色),设置筛选条件,在数据筛选面板设置【面试进度】【包含】【待面试】就可以在关联表单中进行显示,点击【确定】即可。

4)设置【跟进人员】自动获取当前填表人,如图4-26所示,点击图中名称为"跟进人员"的成员组件,在右侧属性栏中在【默认值】中选择公式编辑,使用"USER( )"函数,自动获取到当前跟进人员。公式格式为:

USER( ): 获取登录人

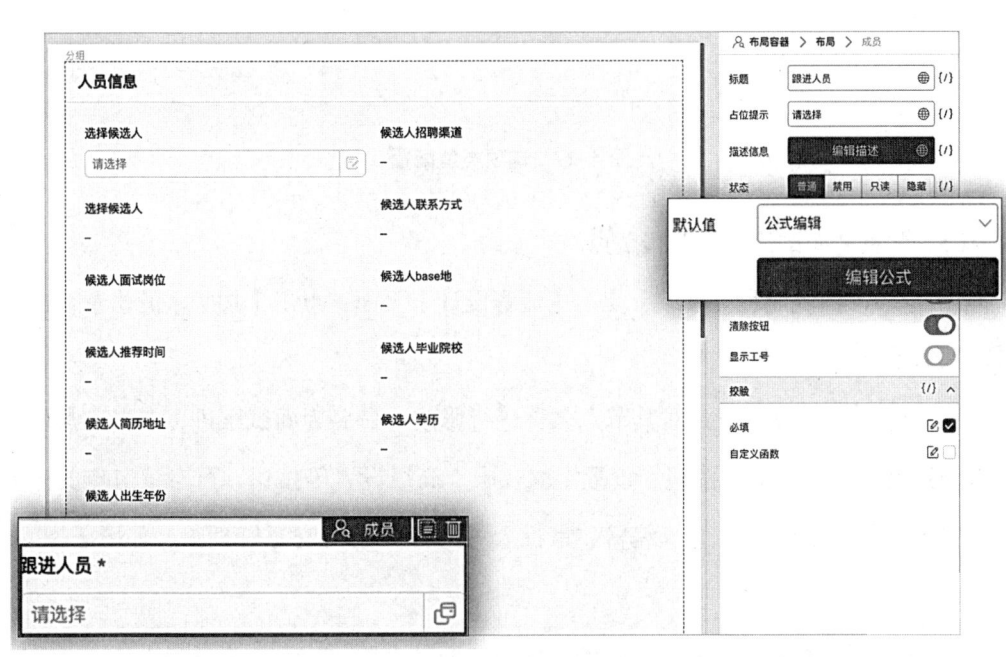

图 4-26 公式编辑

5)如图4-27所示,选择名称为"个人意愿"的下拉单选组件,在右侧属性栏中【选项类型】中选择【自定义】,添加自定义选项为"一般、强烈、没有意向"。

6)点击名称为"技术能力"的下拉单选组件,在右侧属性栏中【选项类型】,添加自定义选项为优秀、良好、一般。使用相同的方法,编辑名称为沟通能力、面试综合评价的下拉单选组件,添加自定义选项为优秀、良好、一般。编辑好之后,点击保存。

图 4-27 选项类型配置

（5）配置《面试流程》流程节点

1）选择《面试流程》表单，点击【流程设计】页面，点击【加号】的位置，这里可以添加【节点】信息。

2）点击【节点名称】，对其节点名称进行修改，命名为面试跟进，点击节点可以在右侧弹出审批人、审批按钮、设置字段权限、高级设置等按钮，可对该节点关键人员、审批权限、字段权限进行编辑。审批人可选择为人力资源管理人，如图 4-28 所示。

3）面试记录是对发起人不可见的，仅面试人员可填写。点击【发起】节点，对字段权限进行设置，如图 4-29 所示，将面试记录分组内的组件字段设置对发起人隐藏。

4）同理，点击【面试跟进】节点，打开设置字段权限面板，将【面试记录】分组内组件设置成【可操作】即可。

5）以上配置完毕，点击【保存】【发布应用】，招聘管理系统搭建完毕，应用上线完毕可使用。

图 4-28　面试跟进节点设置

图 4-29　发起人字段隐藏

6）应用测试

点击【面试流程】表单，点击【选择面试候选人】，候选人招聘渠道、选择候选人、候选人推荐时间等组件内容自动填充展示，面试记录信息不在此页面展示。表单填写完毕提交，流程自动到面试跟进人节点，面试跟进人可对面试记录分组信息进行编辑填写。测试完毕后，应用则搭建成功。

实训总结

1. 企业在实现业务数字化过程中可开通试用标准的 SaaS 软件，以降低企业选择软件的试错成本。

2. 低代码工具可针对业务流转进行快速自建应用，通过便捷的拖拉转操作，简单的业务规则及流程配置 2 小时即可完成业务系统搭建，实现业务自动化、数字化。

（三）练习

依据以上步骤，搭建表单，配置属性，设置流程，完成人员招聘管理系统搭建，实现面试管理自动化。

思考题

1. 如何理解"应用"的概念？
2. SaaS、PaaS 和 IaaS 应用的区别是什么？
3. 如何理解"数字化管理平台"在组织中的定位？
4. 如何理解"工作台"的概念？它与门户首页有何不同之处？
5. 如何理解"低代码平台"的概念？
6. 低代码开发有哪些优势？
7. 软件运维管理包括哪些工作内容？

第五章
数据管理

在数字化时代,数据是一项重要的组织资产,成为新型生产要素。只有对数据进行流动、分享和加工处理才能实现数据真正的价值,但在这个过程中需要一套完善的机制保障数据流动的稳定、高效和安全,这样才能使数据成为企业可用的资产,所以数据管理应运而生。

数据管理是通过计算机硬件和软件技术对数据进行有效收集、存储、处理和应用的过程,这是一项系统工程,包含数据采集、数据分析、数据可视化、数据架构等很多专业领域的工作内容。数字化管理师的工作重点是围绕组织数据,在组织管理中使数字化管理平台的数据对管理产生价值,如果把数据比作一种产业,那么这种产业实现盈利的关键,是如何提高对数据的"加工能力",通过"加工"实现数据"增值"。

- **职业功能**:在数字化管理平台中开展数据管理工作;制定数据分级规则、安全策略;制定数据采集方案;制作数据报表。
- **工作内容**:能操作数据采集的常用软件、硬件,通过配置基础字段完成数据采集;能发现数据采集时的报错和异常问题;能利用软件自带的数据功能,导出自动生成的数据报表、图形报表;能制订推送规则,将数据报表推送给使用者。

- **专业能力要求：** 数据调查能力、数据分析能力、数据处理能力、数据报表能力、数据安全能力等。
- **相关知识要求：** 数据采集知识、软硬件数据采集方法、数据分析工具知识、数据可视化基础知识等。

第一节　数据管理概述

一、数据管理的概念

数据是以文本、数字、图形、图像、声音和视频等格式对事实进行表现的数值,也称数据资源,它可以应用于科学研究、设计、查证、数学计算等领域。数据种类多样,既包含最简单的数字,也包含文字、图像、声音等形式。

数据是信息、知识、才智和行动的基础。数据是可用的、相关的、完整的、准确的、一致的、及时的、实用的、有意义的和能被理解的,认识到数据价值的组织可以采取具体的积极措施来提高数据及信息的质量、通过数据反馈事实问题,驱动管理人员对事实问题进行改进,这一过程又称数据管理。数字化管理师利用数字化管理平台把组织管理、业务经营过程中所发生的行为和结果全面数据化,依靠数据发现问题、分析问题、解决问题、跟踪问题的管理方式,就是能基于数据做出管理决策的管理思维方式。

二、数据对管理的价值

当前,大部分企业意识到数据管理的重要性,对数据资产进行沉淀、有效管理和挖掘、应用,各企业不断在实践中通过数据管理实现企业运营管理价值。

(1)提高管理决策的准确度

企业做决策之前要进行调查分析,找出可能影响决策的因素,进而分析各因素的影响程度。如果这些因素都是精准的数据，可以进行详细数据建模，这样根据分析结果再进行决策，决策正确率就会大大提高。

（2）提高管理的效率

企业的管理数据化提高管理效率。如果管理涉及的计划、组织、管理、控制能借助数字化工具平台实现，将极大提升信息传导、反馈、协同速度，从而提高企业管理效率。

（3）提高服务客户的质量

企业可以通过数据分析结果为客户提供更精准的服务。例如，分析潜在顾客的消费习惯、顾客的潜在需求，从而会发现更加适合客户需求的产品。例如，分析产品的售中人群或地域，可以有针对性地举办广告促销活动，更简单高效开发新客户；分析顾客的消费情况，可以分析顾客消费习惯，这样既可以更好地满足老顾客，提高老顾客的满意度，也可以降低留住老顾客的成本。

三、数据管理的常见问题

（一）数据的常见问题

企业管理者进行数据管理规则时，针对组织活动中出现的不同数据进行管理时难以统一标准，数据的常见问题有以下几个：

1. 数据不规范

（1）格式不统一，比如，同样是地区名称，有的地方记录为"北京"，有的地方记录为"北京市"；日期格式也是经常出现格式不统一的地方，常见的日期格式有"2022-01-20""2022年1月20日"等。

（2）量纲不统一，比如，订单金额的量纲，有的地方以"元"为单位，有的地方则以"分"为单位。

（3）编码不统一，比如，仓库中的产品编码，同一产品不同系统中，有的以数字进行编码，有的则以字母进行编码。

2. 数据不一致

数据不一致，主要是指相同业务的数据在不同业务系统、不同采集来源中分布，但由于更新等问题造成数据不同的情况。比如，采购部门和财务部门都会收集供应商的信息，包括银行、账号、税务、工商等信息，当这些信息发生变更时，采购部门进行了数据更新，但财务部门没有及时更新，就会造成数据不一致的问题。

3. 数据不完整

数据不完整主要是数据收集过程，造成内容丢失。例如，对会员信息的收集，由于未设置地域的强控制条件，对于没有填写该信息的用户，则出现了该项数据的缺失问题。

4. 脏数据

脏数据是指在数据中出现了与实际业务毫无关系的数据，或者非正常业务过程产生的数据，如电商交易中的刷单数据、问卷收集过程的无效问卷数据等。

（二）数据管理的误区

管理者对数据进行管理时容易陷入误区。要获取这个组织内所有细节数据，人、财、物、事，数据越多越好。数据采集时常变成令人怨声载道的事情，如个人信息、销量数据、日报等。

在数字化时代，通过管理平台获得数据"唾手可得"，在这种情况下，要保持克制的数据观。数据不是越多越好，数据也不是仅为管理者服务，人人都应该具有从日常数据中获得决策依据的权利。

（1）员工处于数据最源头，常常要上报大量信息，却极少知道这些数据用来做什么，数据应该是双向的，对员工侧可见汇总结果。

（2）减少数据的流转和等待，任何需要等待的、被动的事后统计，都要考虑变为实时录入、自动汇总，减少无意义的人工统计消耗。

（3）让员工参与规则建设，成为数据的主人。年轻人崇尚自由平等的工作氛围，所以要尽可能创造条件让员工充分参与，特别是与员工切身利益相关的流程和数据规则的定制，在设置数据采集的规则之初，就要思考：这个数据是必需的吗？这些数据对员工本人有什么价值？如何制定双赢的数据分享方案？

例如，某宠物门店只有不到 20 人，他们推行智能化的工作方式，薪酬是员工自己填写数据，员工可以把自己日常的考勤、业绩数据录入后自动计算得出当月薪酬结果。

这个审批表单一经推出大受欢迎，员工时不时打开软件把数据输入进去，看看"截至目前的收入是"那里显示的金额，提醒自己要努力做业绩。月底时员工正式提交表单，财务核准后点击审批通过，工资自动通过支付平台打入表单里写的"收款账号"，账单导出进入财务系统由财务做账。

四、数据管理的目标

基于客观的数据事实在企业内部实时地进行跨层级和跨部门的协同。通过圈批、评论和分享等方式对数据事实进行阐述、补充和反馈，借助消息、群等渠道触达到数据涉及的相关方，然后通过待办、订阅等方式对执行效果进行跟踪，最终实现从"人找数据"到"数据找人"的高效协同。

1. 实现数据普惠

传统的数据分析结果一般是以报表为呈现形式，多是面向高层汇报的，因此，往往是单向地由下向上的汇总。在数据驱动的企业，人人都应该是数据分析师，数据受众应该是多种角色的，不同岗位的从业者都是数据的受益者。数据协同是多向的，有同层级、同部门间的协同，也有跨部门、跨层级的协同。

2. 实现"数据找人"

在业务数字化逐步完善的当今，企业数据是非常多的，但把碎片化的数据组装起来才能发挥真正的数据价值。比如，采购部门在评估未来三个月的库存储备时除了了解当下的库存外，还需要掌握产品的市场情况、销售趋势以及物料的价格波动等。传统方式是"人找数据"，但除了决策层有专门的团队帮收集数据外，普通员工收集数据非常困难。决策层想实现数据上传下达是比较困难的，容易发生数据泄露，同时口头沟通的内容容易丢失。

数据协同通过行级权限来保障数据的访问权限，对不同类型的数据进行用户角色标签的设置，为不同用户角色建立个性化的数据资产，通过线上的各类渠道实现数据间的分享。

3. 提升数据意识

数据协同帮助企业整合碎片化的信息实现数据普惠，有了数据支撑，企业应该鼓励员工在汇报或者日常工作中"多用数据说话"。数据资产建设是持续的，数据意识也是在使用数据过程中逐步建立起来的。

4. 实时效果跟踪

不管是面向汇报还是面向过程的数据分析只是开始，更重要的是持续跟进和反馈效果。数据协同提供了数据的实时跟踪和分析能力，通过设定规则实现数据异动的智能分析和实时监控。

五、数据管理的优化方向

管理对数据的诉求亘古至今一直存在，但实现方式伴随技术进步在不断演进，从纸质表单到 Excel、再到各类专业的报表工具，以及平台上的数据工具，数据管理效率越来越高。从实际情况来看，这三种模式以"叠加态"广泛存在各行各业的管理中。

（1）纸质表单的模式存在时间最长，应用最广泛，最大问题是数据统计和分析效率低下，导致数据滞后的情况非常严重，普遍需要 7～15 天才能看到一次数据更新。但相对而言最简单，任何岗位都可以打印一张表格，开启他们对这个岗位的数据统计工作。很多临时任务、简单任务仍旧大量使用这种方式。

（2）信息化时代各类业务软件蓬勃发展，但这些软件的核心功能集中在业务本身的流程，而数据分析和统计能力不足，且很多数据的处理需要联动其他业务系统中的数据，于是出现了专门用于做报表的工具。但这种模式最大的问题是账号限制，都是本地化部署的数据，无论是前端的数据录入还是最后的数据分享使用都需要依靠人工来补足。

这两种数据管理方式带来的问题如下：

一是效率低。用传统的纸质工作方式，采集数据的方式普遍是先填表，再通过人工收集和录入整理，做一次百人的数据采集汇总普遍需要 1～2 天，在汇总整理过程中还难免出现二次差错。

二是时效性差。因为数据采集、分析到最终呈现管理者面前做出决策的周期漫长，导致很多数据时效已过，无法保证决策效率。

三是单向逐级流转。在传统的数据工作中，数据链几乎都是从基层员工向高级管理者的单方向数据流转。基层员工仅负责上报数据，职能部门分析数据，管理者基于数据做决策。因为数据传递效率低、数据管理方法传统，反向反馈数据结果要消耗更多时间和精力，导致数据结果鲜少对基层员工公开。

（3）数字化平台的数据工具正在综合以上模式的优势，数据的采集、分析效率显著提高，数据不仅可以实时、真实地展现在使用者面前，而且能向全链路传导数据价值，可以说，数字化平台上的数据更加自动化、可视化、智能化。

数字化管理平台上的管理数据包括结构性数据和非结构性数据。在传统管理模式下，数据主要是指业务经营环节中所产生的结构性数据，但在数字化时代，数字化管理平台上采集和分析的数据不仅局限于结构性数据，还包括一切在线的节点产生的非结构性数据，如员工行为数据、沟通数据、文档数据、物联网设备采集数据、流程状态数据、外部组织的数据等，这些数据服务于该平台上所有有权限的对象。传统管理中数据主要是为管理层决策使用，在数字化管理平台，所有在线化的节点都在共享数据、访问数据、调用数据，通过精准的权限管理获得有限范围的决策性数据支持。

1）数据实时收集、处理和共享。在数据链路的源头尽量避免是离线的数据，而尽可能使用在线化的数据工具，可以实时录入和更新数据源。例如，用通讯录功能的员工花名册功能，员工可以及时更新自己的信息字段，确保导出的数据是接近最真实的最终状态。

2）智能化数据采集。传统的数据采集需要依靠人工录入，重复性录入，人工效率不高，差错率高。智能化的数据采集工作依托数字化管理系统平台中发生的组织行为，自动抓取、更新数据。比如某员工年底获得晋升，按照绩效系统的数据更新结果，自动关联到薪酬系统中的底薪变更。在组织中各岗位的数据经常有这种关联关系，所以，更智能的数据关联可以让数据采集的工作变得更"隐形"。

3）智能分析工具减少人工加工处理的过程。数据分析过程，需要根据管理指标的要求对数据做各种处理，如果采用传统的Excel表格做分析，需要把数据导出、再加工，过程中难免会出错。智能的数据分析工具，从数据采集端直接同步源数据，通过算法自动对相关字段做关联分析，快速呈现数据分析结果。同时，在线化工具利用云计算能力更稳定，不容易出现本地计算时常见的卡死或长时间等待等问题。

4）数据协同。数字化的数据分析工具普遍是在线共享模式，拥有编辑权限的人都可以自主地进行拖拽式分析,不同权限的人可以查看不同的数据结果。这有助于提升组织内的数据权力平等性,也促使更多人关注数据,关注数据背后真正存在的问题。

5)智能化图表,轻松完成数据可视化呈现。数据可视化图表已经成为标准化组件,借助一些专业工具,甚至可以制作成更具视觉冲击力的数据看板、数据大屏、数据驾驶舱,数据结果一目了然。智能化的图表功能基于数据关联的基础能力,还可以轻松实现数据穿透功能。例如,在数据看板中看到异常数据,可以点击穿透到子集数据,进行进一步数据分析,直至找到问题源头。

6)数据智能主动推送。数据结果需要被更多人看到才能发挥其价值,但数据何时更新,有哪些值得关注的异常?员工或管理者都不可能一直守在数据大屏前观测数据的变化,所以数据推送就成为一项关键能力。数据结果通过数字化管理平台的消息通知,数字化管理师制定数据推送规则,数据结果就可以按照既定规则自动发送给相关人,推送数据结果,提醒数据异常。

7)智能决策。很多企业的数据应用是面向汇报的,主要使用报表作为承载。业务系统和分析系统是割裂的两套系统。传统的数据决策主要还是依靠有经验的人做出经验判断,而数字化管理的一些标准化场景可以用算法配置规则实现智能决策。当达到数据触发条件时,自动触发下一步动作发生。例如,通讯录安全管理工作中,如果有员工一天多次查看其他成员的手机号码,达到触发条件,自动触发安全警报,提醒员工停止动作,并通知管理员。将数据嵌入每个决策场景,在每一个业务步骤通过实时反馈为业务员提供指导。

六、数据的安全管理

数字化组织内日常有大量数据在流动,数据能快速传输,当然也更容易被转发和泄露。数据安全管理是指通过网络开展数据采集、存储、传输、处理、使用等活动过程中,对数据安全的保护和监督管理。数据安全管理分为数据定级、权限管理、安全策略。

1. 数据定级

数据定级是数据安全策略的前提条件,通过分级管理为后续的数据安全策略、技术型措施提供指引。

公开数据 L1，可以被公开发布传播的信息，不会引发数据安全和法律问题。

内部数据 L2，仅限组织内成员可见的信息，如果泄露会对组织或客户带来可能性的风险或负面影响。

保密数据 L3，任何人查看都需要间接证明身份的信息，如果泄露会直接造成负面影响、经济损失、法律问题。

机密数据 L4，任何人查看都需要直接证明身份的信息，如果泄露会造成重大的负面影响、重大经济损失、重大法律问题。

2. 权限管理

静止数据的安全措施相对是比较可控的，管理权限在于文档的拥有者，比如，各类文档、应用的数据权限设置。

3. 安全策略

除了定义安全策略在组织内外部推广，数字化管理平台应该借助技术优势，在整个组织架构层面做出数据安全策略，如设置全域水印、转发限制、身份限制等，可以有效防止数据外泄。

数据安全管理需要从数据全链路进行安全策略落地。

数据采集环节需要重点关注保密、机密数据、个人隐私数据的采集授权与许可，符合安全合规要求；数据存储环节要重点关注数据的备份与恢复管理，数字化管理师要关注平台数据安全，在实际操作中涉及数据恢复的相关工作，如恢复误删除的组织架构、成员信息、内部群聊、群文件等数据。数据传输环节，对敏感信息需要做加密、水印、脱敏处理；数据处理环节，可以借助隐私增强、联邦计算等技术做到数据可用不可见；数据使用环节重点关注分层权限方案（应用级权限、报表级权限、行级权限、列级权限）、权限分配策略、权限校验策略和安全审计策略。

七、案例

国产橡胶企业：数字化精细管理提升产品竞争力

（一）案例背景

作为传统的劳动、资金、资源三密集型产业，轮胎业在很多人心目中是"旧粗累脏"的形象。但是随着工业 4.0 成为全球发展的共识，轮胎生产也正在由传统制造向智能制造迈进。近年来，轮胎行业智能制造取得了较大突破，多家企业已经建成 4.0 智能化工厂，并且老厂改造也在探索实践之中。

（二）数字化管理举措与实践

互联网、物联网、大数据、云计算等新一代信息技术为企业创新发展助力，在轮胎产业链上各个环节创造性地策划和实践具有特色的轮胎产业链数字经济新模式。将制造端的工业大数据进行提取和清洗，将质量、能源、环保等业务端的设备和管理节点应用工业物联网技术进行有效串联，将数字化有效创新融合到产品的制造端、管理端和新零售端。

（1）数字化创新——智慧安全管理

在应用传统和创新的"软性"安全管理模式基础上，集 GPS（全球卫星定位系统）、GIS（地理信息系统）、GSM（无线移动通信系统）、大数据、云计算、人工智能等高新技术于一体，依托有线、无线、移动互联网等现代通信手段，联网各物联网监管设备，构建安全体系多维管理，关注并干预生产过程中产生风险、危害及污染的薄弱环节，通过智能风险分析，有效制定相应对策，实现"传统"向"先进"的技术革新。

（2）数字化创新——智能质量管理

在产品质量管控技术中，根据质量管理体系进行线下管控，通常存在局限、不准确、闭环困难等问题。因此，企业可以对管理体系和大数据进行深度融合，从原材料采购到产品入库，通过信息共享—自动采集—智能控制—智能制造无人工厂的规划过程搭建企业数据链平台。该平台可以实现外部信息导入、内部信息互通的功能，将企业数据资产化，实现全局化、智能化质量管理，有助于企业从传统制造进入创新智造。

（3）数字化创新——智能环保数据管理

随着国家对环境保护工作的持续关注和绿色轮胎产业化速度加快，企业正从新技术入手，践行绿色环保理念，不仅开发环保原材料，而且投入大量人力、物力进行环保技术改造。同时，还实时监测废水、锅炉烟气、硫化废气等各项细化指标，以及其他废水废气的指标，进行实时指标数据的采集及反馈，构建环保数据管理平台。

（4）数字化创新——智能能源管理

企业通过对电力线路、蒸汽管线、压缩空气管线以及其他生产相关的海量数据采集，构建功能强大的分布式实时关系数据库管理系统，高效存储、科学管理海量生产信息与数据，对能源使用信息和其他生产数据进行结合分析。能源大数据管控平台包含生产评价数据、停机评价数据、质量评价数据等内容，可利用大数据发掘能耗量与生产的相关性，合理利用现有资源，降低能耗。

第二节　数据管理的方法

一、数据采集

数据采集是数据管理的第一个环节，是根据不断变化的数据管理需求从数字化组织体系中连续选择、提取和搜索数据的过程。由于数据是构成指标体系的基本要素，是反映各指标要素水平的重要标志，那么数据采集是否全面、准确、客观，直接决定后续数据管理的结果。

（一）数据采集的基本原则

数据采集的基本原则，从研究主体上讲，是指如何从宏观上把握、控制数据的调查与采集；从研究客体上讲，是指如何引导被调查者准确、客观地提供相关数据信息。数据采集必须遵循科学性、全面性、客观性、真实性、系统性、安全合规的基本原则。

（1）科学性原则。科学性原则是指采集的数据必须可信、可靠，建立在科学的基础之上，以保证评估和预测的可信度和可靠性。要保证数据的科学性，关键在于从实际需求出发，结合评估和预测的基本特点和基本规律，把握数据的调查与采集。科学

性要求采集者注重信息源、用户信息需求和采集方法的科学研究,如尽量设计、采集量化数据,以便通过数学量化的方法进行精确计算。

(2)全面性原则。全面性原则是指数据采集作为整个数据管理的源头,采集数据的过程中,不仅要注意个别因素,而且要立足全局,从整体出发考虑、以终为始考虑数据链路的各个方面,保证数据的可用性、完整性、一致性和实时性。

(3)客观性原则。客观性原则是指所采集的数据、所采用的方法,以及数据采集人员的态度必须是客观的,尽量采集一手原始数据,保证数据的原始性和可被溯源。

(4)真实性原则。真实性原则是指数据的原始性和代表性,尽量采集一手原始数据,保证数据可被溯源。

(5)系统性原则。系统性原则是指注重数据采集的连续性和完整性,制订科学合理的采集计划,有目的、有步骤地采集信息。

(6)安全合规原则。安全合规原则是指数据采集要遵循《中华人民共和国网络安全法》《中华人民共和国数据安全法》《中华人民共和国个人信息保护法》等法律法规的合规要求,数据跨境的情形要遵循《通用数据保护条例》(General Data Protection Regulation,GDPR)的合规要求。

数字化管理平台中借助大量数据工具完成独特的数据采集工作,为了提升数据采集工作的效率和质量,应遵循以下几个原则:

(1)业务驱动原则。业务驱动原则是指数据采集关键在于从实际业务需求出发,综合业务发展阶段、任务、服务对象、总体收益、成本以及技术可行性制定采集方案,做到有的放矢,重点突出。

(2)实时性原则。实时性原则是指数据采集过程中在采集端的数据为实时产生的在线数据,而不是离线数据。

(3)采集智能化原则。采集智能化原则是指充分利用各类数字化创新工具来进行数据采集,包括二维码、在线表单、低代码工具、数据集成平台、连接器、客户端采集 SDK[①]、物联网设备智能采集等。

---

① SDK(Software Development Kit)即软件开发工具包。辅助开发某一类软件的相关文档、范例和工具的集合都可以叫作 SDK。

（二）数据采集的分类

数据是指对客观事物发展规律进行记录的原始材料。它可以是数字，也可以是文字、字母、符号、图形、图像、视频、音频等，例如，"1、2、3、…、100、101""阴、雨、晴""公司员工的档案记录、网店出货记录"等都是数据。数字化管理领域中的数据主要有结构化数据和非结构化数据两类。

采集数据，首先要明确数据的类别和特点。根据不同标准，数据可以分为不同的类型。下面对几种常见的数据分类进行说明。

1. 定量数据和定性数据

定量数据是指用定量方法提取并用数学方法做出定量结论的数据。定性数据是指采用定性的方法，如观察法、文字叙述法、谈话法等，提取得到并据此做出价值判断的数据。基于定性数据采集的不确定性和不稳定性，以及统计分析的困难，可以采取定性数据定量化的办法，对这类数据进行"性质"转换。如先将定性数据分为几类，并根据它们的性质特征，再将其分解为若干要素（每个要素赋予一定的分值），分别列于每类定性数据项之后。调查时只需在相应要素旁打钩，便可达到这类数据调查采集的目的，统计时计入这类定性数据项被选中的要素数即可。

2. 客观数据和主观数据

客观数据是指已构成既定事实的数据。主观数据只是一种感觉、体会，是个人见解的文字表述形式，其代表性、可信度完全取决于被调查者的学术思想、专业素质和理论造诣水平，取决于他们对当今新理论、新知识、新技术发展的掌握程度，取决于他们对本专业学科发展前景的科学判断力和敏锐洞察力。指标体系中的确存在和需要这类数据，如果不给予被调查者以准确提示说明，势必影响这类数据的质量和可信度。

3. 结构化数据和非结构化数据

传统工作流程中大量使用结构化数据，这些数据可以用二维表结构来表达逻辑，如借助 oracle、SQL Server 等传统数据库实现的 ERP 系统，它的数据量一般为 TB 级。

非结构化数据是数据结构不完整、不规则、没有预定义的数据模型，在数字化管理系统平台存在大量非结构化新数据，如文档、图像、视频、语音、聊天记录等，它们的数据量可以跃升到PB（1 024TB）级别。

在传统的管理工作方式中，往往只有结构化数据才有管理价值，而非结构化数据很难被记录、被有效利用。但在数字化管理平台中，这种局面开始变化，越来越多的工作依靠文档、视频、文字沟通得以快速推动，很多结构化数据也不断融入非结构化数据。

数字化管理师关注的核心数据主要来自数字化平台上沉淀的组织和业务运营的业务主数据和过程数据。业务主数据指的是人、财、物、事、法等核心信息。过程数据指的是发生的事实，如交易、考核评价、回款等。通过过程数据和业务主数据的采集完成企业核心业务数据的沉淀，为组织决策提供依据。

（三）数据采集的工具

在政府、企业全面数字化转型的驱动下，一大批新型创新数据采集工具涌现出来，大幅提升数据采集的智能化水平。数字化管理平台的数据采集方式更加智能化，下面重点介绍数字化管理师可以使用的简单数据采集工具。

1. 二维码

二维码又称二维条码，常见的二维码为QR Code，是近年来移动设备上流行的一种编码方式，它比传统的Bar Code条形码能存更多的信息，也能表示更多的数据类型。

通过二维码和表单工具的结合，可以进行广泛的企业设备数据采集、疫情防控数据采集、签到数据采集、问卷调查数据采集、企业经营数据采集。例如，在制造企业中可以经常见到设备二维码，每台设备拥有唯一的二维码，通过扫描二维码即可得知设备基础信息以及运维情况，在特定场景下扫码、填写表单，进行信息采集、设备报修。

2. 在线表单

在线表单是用户可以通过多类型终端向服务器端提交信息的功能，如常用的信息提交、在线联系、在线调查表等都是在线表单的具体应用形式。在线表单可多端多人同时完成数据提交，统一数据标准，高效数据协同，与后续的数据分析工具无缝衔接，实现数据洞察，指导企业经营管理。

3. 数据集成平台

数据集成平台致力于提供复杂网络环境下、丰富的异构数据源之间高速稳定的数据移动及同步能力。通过简单配置，可以批量、实时、自动地同步数据，实现企业内外各系统的高效自动连通，无须人工介入，并且支持结构化（如 Excel、MySQL、Oracle、SQL Server 等）、非结构化（如文本、图片、音频、视频等）的数据同步。

4. 触点采集

触点数字化是企业数字化转型的重要标志之一。数字化管理平台的硬件和软件应互联互通，例如，考勤硬件的数据实时自动传输至考勤软件，会议硬件与会议软件打通。数字化管理师在对数据进行管理、运维、分析的过程中一定会有与硬件终端有关的场景，日常企业管理中的硬件使用场景非常多，从考勤到打印、从网络到会议，日常管理中的方方面面都有使用、管理这些硬件数据的需求。

（四）数字化管理平台的数据构成

1. 组织架构数据

将组织架构实现数据化，给予每个人数字身份，可降低企业管理者时间成本，使他们更清楚了解员工的基本信息及关注的动态，同时提高组织成员间关联效率。一般通过企业数字化的主平台采集组织架构数据，并为其他所有系统应用调用。

2. 沟通数据

沟通数据是指通过网络数据化实时在线的沟通，以准确表达，使对方更快接受并得到回应。例如，企业沟通中常见的群聊天记录、群文件、视频会议信息、直播信息等。有效的、常用的沟通标准如下：

（1）信息精准到达：状态可知、未读提醒、代办收纳。

（2）随时调用素材：相册、短视频、网盘、名片、位置、收藏。

（3）多种沟通方式：视频会议、视频录播、群直播、语音输入。

（4）配套落地工具：任务、日程、审批。

（5）各种贴心应用：投票、签到。

（6）智能助手提效：AI 实时翻译、智能群助手、机器人。

3. 协同数据

协同是指协调两个或者两个以上的不同资源或个体，协同一致地实现某一目标的过程或能力。如多人在线编辑的文档、知识库、审批流等。通过协同实现工作敏捷性和有效性的统一，进而继续加强管理，是企业提升管理水平的必由之路。

4. 业务数据

业务数据是指企业的业务流程和业务行为的数据，业务数据常见的问题是"数据孤岛"和"数据集成"问题。如客户数据、库存数据、财务数据等。

5. 硬件数据

（1）考勤终端硬件

考勤终端场景是一大硬件场景，在这个场景下，能够通过上下班的考勤数据帮助公司计算薪酬、加班费；也可以通过上下班的数据帮助管理者分析排班的合理性等。

（2）会议终端硬件

会议硬件结合会议软件承载会议成员之间的数据流转，会议硬件可以提升会议的效率数据，如无线投屏提高投屏效率、用视频硬件设备实现语音降噪、触摸大屏记录某个内容、语音实时转字幕文本等。

（3）打印终端硬件

智能打印机与数字化管理平台的组织架构和沟通、协作场景互联，可以帮助企业在行政管理上做好资产管理，更加有效管理耗材，帮助企业进行成本管理。

（4）网络终端硬件

智能网关与数字化管理平台的组织架构互联，可以对网络管理精准到部门、人、时段。从数据侧角度来看，其核心是对网络流量的有效管理。对网络速度加强管理可以帮助内部员工高效工作；同时在日常管理中加强对访客连接的管理，可以让客户、合作伙伴更快速连接网络，提高工作效率。

二、数据分析

（一）数据分析的要点

数据在完成采集后必须实际作用于业务，才能产生价值，而数据分析则是这一过程的主要方式。对企业来说，数据分析是建立企业核心能力、拓展业务范围、实现管理和业务创新、支持企业从被动决策到主动决策等一系列核心竞争力建设的重要手段。为了满足管理者对数据分析的要求，数据需要经过收集、传输、加工、存储和维护等阶段，最终获取有价值的资料供管理者使用。

数据分析，是指借助统计学等理论方法和工具对数字化平台沉淀的数据加以详细研究、解读和概括总结的系列过程，以帮助分析者了解现状、诊断问题甚至预测未来。

数字化管理平台上的数据分析有其特色，数据更加可靠、全面、连续，在这个基础上建立起的数据分析或数据整合更有可能产生即时、有价值的结论。同时在分析过程中应关注数据的动态变化和关键的数据指标。

1. 关注数据动态调整

（1）数据内容的动态变化

数据内容并不是一成不变的，而是处于动态调整和变化的状态，企业的市场需求在不断变化，业务也在不断变化，这个过程是动态的过程，所以数据采集—分析阶段需要关注数据内容变化，在推动业务数字化过程中，需要随之进行动态调整。

（2）多视角分析的需求

数据分析并不是从一个视角展开的，而是一个多视角分析的过程。首先，数据分析是一个支撑业务甚至赋能业务的过程，这个过程需要从销售、管理、效能、市场等多视角去看；其次，数据本身所体现的也是业务的多重表现，这是一个联合发生作用的过程，比如销售数据＋库存数据就能推动畅销产品以及滞销产品针对性备货，降低畅销品缺货率、减少滞销品库存天数，也可以很好地指导产品研发部门迭代更新，或者推动销售部门打破滞销的状况。所以，多视角分析是数据非常重要的动态调整因素。

2. 关注数据指标

关注以及建设各岗位、各应用的关键数据指标卡，将平台中的管理数据显性化，让更多人更便捷地观测数据变化。常见的指标卡见表5-1。

表 5-1 常见的指标卡

应用数据	指标一级分类	指标二级分类	指标名称
组织架构	成员使用统计	员工数据	当前组织人数、激活人数、员工离职情况、每日登录分析等
存储	存储使用统计	存储空间	群文件、云盘、日志、审批、会议等
协作	审批	审批报销	本月审批、审批中
管理数据	经营管理类	营业利润变化	收入、成本、费用、利润等
	销售类	客户管理	新增客户、新增合同订单金额、新增回款、营收余额等
	财务类	财务仪表盘	应收账款、应付账款、账户余额等

（二）数据加工的流程

数据加工就是对收集到的数据进行去伪存真、去粗取精、由表及里、由此及彼的加工过程。

信息加工不可避免产生时间延迟，这也是信息的一个重要特征——滞后性。信息按时间可分为一次信息和二次信息，一次信息是初始信息，二次信息是按照某种规则经过变换、综合分析和统计推断所产生信息的总称。图 5-1 所示为信息加工的一般模式。

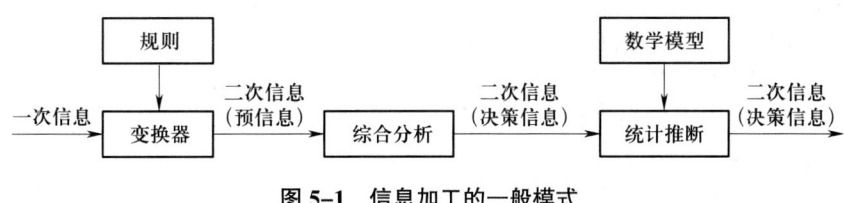

图 5-1 信息加工的一般模式

从信息加工的一般模式可以看出，管理者所需信息是在经过变换器的初始加工、综合分析的二次加工、统计推断的三次加工而得到的，其加工过程需要一定的时间。

采用手工管理方式进行信息加工，其加工过程则需要很长一段时间，例如，某企业每月生产信息统计的时间过程是：每个生产车间于下一个月的 5 日之间，将该月的生产情况上报生产管理部门；管理部门要对全厂各车间的生产情况进行统计汇总，在

8日之前上报厂长；厂长根据上报的信息及企业的其他信息做出决策，并着手实施可能会在10日以后，由此可以看出厂长的决策根据近半个月前的生产情况做出的，而市场经济环境中，市场是瞬息万变的，机会稍纵即逝，在这近半个月内又可能有新的变化，进而影响决策的正确性。

从上述分析中不难看出，采用手工方式进行信息加工处理已经不能适应企业发展需要。而数字化技术的不断应用和发展大大缩短了信息加工时间，满足管理者决策的需求，同时将人们从烦琐的手工劳动中解脱出来。

（三）数据的自动化分析

1. 数据建模

数据建模的过程在表单实现方面直接表现为表单设计。很多人可能将这个过程简单理解为一个设计的过程，但从数据的收集和分析角度来看，其本质是一个建模的过程。

（1）表单设计

数字化管理师进行数据分析之前要做好表单设计，从建模角度来说这是最基础、最核心的动作。因此，收集什么样的数据，如何分析这些数据，采用汇总求和还是数据加权分析等，都要在表单设计过程中就打好基础。

（2）分析建模

一般的数据收集有信息汇总、信息求和、信息加权分析、信息报表的制作等方式，从这些角度来说，一旦要求由设计到分析，而不是简单汇总，那么就要对分析后的信息进行重点关注，比如，信息求和，在信息求和过程中这些数据的单位、格式等要进行统一管理，并且要进行一定的模拟运算，以保证数据准确性。

2. 数据汇总

数据汇总由系统平台完成。系统表单在收集之后会进行统计工作，这是最简单的功能，但也存在风险，在线数据分析需要一定程度上结合Excel的功能，通过略复杂的维度进行分析。

3. 数据呈现

常规的信息表达有文字、数字、图形、表格等方式，每种方式都有优缺点，应根据实际情况，尽可能采用多种方式混合的表达形式。

文字是应用最广泛的方式，但在采用这种方式表达信息时，要注意表达语义的简练性、准确性，避免使用双关语和具有二义性的语句。

数字表达要做到准确，不要将大量无用信息和管理决策所需信息混在一起，防止信息过度增加。

图形表达是目前信息表达的发展趋势，是人机交互技术的主要研究内容。图形具有信息表达的整体性、直观性、可塑性等特点，可以反映事物的发展趋势，使人们很容易理解并做出判断。但由于图形准确性差，因此对于一些具体且详细的信息，如果采用图形就很难表达，此时可用表格形式将总数和个别详细的信息罗列出来进行精确的比较。

三、数据决策

（一）数据可视化的概念

数据是企业业务管理的重要工具，经过业务分析的数据，需要清晰、准确、快速地呈现给业务决策者辅助决策，对数据分析的结果进行可视化呈现是这个过程中必不可少的步骤，通过可视化地呈现更能发挥数据的真正价值。例如，目前很流行的Python是应用于Excel数据分析可视化来帮助数据可视化展示，此外，数字化平台自带的可视化饼状图、柱状图等工具也是为解决数据可视化问题而设置的。

通过一个案例来看数据可视化的重要性。

下面这张明细表格有一行一行报销记录，每行数据记录了一个报销事件，但单看这个明细表格很难看出更多的信息，如图5-2所示。

报销明细表					
部门	报销日期	提交人	报销类别	费用明细	报销金额
东城店	20221107	王店长	食材采购费	粮油	469
南门店	20221106	张店长	食材采购费	粮油	3,566
城北店	20221105	李店长	食材采购费	粮油	21,345
城西店	20221011	李店长	食材采购费	粮油	45,457
东城店	20221005	王店长	交通费	9月	345
南门店	20220920	张店长	交通费	9月	960

图5-2 报销表单

换种方式使用可视化工具，利用趋势图对报销数据进行展示，就可以快速看出企业每天报销金额的趋势，通过对各门店的报销占比进行分析，可以清晰地看到不同门店的报销占比情况，如图5-3所示。

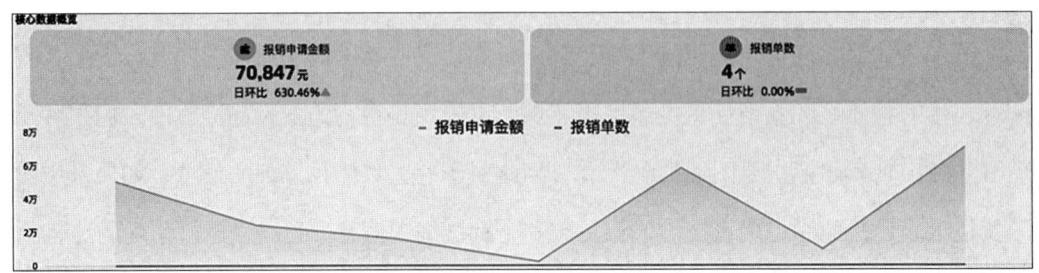

图 5-3 报销概览

从上面的这组对比中，可以清晰地看到，运用可视化工具对业务数据进行呈现设计后，管理者可以快速阅读出信息，并得到分析结论，信息获取速度得到提升，数据判断更加准确，从这个案例里也看到了数据可视化的重要性。

在组织的管理工作中，几乎所有的企业都会对数据进行可视化，例如，利用Excel直接做出饼图、柱状图，稍微大型的企业有专门的商业分析部门，会采取线上数据报表、大屏等多样化的方式，对数据进行可视化报表设计。

（二）数据可视化呈现的七个步骤

实现数据可视化常用的工具一般有两类。第一类是使用专业数据分析工具。第二类是数字化平台自带的可视化工具，如表单的统计功能、低代码开发的模块应用等，利用平台的功能只需要关注可视化本身的友好度即可，而无须关注可视化搭建的过程。利用数字化平台完成可视化报表呈现，数字化管理师需要掌握以下七个步骤：

1. 听需求

可视化报表经常是为管理者所做，既然有明确的用户，那么制作可视化报表过程中必不可少的就是与使用者沟通，充分吸收他们的需求再开始报表的设计工作，要点如下：

（1）找到管理者最关心的业务指标，并对核心指标的定义进行确认。需求中最重要的就是提炼核心业务指标,并确认指标的业务定义、统计口径、计算方式等。

(2)了解报表的使用场景和习惯。向管理者了解所做的报表将在什么场景下、什么样的使用频率,比如领导可能重点在手机上查询,那么就不要提交复杂的明细表;如果每天早上呈现报表,那么默认就要将前一天的业务结果呈现出来。

(3)参考前期的业务报表。了解管理者当前是否有相关的业务报表正在使用,并了解管理者对这些报表的反馈,特别是不满足的部分。

(4)听取报表使用的特殊需求。报表可视化设计最终的评价者是使用人,他们在习惯上也许有特殊的使用需求,数字化管理师需要耐心沟通,切忌完全按照自我想法发挥。

2. 学图表

如果一张报表是一道美味的佳肴,那么构成报表的不同业务图表就是一个个食材,熟悉每个食材的特点、用途、技巧是做出美味佳肴的前提。设计可视化报表时,需要学习不用的图表分类,了解图表的常用情形和配置特点。制作图表的学习要点如下:

(1)熟悉常见的报表和使用场合,知道做对比需要使用哪一类图表,分析占比需要用哪一类图表。

(2)沉淀自己的图表知识库,对看到、学到的图表进行总结,掌握分类、样例、场景等,见表5-2。

(3)慎用容易引起误解或不易理解的图表。图表是以快速形象化传递信息为目的,如果某些图表的引用不仅没有达到这个目的,反而引起误解,则需要谨慎使用,甚至不用。

3. 理逻辑

可视化报表是数字化管理师分析思路的形象化表达,清晰的展示逻辑能减少阅读者的理解障碍,快速、准确获得分析的结论。常见的报表展示逻辑如下:

(1)总分结构。将提炼出来的关键指标、核心指标趋势等放在报表顶部,进行"总"的概述,再将明细指标放到报表下方展示,并提供多样化的查询条件,以方便阅读者互动查询。

表 5-2　　　　　　　　　　　指标类图标

图表名称	展示样例	使用场景
指标看板	销售报表（示例）：新增客户数 180；新增跟进数 2000；新增合同订单数 40；新增合同订单金额 ¥2,000,000.00	指标看板用于清晰简洁地展示核心指标数据的现状
指标趋势图	营业利润变化趋势（收入、成本、费用、利润，1月—6月）	指标趋势图常用来展示多个指标一段时间内的变化，可通过指标的变化快速判断是否有经营异常
翻牌器	140万 ↑	翻牌器用于监控或者展示业务的实时数据变化
仪表盘	目标完成率 21%，销售额 28.35，目标值 135	仪表盘可以清晰地展示出某个指标值所在的范围
进度条	60%	进度条用来展示某个指标的完成进度

（2）核心指标 + 专题分析结构。针对很多复杂内容的报表，可以采用核心指标 + 专题分析的结构呈现，顶部专门呈现核心指标，下方或者细节各分报表体现专题分析的作用，从不同角度呈现分析结果，中间通过跳转、分专题标题等方式连接。

4. 巧互动

除了提炼出核心业务指标，报表也需要给阅读者留下互动空间，方便阅读者按照自己的思路，最大限度从报表中查询、分析、验证业务疑问和猜想，因此，在可视化报表设计中，需要留足互动功能设计，常见技巧如下：

（1）增加多样的查询条件。针对数据的多角度分析，需要增加多字段的查询功能，满足阅读者可能的数据获取需求。

（2）设置图表间的联动、下钻。在图表查阅中，针对饼图、柱状图或者业务地图等图表，可以增加联动和下钻的设计，方便阅读者查阅相应选中部分的明细数据或者下一级数据。

（3）增加默认筛选值。针对一些日报表、月报表，在多样的查询条件的基础上，可以增加默认筛选值，如让某些核心指标默认显示今天的数值等。

5. 善排版

可视化报表的内容搭建完成后，善于对整个报表进行排版优化是提升报表质量的关键环节。在可视化报表中，既要突出展示的重点，也要减少不必要的元素，特别是干扰信息，让报表阅读者的视线和注意力得到有序引导，其中有以下几个建议：

（1）富文本标题。为了清晰地展示报表的逻辑，可以在不同内容部分设置富文本标题。

（2）指标备注。针对一些指标的统计口径、计算方式，要积极添加指标备注，避免理解误差。

（3）颜色与小图标。针对指标的展示，可以利用不同的颜色来引导视线，例如，在疫情防控期间员工每日健康打卡的报表分析中，体温高于37 ℃的员工需要利用红色呈现，以吸引注意。

（4）减少干扰元素。在一些常见的饼图、柱状图图表的呈现过程中，往往工具本身会有网格线、横轴标题、纵轴标题、图例等，如果常见的统计中一眼就能看明白，不需要这些元素时，可以大胆省略，减少干扰元素。

（5）增加辅助元素。与减少元素相对的，是增加辅助元素，如增加图表的显示标签值、显示最值、显示同环比等，能够帮助阅读者快速掌握数据信息辅助元素。

6. 会应用

可视化报表制作完成后，"会应用"是真正将报表发挥业务价值的重要步骤，这里的应用是指将制作好的报表及时、准确、高效地呈现给决策者，让报表真正成为决策者离不开的管理工具。

很多企业一线的业务人员常常花了大量时间，把明细数据整理成可视化的报表，但是一旦新鲜数据一来，或者下次汇报时，又需要重复制作可视化报表；也有的企业花费大量人力、物力制作了漂亮的可视化报表，只在某些季度会、规划会上看一眼，平时则束之高阁。

以报表引用实时数据并快速送达到决策者，是数字化管理师需要为企业设计的报表应用模式，建议一方面保证报表的数据实时性，让管理者能看到第一时间的前线数据，另一方面增加报表定时订阅推送，让管理者每天查看数据报表成为管理习惯。

7. 勤迭代

可视化报表是主观分析思路的客观表达，很难有"完美"的标准，只有在实践中持续听取使用者的感受，持续吸收其他人报表设计的优点，来反复思考自己报表的设计，对呈现方式进行迭代、补充和完善，才能持续提升。

勤迭代是对数据可视化的总结，只有主动学习、探索，数据可视化才能越来越高效、准确、清晰，数据服务业务决策的速度才会持续加快。

四、案例

汇聚全球工人的智慧，让中国智造无限可能

（一）案例背景

某电气机械企业致力于打造"全球先进制造业的高端服务商"，专注于为汽车、通信、航空、重工、新能源等先进制造业提供"整套的智能制造工程系统解决方案"，为客户量身定制高端制造工艺装备、高端智能信息装备、通信5G装备以及塑胶科技装备，形成了独特的"管家式工厂"服务理念。

站在"中国智造"崛起的新起点上，该电气机械企业致力于大力推动管家式服务和智能制造管理系统的创新升级，打造公司提质增效、转型升级的"双引擎"，努力实现"汇聚全球工人的智慧，让中国智造无限可能"的使命愿景。

（二）管理痛点

从前，该电气机械企业使用纸质表单和签字处理业务，一方面业务数量多，另一方面全业务流程有数几百张各类表单需要填写、审批、流转，业务员每天在处理表单上耗费大量时间。如果表单丢失、审批延时，就会影响业务流转，导致业务断层。

以前销售并不清楚订单的进度状态、表单流转到什么阶段，客户询问交货时间与周期，销售并不能第一时间给出答案，需要不断找各部门核对情况，不但效率低下，客户满意度也会受到影响。

企业经营成本难以精细化管理，也不能根据实际情况实时进行相应调整。比如企业为人员招聘制定了预算，但在全年招聘中无法实现事前、事中、事后的精准管控；再如销售市场活动费用类型众多，无法精准管控到各环节是否超标。

（三）数字化管理举措与实践

1. 提升内部业务协同效率

通过数字化管理平台 OA 审批自定义控件和自定义流程，该电气机械企业把大部分纸质表单陆续转移成了线上电子表单，并通过多控件的组合、表单关联，条件分支等功能，节省了员工填写表单的时间，以及完成表单流程的时间，更不会出现丢失、遗漏、损坏等情况。领导可以直接在手机低代码平台上审核流程，方便快捷，大幅度提升内部业务协同的执行效率，从而打造公司业务协同的统一管理平台。

2. 从订单到生产的可视化追踪

使用数字化管理平台后，销售通过不同种类线上表单，搜索到对应的表单流程，在企业数字化平台直接查看流程流转到哪个部门审批，并一键发起催办。生产部门可以直接根据审批单开展生产任务，从而更加明确流程节点。整个审批流程无须线下找人沟通，可以降低沟通成本。

通过表单触发、动态流程、单选数据关联等功能，可以实现入库作业系统的应用搭建。通过触发表单的方式，关联原材料下料、粗加工、半精加工、热处理、精加工和表面处理等任务表单，在生产出品后迅速下发表单给到入库之前各个部门。低代码平台会自动统计各个任务阶段之间的耗时，图形展示出耗时的分布、排行等，生产部长迅速确认入库阶段的耗时问题与线下标准做比对，协调各部门，做出线下调整。

3. 经营成本管理更加精细化

（1）人事招聘费用统计

该电气机械企业使用数字化管理平台搭建了人事招聘应用，录入年度招聘预算，并拆分为各部门的预算。各部门提出招聘需求后,占用预算并计算剩余预算。同时,分阶段统计出求职者期望薪资的平均数、众数,与市场平均值做比对,动态调整公司招聘预算,提高入职率、用人转化率等。

(2)研发投入费用统计

企业通过制作研发费用的费用类型分类及费用申请表单,将研发费用归集到对应的费用分类中。费用申请与支付申请做强关联,支付从费用中选取,做到逻辑规范。后台通过不同的费用类型、不同的部门及人员,通过时间筛选,统计并计入公司或销售订单中。使得研发成本数据可视化,决策层一目了然,可以迅速调整研发费用支出的增减,快速决策。

(3)销售市场活动费用统计

制作销售活动费用管控标准,将不同活动分类,制作单独活动预算表,并录入低代码平台应用中,通过金额空间,可在表单中提醒主管、审批人等该费用是否超出预算。当超出时,可选是否可提交。如果可提交,则在表单中提醒全流程超出预算,且显示超出多少金额。

(4)各项经营成本管理实现从预算到执行控制的精细化

严格执行费控标准,统计出各小组及人员在费用中的汇总分布,同时评估出相对科学合理的费控标准,当实际费用超过或低于平均费用时,可对预算做出调整,使每笔费用实现实时可控,经营管理上更加精细化。

(四)实施成效

通过使用数字化管理平台,该电气机械企业实现了生产可视化追踪和成本精细化管理,大幅度提升了内部协同效率,打造了公司业务协同的统一管理平台。节省了员工填写表单的时间,让领导可以直接在手机端完成审批,方便快捷,大幅度提升内部协同效率;实现了线上订单和工单流程透明化、可追踪,实时掌握流程节点,一键催办,减少无效沟通;对企业招聘、研发、销售等各项经营成本全流程实时管控,并评估相对科学合理的费控标准。

第三节 综合实训

实训时长：120 分钟。

（一）实训目的

1. 了解数据管理的常见问题和未来发展趋势。

2. 了解数据采集的基本原则。

3. 掌握数据报表搭建的步骤和方法。

4. 掌握数据源添加、数据集调用、报表配置的方法。

（二）实训内容

业务背景

某互联网新零售企业的销售经理王总拿到月度经营数据，发现8月毛利额较前几个月大幅度下滑，第三季度毛利额存在不达标风险。王总希望从数据报表里清晰呈现毛利下滑原因，帮助经理利用数据驱动决策，数字化管理师可通过报表工具搭建智能报表，从订单和渠道两个维度完成数据分析工作。

实训操作

1. 连接数据源

（1）打开报表工具，依次点击【数据集】—【新建数据源】—【云数据库】—【MySQL】。

（2）点击文件链接，获取文件参数，填写相关参数，并点击【连接测试】，显示数据源连通性正常后，点击【确定】，数据源创建完成，如图5-4所示。

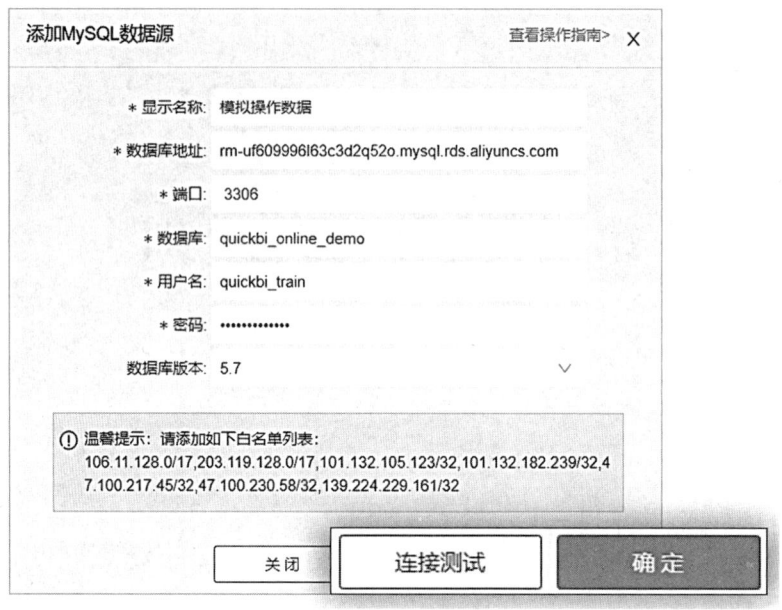

图 5-4 添加 MySQL 数据源

2. 创建数据集

(1)连接上数据源后,点击创建好的【模拟操作数据】,在搜索框内输入【订单】按回车键,点击【demo_ 订单信息明细表】右侧的创建数据集按钮,进行数据集创建。进入创建页面后,点击【保存】,在输入名称为"订单信息表",位置选择自己方便查找的位置即可,点击【确定】使用同样的方法,创建渠道信息维度报表。

(2)在【数据集】—【数据集】tab —【快速入门_外部数据源】中看到创建好的"渠道维度表"以及"订单信息明细表",如图 5-5 所示。

图 5-5 数据集展示

（3）由于需要同时分析"订单明细表"和"渠道维度表"中的数据，所以首先需要将这两张表的数据进行关联合并，点击【订单明细表】数据集右侧的【编辑】按钮，进入到该数据集的编辑界面，点击页面上方的先切换到【构建关联模型】，在左边的数据集搜索框中搜索【渠道】，找到对应数据集后，拖入右边如图5-6所示位置，数据关联字段在左边【订单信息表】选择【渠道ID】，在右边【渠道维度表】选择【渠道ID】，关联方式选择【左外链接】，设置完成后点击【确定】，点击右上角【保存】。

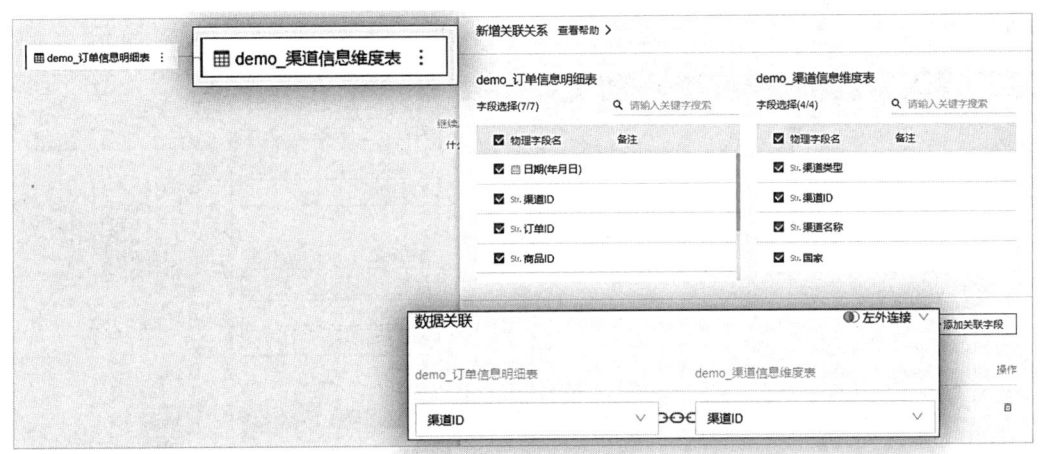

图 5-6　关联数据集

（4）切换到【数据预览】，点击【刷新预览】按钮，即可看到"demo_订单明细表"通过"渠道ID"和"demo_渠道维度表"进行了合并。

（5）为了分析各个渠道的毛利数据，在度量中添加"毛利额"和"毛利率"两个字段。以添加毛利额为例，【新建计算字段】名称输入：毛利额，表达式输入：[销售额]-[成本额]，数据类型选择【度量】，字段类型选择【数值】点击【确定】。使用同样的方法，点击【新建计算字段】名称输入：毛利率，表达式输入：sum([销售额]-[成本额])/sum([销售额])，数据类型选择【度量】，字段类型选择【数值】点击确定。

最后，点击数据集右上角的【保存】按钮，即可完成本部分创建数据集和数据建模的全部工作。

3. 制作报表

（1）新建分类及报表，打开首页，点击【所有报表】，添加一个新分类【销售报表】，点击主页左上角【新建报表】，输入报表名称为毛利率分析，创建到分类为销售报表，点击【确认】跳转至报表编辑页面。

（2）制作一张《月度核心销售额＆毛利额＆毛利率指标趋势图》，展示各个月份销售额、毛利额、毛利率三个关键指标的走势数据。

1）点击选中报表编辑界面的顶部组件栏【指标趋势图】，组件将出现在画布区，即可对报表进行编辑，如图5-7所示。

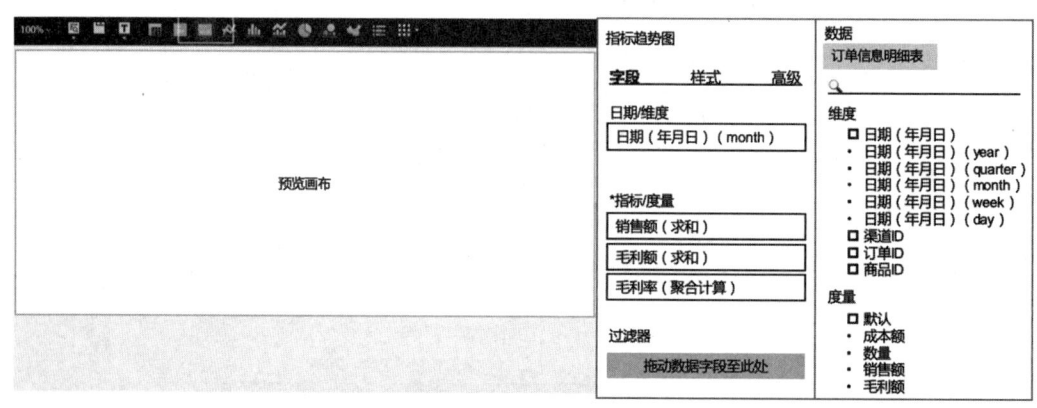

图5-7　月度核心销售额＆毛利额＆毛利率指标趋势图配置

2）点击页面右侧的【数据】，选择【订单明细表】，然后将【指标/度量】区域中的销售额、毛利额、毛利率字段双击或者拖拽到【指标/度量】区域中，再将维度区域中的日期【年月日（month）】字段拖拽到"日期/维度"区域中，点击右下角的【更新】按钮即可看到各个月份的指标和趋势数据。这里，就可以发现：8月的毛利额是环比下降的，但销售额是同比增长的，看来是由整体毛利率下降导致的，具体原因还需要进一步拆解到各个渠道分析数据情况，如图5-8所示。

（3）制作一张《渠道类别/销售毛利图》，展示不同渠道类别的销售额、毛利率、毛利的数据展示。

1）点击报表编辑界面的顶部组件栏【气泡图】，将该组件添加到报表画布中。点击页面右侧的【数据】选择【订单明细表】，然后将度量区域中的销售额拖拽到【Y

轴/度量】、毛利率拖拽到【Y轴/维度或度量】区域中,将渠道类型字段拖拽到【类别/维度】和【颜色/维度或度量】区域,再将毛利额拖拽到【尺寸/度量】区域,点击右下角的【更新】按钮,即可看到各个渠道类别下的销售和毛利数据,如图5-9所示。

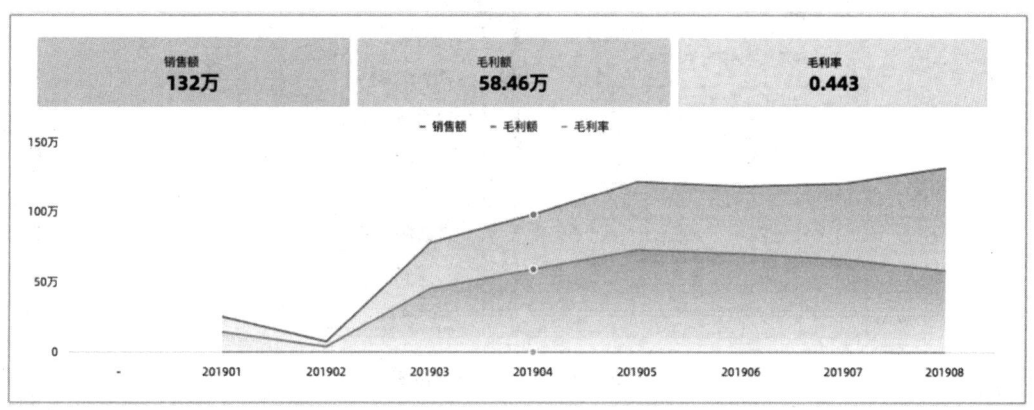

图 5-8　月度核心销售额 & 毛利额 & 毛利率指标趋势图

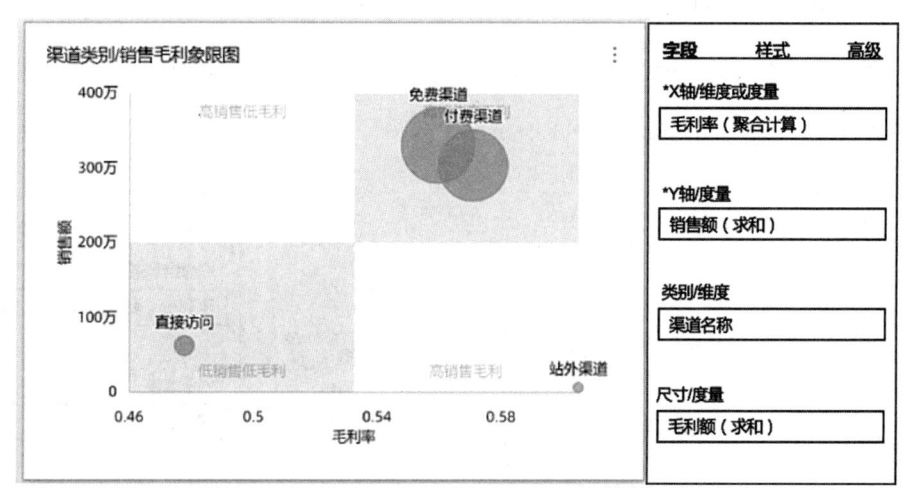

图 5-9　渠道类别/销售毛利图配置

2)气泡图的名字点击图表设计配置面板中【样式】—【显示主标题】,输入标题名字。四象限设置,点击在图表设计配置面板中的【样式】—【功能配置】勾选【开启四象限】,然后填写各个象限的名称即可,如图5-10所示。

(4)制作一张《渠道类别销售 & 毛利四象限图》,展示各个渠道名称下的销售额和毛利分析。

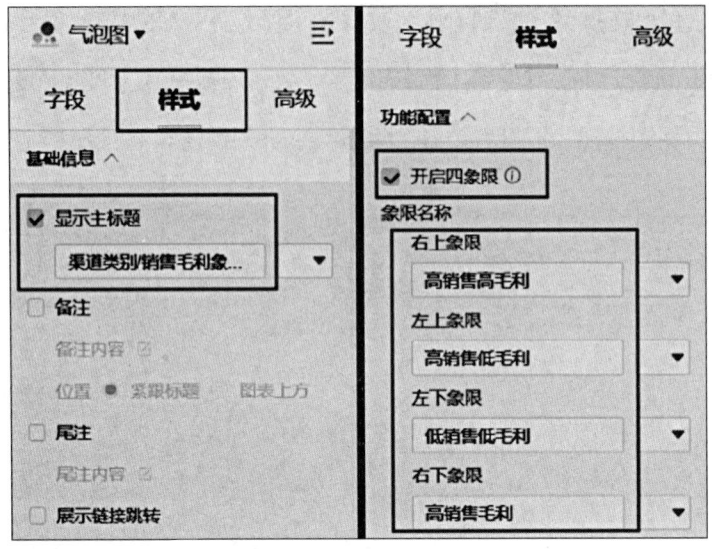

图 5-10　名称及象限设置

直接复制刚刚已经做好的【渠道类别销售 & 毛利四象限图】,然后替换掉【类别/维度】和【颜色/维度或度量】中的字段为【渠道名称】,点击右下角的【更新】按钮,即可看到各个渠道名称下的销售和毛利数据。在【样式】中修改名字为渠道类别销售 & 毛利四象限图,如图 5-11 所示。

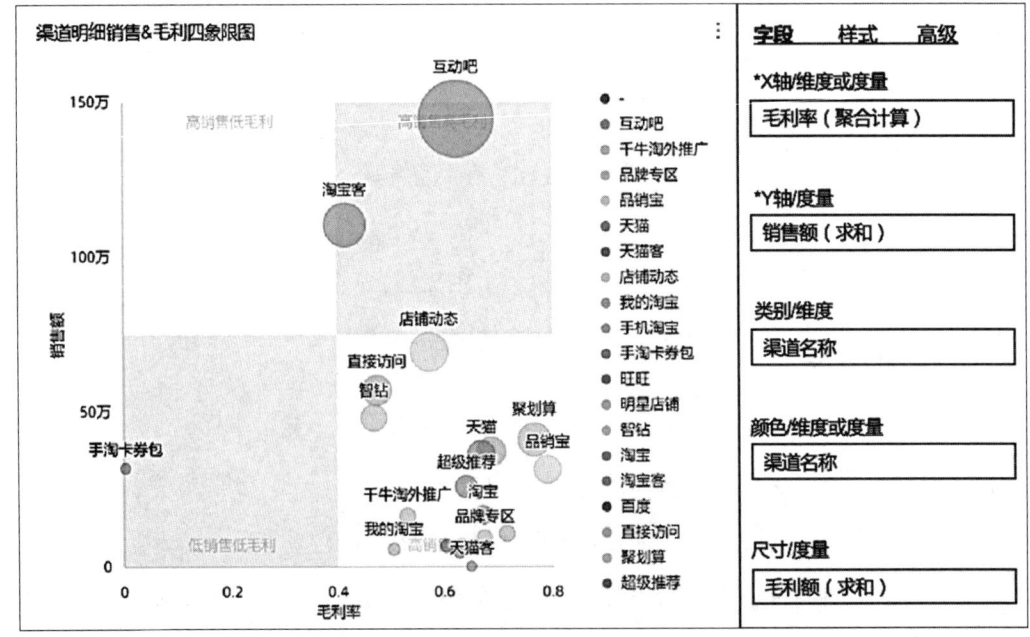

图 5-11　渠道类别销售 & 毛利四象限图

（5）报表数据联动：查看各个【渠道类别】在8月的销售额和毛利率表现。

配置《月度核心销售额&毛利额&毛利率指标趋势图》到《渠道类别销售&毛利四象限图》和《渠道明细销售&毛利四象限图》的联动，具体操作如下：

1）点击《月度核心销售额&毛利额&毛利率指标趋势图》图表设计面板中的【高级】—【联动】设置，选择需要绑定的字段为【日期（年月日）】，然后勾选同数据集下的【渠道类别销售&毛利四象限图】和【渠道明细销售&毛利四象限图】组件，点击确定后即可生效。

联动配置完成后，点击《月度核心销售额&毛利额&毛利率指标趋势图》中8月的数据点，然后可以看到《渠道类别销售&毛利四象限图》和《渠道明细销售&毛利四象限图》中的数据已经被过滤为8月。分析各个渠道类别在8月的销售额和毛利率表现后发现，【免费渠道】在高销售额低毛利率象限，属于异常区间，需要进一步分析是受哪些渠道明细影响。

2）分析8月"免费渠道"下各个"渠道名称"的销售额和毛利率表现。通过配置《渠道类别销售&毛利四象限图》到《渠道明细销售&毛利四象限图》的联动来实现。同理点击《渠道类别销售&毛利四象限图》图表设计面板中的"高级""联动"设置，选择需要绑定的字段为"渠道类别"，然后勾选同数据集下的《渠道明细销售&毛利四象限图》组件，点击【确定】后即可生效。

联动配置完成后，点击【渠道类别销售&毛利四象限图】中【免费渠道】的数据点，然后可以看到【渠道明细销售&毛利四象限图】中的数据已经被过滤为8月免费渠道下面的数据。

实训总结

1. 添加数据源可实现企业本地数据，云端数据作为报表数据依据，进行多维度的报表展示。

2. 不同的组建支持多样化报表呈现。

3. 报表数据配置及内容展示，通过字段与x轴、y轴等参与匹配即可完成，简单方便。

4. 报表之间通过数据联动，可形成一体化数据中心，指导企业决策。

（三）练习

按照以上操作步骤，完成报表的制作及报表联动，形成企业数据中心。

思考题

1. 数据管理对企业经营管理的价值有哪些？请举例分析。
2. 传统数据管理的方法与数字化平台数据管理方法的优劣势分别有哪些？
3. 企业经营管理中哪些数据是结构化数据？哪些数据是非结构化数据？
4. 数字化平台的数据采集方式有哪些？和传统数据采集的优劣势是什么？
5. 数据分析需要关注哪些数据指标？
6. 可视化数据呈现的步骤是什么？

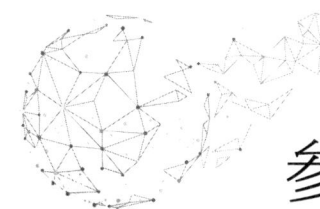

参考文献

[1] 罗宾斯，库尔特. 管理学［M］. 刘刚，译. 北京：中国人民大学出版社，2017.

[2] 本刊编辑部. 今天你站着开会了吗［J］. 当代经理人，2008（5）：97-107.

[3] 刘萍. 行政管理学［M］. 北京：经济科学出版社，2008.

[4] 肖旭，戚聿东. 产业数字化转型的价值维度与理论逻辑［J］. 改革，2019（8）：61-70.

[5] 何大安. 互联网应用扩张与微观经济学基础：基于未来"数据与数据对话"的理论解说［J］. 经济研究，2018，53（8）：177-192.

[6] 张建锋. 数智化敏捷组织：云钉一体驱动组织转型［M］. 北京：人民邮电出版社，2022.

[7] 罗伯特，袁天鹏，孙涤. 罗伯特议事规则［M］. 上海：上海人民出版社，2008.

[8] 魏江，严进. 管理沟通：成功管理的基石［M］. 北京：机械工业出版社，2014.

[9] 丁宁. 管理沟通［M］. 北京：人民邮电出版社，2016.

[10] 数据管理协会. DAMA 数据管理知识体系指南［M］. 北京：机械工业出版社，2020.

[11] 马捷，张云开，蒲泓宇. 信息协同的内涵、概念与研究进展［J］. 情报理论与实践，2018（11）.

［12］致远协同研究院.互联网+工作的革命［M］.北京：机械工业出版社，2015.

［13］李成标，胡树华.面向产品创新的组织集成［J］.经济管理，2002（6）.

［14］黄成明.数据化管理：洞悉零售及电子商务运营［M］.北京：电子工业出版社，2014.

后 记

近年来,我国深入实施数字经济发展战略,不断完善数字基础设施,加快培育新业态新模式,推进数字产业化和产业数字化取得积极成效。数字经济为经济社会持续健康发展提供了强大动力。

国务院印发的《"十四五"数字经济发展规划》指出,大力推进产业数字化转型首先就是加快企业数字化转型升级,引导企业强化数字化思维,提升员工数字技能和数据管理能力,全面系统推动企业研发设计、生产加工、经营管理、销售服务等业务数字化转型。支持有条件的大型企业打造一体化数字平台,全面整合企业内部信息系统,强化全流程数据贯通,加快全价值链业务协同,形成数据驱动的智能决策能力,提升企业整体运行效率和产业链上下游协同效率。实施中小企业数字化赋能专项行动,支持中小企业从数字化转型需求迫切的环节入手,加快推进线上营销、远程协作、数字化办公、智能生产线等应用,由点及面向全业务全流程数字化转型延伸拓展。围绕应用层的技术实践、管理场景的转型探索都是数字化管理师发挥社会价值的重要方向。

与此同时,我国数字经济发展也面临一些问题和挑战:关键领域创新能力不足,产业链供应链受制于人的局面尚未根本改变;不同行业、不同区域、不同群体间的数字鸿沟未有效弥合,甚至有进一步扩大趋势;数据资源规模庞大,但价值潜力还没有充分释放;数字经济治理体系需进一步完善。我国没有完整地走过信息化过程直接进入了数字化时代,在供给侧缺乏足够的软件人才和实践的沉淀,在应用侧也缺乏大量具备信息化、数字化理念的人才来推进应用落地和应用迭代。数字化管理师作为一种复合型、应用型的专业技术人才在全社会层面普及和覆盖，将加速各行各业的数字化进程。

以《人力资源社会保障部办公厅　市场监管总局办公厅　统计局办公室关于发布人工智能工程技术人员等职业信息的通知》（人社厅发〔2019〕48号）为依据，在充分考虑科技进步、社会经济发展和产业结构变化对数字化管理师专业要求的基础上，以客观反映数字化管理的发展水平及其对从业人员的专业能力要求为目标，根据《数字化管理师国家职业技术技能标准（2021版）》（以下简称《标准》）对数字化管理师职业功能、工作内容、专业能力要求和相关知识要求的描述，人力资源社会保障部专业技术人员管理司联合钉钉科技有限公司组织有关专家开展了数字化管理师培训教程（以下简称教程）的编写工作，用于全国专业技术人员新职业培训。

本教程共分为4册，分别是《数字化管理师基础知识》《数字化管理师（初级）》《数字化管理师（中级）》《数字化管理师（高级）》。在使用本系列教程开展培训时，《数字化管理师基础知识》需要初级、中级、高级都掌握；初级、中级和高级培训，按需要选择合适级别的教程。

本教程读者为大学专科学历（或高等职业学校毕业）以上，具有较强的学习能力、计算能力、表达能力及分析、推理和判断能力，参加新职业培训的人员；需要按照《标准》的职业要求参加有关的课程培训，完成规定学时，初级60标准学时，中级90标准学时，高级120标准学时。

本教程编写过程中，得到了人力资源社会保障部等相关部门的正确领导，得到了令狐荣茂、阳婷、郑励、程川、崔永志、单宇恒、窦志铭、谢柏芳、刘瑞、唐艺珊、余超、胡喆、李铁、刘志勇、黄志宏、党洪彪、安伟、张淑英、刘超、潘雅静等专家学者的大力帮助和指导，同时参考了多方面的文献，吸取了许多专家学者的研究成果，在此表示由衷感谢。

由于编者水平、经验和时间所限，本书的不足和疏漏之处在所难免，恳请广大读者批评与指正。

本书编委会